周易三才學

作者／聖　人

編著／朱恩仁

題字／書法篆刻家　許建中老師

周易三才學　聖訓

〈三才六爻演卦方式與解卦依據〉

聖人設卦觀象，繫辭焉而明吉凶，剛柔相推而生變化。是故吉凶者，失得之象也；悔吝者，憂虞之象也；變化者，進退之象也；剛柔者，晝夜之象也。六爻之動，三極之道也。是故君子所居而安者，《易》之序也；所樂而玩者，爻之辭也。是故君子居則觀其象而玩其辭，動則觀其變而玩其占，是以「自天祐之，吉无不利。（繫辭上二章）《易》有　聖人之道四焉：以言者尚其辭，以動者尚其變，以制器者尚其象，以卜筮者尚其占。是以君子將有為也，將有行也，問焉而以言，其受命也如響，无有遠近幽深，遂知來物。非天下之至精，其孰能與于此？參伍以變，錯綜其數；通其變，遂成天地之文；極其數，遂定天下之象。非天下之至變，其孰能與于此？《易》无思也，无為也，寂然不動，感而遂通天下之故。非天下之至神，其孰能與于此？夫《易》，　聖人之所以極深而研幾也，唯深也，故能通天下之志；唯幾也，故能成天下之務；唯神也，故不疾而速，不行而至。　子曰：「《易》有　聖人之道四焉」者，此之謂也。（繫辭上十章）《易》之為書也，不可遠。為道也屢遷，變動不居，周流六虛，上下无常，剛柔相易，不可為典要，唯變所適。其出入以度，外內使知懼。又明于憂患與故，无有師保，如臨父母。初率其辭，而揆其方，既有典常。苟非其人，道不虛行。（繫辭下八章）《易》之為書也，原始要終以為質也。六爻相雜，唯其時物也。其初難知，其上易知，本末也；初辭擬之，卒成之終。若夫雜物撰德，辨是與非，則非其中爻不備。噫！亦要存亡吉凶，則居可知矣。知者觀其象辭，則思過半矣。二與四同功而異位，其善不同：二多譽，四多懼，近也。柔之為道，不利遠者；其要无咎，其用柔中也。三與五同功而異位：三多凶，五多功，貴賤之等也。其柔危，其剛勝邪？（繫辭下九章）《易》之為書也，廣大悉備：有天道焉，

有人道焉，有地道焉。兼三才而兩之，故六；六者，非它也，三才之道也。道有變動，故曰「爻」；爻有等，故曰「物」；物相雜，故曰「文」；文不當，故吉凶生焉。（繫辭下十章）變動以利言，吉凶以情遷；是故愛惡相攻而吉凶生，遠近相取而悔吝生，情偽相感而利害生。凡《易》之情，近而不相得則凶，或害之，悔且吝。將叛者其辭慙，中心疑者其辭枝；吉人之辭寡，躁人之辭多；誣善之人其辭游，失其守者其辭屈。（繫辭下十二章）是故《易》有太極，是生兩儀，兩儀生四象，四象生八卦，八卦定吉凶，吉凶生大業。（繫辭上十一章）

☰ 乾為天一、☷ 坤為地二、☵ 水雷屯三、☶ 山水蒙四、☴ 水天需五、天水訟六、☷ 地水師七、☵ 水地比八、☴ 風天小畜九、☰ 天澤履十、地天泰十一、☷ 天地否十二、☲ 天火同人十三、☲ 火天大有十四、☶ 地山謙十五、☷ 雷地豫十六、☱ 澤雷隨十七、☶ 山風蠱十八、☱ 地澤臨十九、☴ 風地觀二十、☲ 火雷噬嗑二一、☲ 山火賁二二、☶ 山地剝二三、☳ 地雷復二四、☳ 天雷无妄二五、☶ 山天大畜二六、☶ 山雷頤二七、☱ 澤風大過二八、☵ 坎為水二九、☲ 離為火三十、☱ 澤山咸三一、☳ 雷風恆三二、☶ 天山遯三三、☳ 雷天大壯三四、☲ 火地晉三五、☷ 地火明夷三六、☲ 風火家人三七、☲ 火澤睽三八、☵ 水山蹇三九、☳ 雷水解四十、☶ 山澤損四一、☳ 風雷益四二、☱ 澤天夬四三、☰ 天風姤四四、☱ 澤地萃四五、☷ 地風升四六、☱ 澤水困四七、☵ 水風井四八、☱ 澤火革四九、☲ 火風鼎五十、☳ 震為雷五一、☶ 艮為山五二、☴ 風山漸五三、☱ 雷澤歸妹五四、☳ 雷火豐五五、☶ 火山旅五六、☴ 巽為風五七、☱ 兌為澤五八、☴ 風水渙五九、☵ 水澤節六十、☴ 風澤中孚六一、☳ 雷山小過六二、☵ 水火既濟六三、☲ 火水未濟六四

書不盡言，言不盡意。是故形而上者謂之「道」，形而下者謂之「器」，化而裁之謂之「變」，推而行之謂之「通」，舉而錯之天下之民謂之「事業」。默而成之，不言而信，存乎德行。（繫辭上十二章）

西元二零一五年九月初九以 聖人為師尊名諱卜得 ☱ 革卦九五：大人虎變，未占有孚。

目錄

自序

　　《周易三才學》是還原《周易》演卦「潛規則」的逆向工程，完整揭露《周易》演卦千年難解之謎，世所未見。

　　《周易》的「三才之道」是系統化的解《易》模組，「現況」是靜止的「三才」，「將來」是變化的「三才」，每個「將來」的決定都是一種投資，投資會有風險，就會有吉凶。

　　《易》學同好說「三才之道鮮少人言，其變規律尚無從得知」。此話不假，但這位同好有所不知，「三才之道」的變化規律，愚已經研究出來並做成完整文案，即命名為「周易三才學」，其目的就在重建「三才六爻」推演《周易》爻辭應有的重要性。

　　愚致力於重新發掘「三才六爻」的研究過程中，同時發現治《易》家普遍應用的「遠應」觀念，大多不適用解析「爻辭」，尤其難為吉凶判斷依據。「遠應」的觀念來自於《周易》的「象傳」，是「象傳」特有的解卦方式。「三才之道」才是「爻辭」的解卦方式，不過早已示微，世人徒知其名，不知如何應用，於是後世治《易》學家使用解「象傳」的「遠應」方式來解析「爻辭」，錯解《周易》相承千年，可謂遺害深矣！

　　重新建立起「三才六爻」的演卦方式之後，有了驚人的發現，就是「三才六爻」是把多種複雜的元素整合成為一套完整的模組系統。透過這套模組系統，藉由大自然的道理，客觀解析人類社會彼我的對待關係，充分展現了　聖人設卦觀象的苦心智慧，足以證明了「三才六爻」的演卦方式不只是巫術占卜，也是研究《周易》必備的觀念。不懂「三才六爻」演卦方式，如何看懂《周易》。

　　《易》有六十四卦、三百八十四爻，透過「三才六爻」演卦方式所得到的結果，因不同的情況，不同的程度可以「從事投資事業或根本上改變現況等風險高的事情」有七十六爻；以「維持目前的情況」為原則的三百零八爻。由以上的統計可知「變」佔不到總數的五分之一，主因是變動所帶來難以預料的風險。這是發人深省的統計。人類文明的演進，向來都是以正向思考為主，負面思考為輔。然而實際在變化演進的過程中，失敗的次數遠遠超過成功，這就是求新求變必須承擔的風險。變動有風險，因此要「慎動」，這個道理大家都懂，但人們憑著已知的「現在」去推論未知的「將來」，如果評估失之主觀片面容易造成誤判，招來的依舊是失利的結果。《易》卜就在將為未為、將行未行之際，「問焉而以言，其受命也如響」，以超越人的思維層次來回應我們將來可能會有的情況。當我們瞭解《易》卜的重要性，想要倚重《易》卜時，明確又精準的解讀《易》的內容也就變得格外重要，這也是愚畢生致力《易》學研究的目標。

　　《易》卜，　聖人則之。在透過「觀象玩辭，觀變玩占」的過程中，　聖人能夠透過神的視野觀察人類所處的環境，告示我們成就偉大的事功，不是一己之力可成，必須集合眾人之力，該跟隨的跟隨，該領導的領導，每個人都能扮演好自己的角色，分工合作，群策群力，得天之時，得人之助，得地之宜。告示我們人多敗於順境的盲從躁動，失之謹慎。告示我們處困境的心情何等煎熬，時時自我警惕勸勉，生聚教訓。說《易》是天書絕非虛言，若非神啟，何《易》之有？

　　「《易》有聖人之道四焉」，尚辭、尚變、尚象、尚占。愚不才無德，不能達到　孔子所定的標準。愚所做的只是重新發掘　聖人創《易》時的「三才六爻」演卦方式，在消失千年之後再次和普羅大眾見面，讓世人更瞭解《易》且實受其益。一來「三才」不再徒留其名，不知其用；再則讓吾輩見識到聖人設卦演卦的高超智慧，而不是虛無飄渺的神話傳說而已。

　　本書延續《周易形勢學》的理路，更加精確剖析「三才六爻」的演卦方式，直指　聖人創《易》初心。看　聖人設卦觀象，如何巧妙結合「三才六爻」的卜筮術法，知「現況」、斷「將來」。本書完整揭露《周易》千古難解之謎，世所未見。為了弘揚《易》學，為了不讓吾輩《易》學愛好者失之交臂，愚不揣自短，亦不藏私，願意公開出來，提供了一個全新的演《易》思維，也回應了「日久彌新」這句名言。

朱恩仁　謹序

《周易》的結構

一、周雖舊邦，其命維新

　　《周易》創作於周王朝，原本作為占卜之用，自是不爭的事實。傳至春秋末期，才由儒家傳人，將孔子，或者孔子的弟子、再傳弟子所講授的《周易》內容，一併收錄起來，其中又以〈繫辭〉、〈文言〉二傳最具代表性，如此一來，補足了儒家形上哲學思想的空白，以及增強了辯證思維的能力。

　　自《周易》的原創，到〈繫辭〉、〈文言〉等諸傳陸續補充，這中間的過程雖然沒有確切的時間表，但漫長的時間足以讓思想逐步醞釀充實，也足以把數字符號轉變為六十四卦的陰陽符號。何以見得陰陽符號是在〈繫辭〉、〈文言〉等諸傳加入之前就有的呢？

　　是故《易》有太極，是生兩儀，兩儀生四象，四象生八卦，八卦定吉凶，吉凶生大業。《周易·繫辭上十一章》

　　以上敘述無論形式表現，還是內涵意義的表達，都是數字符號所無法比擬的。已經充分展現－－陰、－陽符號，層層相疊所產生的型式與意涵。

　　現在以《周易》、《易經》為名通行的版本相當繁多。一般而言，仍以宋朝大儒朱熹編排的《周易本義》，也就是國子監（官方發行）的版本型式為主要的編排方式，概分為「經」、「傳」兩大部分，做為主要架構。

　　「經」部：六十四卦爻符號、卦辭、爻辭、象傳（卦象、爻象）、彖傳（上、下）、文言傳。

　　「傳」部：繫辭傳（上、下）、說卦傳、序卦傳、雜卦傳。

其中象傳又分為卦（大）象傳與爻（小）象傳；彖傳又分為彖上傳與彖下傳；繫辭傳又分為繫辭上傳與繫辭下傳。所以有人把卦辭、爻辭之外的諸傳，統稱之為「十翼」。似乎說明了《周易》的主體是六十四卦爻符號、卦辭、爻辭，而「十翼」諸傳則作為主體的補充教材。

　　對於《周易》和《易經》的分野，有不同的區分方式作為比較參考。

　　《周易》的創作內容應該包含那些部分，又是一個長久存在的爭論。有人認為六十四卦爻符號，以及「經」部內容為《周易》，加入「傳」部則為《易經》。

　　有的則主張《易經》成書於周王朝，所以《周易》等同《易經》，何況漢王朝以降，歷朝歷代注疏《易經》，衍生發揮的著作汗牛充棟，將《易經》稱為《周易》，作為區別其他朝代的著作也言之成理。

　　《周禮》將占卜之用的《周易》、《連山》、《歸藏》並列為「三易」。如果以《周易》這個名詞出現在《周禮》的時間作為區分標準，至少「十翼」之部必須完全排除掉，這樣的區分應該也言之也理。

　　在《周禮》裡頭，與《連山》、《歸藏》並列為「三易」的《周易》，一旦排除掉「十翼」內容，就剩下卦辭、爻辭，如果再以這兩部細分前後的話，誰又是《周易》最初始的面貌？爻辭是《易》卜最主要、最基本的結構，也就是具有卜辭的功能，正好印證《周禮》裡頭的《周易》不就是具備了卜筮的功能。爻辭應該是為《周易》最原始，最不可或缺的部份。

　　多數學者主張周文王創卦辭、文王之子周公創爻辭。其實不然，因為就占卜的功能性來區分前後，爻辭是不該在卦辭之後才有的。如果周文王創《周易》，得先整理出具有卜辭功能的爻辭，將其系統化，這樣的推論還比較符合實際。

　　孔子在晚年的時候習《易》、贊《易》，經過增補之後的《周易》多有著墨，在諸傳裡頭當屬繫辭、文言此二傳和　孔

子無不相關，不過《周易》並未獲得後世儒者的重視倒是事實。其實這樣反而因禍得福，如果在秦王朝之前《周易》和儒者有了鮮明的連結，恐怕也難逃秦始皇「焚書」的命運。而《易經》之名更是漢王朝以後的事。

「罷黜百家，獨尊儒術」是漢朝董仲舒所提出的既文化又政治的主張，並為漢武帝所採用。換言之，身為儒家的創始者孔子在幾百年之後，由於政治力的推動下，其身價與學說從此扶搖直上，直至今日仍屹立不搖。自漢王朝開始，儒術受到政府官方的重視與保障。漢武帝更把　孔子授予弟子的詩、書、易、禮、春秋、樂等六項學科，專設「五經博士」官學（此時「樂」已失傳），《易經》之名就此而來。由於漢王朝習《易》風氣鼎盛，所以注疏《易》學的著作很多，於是形成據有時代特色的漢《易》著作。換言之，漢《易》注疏《周易》的內容，或是另闢蹊徑而有所發揮，並沒有在《周易》的內容有所增減了，而這種作法似乎也成為漢王朝以降治《易》家所遵守的原則。

若以愚個人主觀的看法，《周易》初創之時，如果用來卜筮，最起碼應該包括數字符號，或是使用六十四卦爻符號，還有爻辭這部份。其餘的部分是後來陸續增加，逐漸補充成為「經」、「傳」的規模。

漢王朝設官學看似對研究《周易》起了鼓舞的作用，但是後來肩負弘揚《周易》責任的儒者，反而有意和占卜數術劃清界線，尤其是到了東漢末年王弼提出「專演易理」的主張，似乎刻意要與《易》卜區隔開來，以維持知識份子，士大夫的崇高身份地位。也可以說傳到了漢王朝，《周易》之名成了《易經》，更享有「群經之首」的美譽。但是隱身於《易》卜的演卦邏輯，似乎也在漢王朝這個時期若存若亡了。

二、六十四卦陰陽符號的由來

傳說中的「古者包犧氏之王天下也，仰則觀象於天，俯則觀法於地，觀鳥獸之文，與地之宜，近取諸身，遠取諸物，於是始作八卦，以通神明之德，以類萬物之情。」《周易・繫辭下二章》。

根據出土的甲骨文物，商末周初的甲骨文物出土若干一組六個數字的卜辭，除此之外並無類似六十四卦符號的發現。據此推論，數字卜辭應該在符號之前，而現在所見的六十四卦符號起於何時仍難以認定。

三、何謂「易」

《周易》到底在講什麼？《周易》講的就是「不易、簡易、變易（交易）」。

什麼是「不易、簡易、變易（交易）」？

「不易」就是道理，道理原則是不會改變的。

「簡易」就是方法，利用簡單的方法。

「變易、交易」就是變化，人事物的變化現象，將未知轉變成為已知。

具體完整的講法就是：《周易》的道理（不易），就是透過演卦的簡單方式（簡易）將未知的人事物轉變（變易、交易）成為已知的人事物。

就和我們受教育的過程一樣，也是將未知的人事物轉變（變易、交易）成為已知的人事物。只是我們不瞭解演卦方式和《周易》的特殊語言，造成學習上的極大障礙。

《周易》用的簡單方式大致區分為易理、易象、易數三方面。「易」有「三不」，不好學、不好教、不好用。原因是《易》是抽象的、虛擬的，必須要發揮創意、聯想力、想像力才能運用發揮。所涉及的範圍太廣泛。

（先天八卦橫圖）

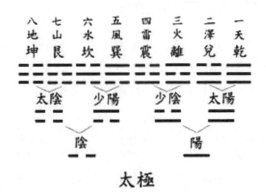

太極

了不起的「先天八卦橫圖」。演繹與歸納的概念。

是故《易》有大極，是生兩儀，兩儀生四象，四象生八卦，八卦定吉凶，吉凶生大業。《周易・繫辭上十一章》

道生一，一生二，二生三，三生萬物。萬物負陰而抱陽，沖氣以為和《老子道德經第四十二章》。

道生之，德畜之，物形之，勢成之《老子道德經第五十一章》。

科學的終點是哲學的起點，哲學的終點是神（玄）學的起點。先天八卦橫圖從太極到八卦每一層面的思維，都足以提供理論的基礎，且運用發揮在實務上面，成為中國幾千年來屹立不搖的精神指標。過去站在地球看宇宙，現在站在宇宙看地球。你站在那裡（八卦、四象、兩儀、太極）看自己？

太極：本體論、哲學的、科學的、玄學的、宗教的……萬事萬物、無所不包。《周易》的「太極」、《老子道德經》的「道」、《金剛經》的「般若」、宇宙大爆炸。太極圖創於宋朝。

生，「分化」的觀念。

兩儀：最大的自然現象天、地。素樸的哲學思想 - - 陰、一陽相對的二元理論。「相對」，相提並論，不只是對立狀態，

也是一種「平衡」狀態。平衡是一種理想狀態。‐‐陰、─陽相對二元理論多重意涵，表現在精神與物質，發揮在生活中的各個層面。

四象：僅次於天、地的自然現象四時（季），春、夏、秋、冬。或是由天、地之中再分出來的大現象晝日（太陽）、夜晚（月亮）。

由於‐‐陰、─陽相對二元理論（素樸哲學觀）非黑即白，不是肯定就是否定的觀念，容易產生主觀的看法，不能充分反映現實狀況。

‐‐陰、─陽相對二元理論在思考與行動指導容易產生盲點，尤其對於現在（已知）與未來（未知）的思考方式，四象要比‐‐陰、─陽相對更為客觀周密。

四象是以‐‐陰、─陽兩儀為基礎，四象因此有了「位」的概念產生。

八卦：四象又分化出來八種大自然現象

（☰）乾　天

（☱）兌　澤

（☲）離　火

（☳）震　雷

（☴）巽　風

（☵）坎　水

（☶）艮　山

（☷）坤　地

或者以日、月取代了火、水。從太極到八卦的演化，素材完全取自大自然。大自然只要條件充足，說變就變，沒有吉凶的考量。有吉凶是人為的因素，變與不變，多半是利我與否在決定行為的關鍵因素。

八卦定吉凶，吉凶生大業。八卦作為判斷吉凶的基礎模型。問題來了！為什麼三爻〈畫〉卦的八卦直接演化為六爻〈畫〉卦的六十四卦，而不像之前兩儀、四象、八卦一畫一畫

的往上加，避開了四爻〈畫〉卦、五爻〈畫〉卦呢？

三爻〈畫〉卦的八卦當中已經有了天、地、人「三才」的觀念，提供了判斷吉凶的基礎模型。六爻（畫）卦是天、地、人「三才」皆有陰陽之位的表現。根據陰陽對待的基本觀念，天、地、人皆有陰陽，因此產生了「三才六爻」的六十四卦，避凶趨吉所產生的盛大事業（吉凶生大業）因而展開了！（詳如《周易》三才六爻演卦基本認識）

象徵人倫的 ☰ 乾父、☱ 兌少女、☲ 離中女、☳ 震長男、☴ 巽長女、☵ 坎中男、☶ 艮少男、☷ 坤母。除了乾、坤二卦，其餘六卦秉持「男卦多陰，女卦多陽；一為君、二為臣」的原則。

（象徵人倫的八卦示意圖）

四、《周易》的形勢觀取法大自然

形勢何來？就是從變化而來。沒有變化就沒有形勢，有變化才會有不同形勢的產生。形勢變化不只是顯而易見的現象改變，包括了人的意念有了不同想法、新的想法，都是一種形勢變化。心思欲念是人類活動狀態常有的現象，反而不容易察覺而忽略其重要性，因為吉凶福禍往往肇起於人所產生的心思欲念。

是故法象莫大乎天地；變通莫大乎四時；縣象著明莫大乎日月；崇高莫大乎富貴；備物致用，立成器以為天下利，莫大乎聖人；探賾索隱，鉤深致遠，以定天下之吉凶，成天下之亹亹者，莫大乎著龜。《周易・繫辭上十一章》

「探賾索隱，鉤深致遠」就是「知機」、「知微」。知什麼？一葉知秋，大自然的變化；心思欲念，人的變化。也就是萬事萬物所產生的微妙變化。六十四卦是藉用大自然形勢變化的道理，目的還是在於提供人類採取作為，預判吉凶的參考。

從太極、兩儀、四象、八卦、六十四卦的演化過程，既取材於大自然現象，又能用之於人生道理，訓練思維，啟發智慧，這些都圍繞在一個「平衡（理想狀態）」的核心價值觀，形成中國特有的「天人（人天）哲學」思想觀念。

是故君子居則觀其象而玩其辭，動則觀其變而玩其占。《周易・繫辭上二章》

「演卦」就是反覆推敲。六十四卦符號是「觀象玩辭，觀變玩占」的依據。

《周易》六十四卦符號示意圖

上卦〳下卦	天 ☰ 乾	澤 ☱ 兌	火 ☲ 離	雷 ☳ 震	風 ☴ 巽	水 ☵ 坎	山 ☶ 艮	地 ☷ 坤
天 ☰ 乾	天乾 乾	澤天 夬	火天 大有	雷天 大壯	風天 小畜	水天 需	山天 大畜	地天 泰
澤 ☱ 兌	天澤 履	澤 兌	火澤 睽	雷澤 歸妹	風澤 中孚	水澤 節	山澤 損	地澤 臨
火 ☲ 離	天火 同人	澤火 革	火 離	雷火 豐	風火 家人	水火 既濟	山火 賁	地火 明夷
雷 ☳ 震	天雷 无妄	澤雷 隨	火雷 噬嗑	雷 震	風雷 益	水雷 屯	山雷 頤	地雷 復
風 ☴ 巽	天風 姤	澤風 大過	火風 鼎	雷風 恆	風 巽	水風 井	山風 蠱	地風 升
水 ☵ 坎	天水 訟	澤水 困	火水 未濟	雷水 解	風水 渙	水 坎	山水 蒙	地水 師
山 ☶ 艮	天山 遯	澤山 咸	火山 旅	雷山 小過	風山 漸	水山 蹇	山 艮	地山 謙
地 ☷ 坤	天地 否	澤地 萃	火地 晉	雷地 豫	風地 觀	水地 比	山地 剝	地 坤

《周易》卦序表〈卦序之理詳見「序卦傳」，本書未列。〉

上經

01 ䷀ 乾卦、02 ䷁ 坤卦、03 ䷂ 屯卦、04 ䷃ 蒙卦、05 ䷄ 需卦

06 ䷅ 訟卦、07 ䷆ 師卦、08 ䷇ 比卦、09 ䷈ 小畜、10 ䷉ 履卦

11 ䷊ 泰卦、12 ䷋ 否卦、13 ䷌ 同人、14 ䷍ 大有、15 ䷎ 謙卦

16 ䷏ 豫卦、17 ䷐ 隨卦、18 ䷑ 蠱卦、19 ䷒ 臨卦、20 ䷓ 觀卦

21 ䷔ 噬嗑、22 ䷕ 賁卦、23 ䷖ 剝卦、24 ䷗ 復卦、25 ䷘ 无妄

26 ䷙ 大畜、27 ䷚ 頤卦、28 ䷛ 大過、29 ䷜ 坎卦、30 ䷝ 離卦

下經

31 ䷞ 咸卦、32 ䷟ 恆卦、33 ䷠ 遯卦、34 ䷡ 大壯、35 ䷢ 晉卦

36 ䷣ 明夷、37 ䷤ 家人、38 ䷥ 睽卦、39 ䷦ 蹇卦、40 ䷧ 解卦

41 ䷨ 損卦、42 ䷩ 益卦、43 ䷪ 夬卦、44 ䷫ 姤卦、45 ䷬ 萃卦

46 ䷭ 升卦、47 ䷮ 困卦、48 ䷯ 井卦、49 ䷰ 革卦、50 ䷱ 鼎卦

51 ䷲ 震卦、52 ䷳ 艮卦、53 ䷴ 漸卦、54 ䷵ 歸妹、55 ䷶ 豐卦

56 ䷷ 旅卦、57 ䷸ 巽卦、58 ䷹ 兌卦、59 ䷺ 渙卦、60 ䷻ 節卦

61 ䷼ 中孚、62 ䷽ 小過、63 ䷾ 既濟、64 ䷿ 未濟

基本上，講到這裡已經可以進入「《周易》六爻演卦基本認識」的課程。

數的應用示意圖（僅供參考）

數字		1	2	3	4	5	6	7	8	9	0
河圖	口訣	一六共宗水、二七同道火、三八為朋木、四九為友金、五十共守土。									
	陰陽	陽	陰	陽	陰	陽	陰	陽	陰	陽	陰
	天地	天	地	天	地	天	地	天	地	天	地
	生成	生	生	生	生	生	成	成	成	成	成
	數位	16	27	38	49	50	16	27	38	49	50
	方位	北	南	東	西	中	北	南	東	西	中
	五行	水	火	木	金	土	水	火	木	金	土
祿命天干		甲	乙	丙	丁	戊	庚	辛	壬	癸	己
地支		寅	卯	巳	午	辰戌	申	酉	亥	子	丑未
干支五行		木	木	火	火	土	金	金	水	水	土
先天	卦	乾	兌	離	震	巽	坎	艮	坤		
	位	南	東南	東	東北	西南	西	西北	北		
洛書	口訣	戴九履一、左三右七、二四為肩、六八為足、五居中央。									
	先天卦	坤	巽	離	兌	中宮	艮	坎	震	乾	
	方位	北	西南	東	東南		西北	西	東北	南	
	顏色	黑	綠	紫	赤		白	白	碧	白	
	五行	土	木	火	金		土	水	木	金	
	後天卦	坎	坤	震	巽		乾	兌	艮	離	
	方位	北	西南	東	東南		西北	西	東北	南	
	顏色	白	黑	碧	綠	黃	白	赤	白	紫	
	五行	水	土	木	木	土	金	金	土	火	
數字		1	2	3	4	5	6	7	8	9	0

《周易》
三才六爻演卦基本認識

一、- - 陰爻、一陽爻基本性情的整體概念

「爻」就是交錯之意，- - 陰柔、一陽剛互相摩擦交錯。

陽爻（儀）：剛強、實健、主動、積極、有動能、有實力。

陰爻（儀）：柔弱、虛順、被動、消極、無動能、無實力。

然而在六爻卦裡的 - - 陰爻、一陽爻在對應周遭複雜的環境，為了順應大環境的形勢變化，或者因形勢所趨改變了基本性情。

夫「乾」，其靜也專，其動也直，是以大生焉；夫「坤」，其靜也翕，其動也闢，是以廣生焉。（周易·繫辭上六章）

這裡講的「乾」、「坤」其實指的就是 - - 陰爻、一陽爻。陽爻靜的時候專一含養，它活動的時候直行不曲，所以產生剛大的氣魄；陰爻寧靜的時候閉合隱伏，它活動的時候開闊廣布，所以產生寬柔的氣質。從這裡我們可以建立一個觀念，不論陰陽爻都是可靜可動的，端看整個大環境提供了什麼樣的條件。

二、位與爻的關係

因為有了「六爻位」才有「六爻卦」的存在。

為道也屢遷，變動不居，周流六虛，上下无常，剛柔相易，不可為典要，唯變所適。《周易·繫辭下八章》

意思是說：- - 陰爻、 一陽爻表現出來是動態遷移的，變化運行而不居留停止，周轉流動在各卦的六爻之間，上來下往變化無常態，陽剛、陰柔相互推移更易，不可以執著於僵化的典型綱要。

由於符號的變化特性，象徵我們人事的變遷無常，也提供我們在因應變遷所採取的適當作為，- - 陰爻、 一陽爻的符號就是用以體現這個變化道理的主要工具。

陰爻、陽爻符號所展現出的觀念是跨領域的、變化的、活動的。嚴格來說請占裝卦的階段尚未涉及「演卦」，必須把占卜出來的卦象加以推演才是「演卦」。

「周流六虛」，就是說明 - - 陰爻、 一陽爻活動在每一卦的六個爻位當中，從初至上位，這是客觀的空間觀念。六個爻位，則是用來提供 - - 陰爻、 一陽爻「上下無常」發揮的舞臺。在這個空間裡，會因為 - - 陰爻、 一陽爻的性情、所處的位置，以及客觀環境的因素，受到應有限制與規範，以作為吉凶判斷的依據。

我們從自然界最大的現象「兩儀」，代入人們理則思辨最基本的二元理論，一直推演至代表人、事、物、理的「六十四卦」複雜層次，全部都是 - - 陰、 一陽兩種符號所構成的，用以表示我們建構起相對的、知識的、層次的世界。三爻卦（即八卦）、六爻卦（即六十四卦）的 - - 陰爻、 一陽爻的排列位置不同，形成不同的意義。首先，我們先瞭解 - - 陰爻、 一陽爻在六個爻位的稱謂。

（六爻位示意圖）

上位 ▅▅▅▅	上爻 ▅▅▅▅	上九 ▅▅▅▅
五位 ▅▅▅▅	五爻 ▅▅▅▅	九五 ▅▅▅▅
四位 ▅▅▅▅	四爻 ▅▅▅▅	九四 ▅▅▅▅
三位 ▅▅ ▅▅	三爻 ▅▅ ▅▅	六三 ▅▅ ▅▅
二位 ▅▅ ▅▅	二爻 ▅▅ ▅▅	六二 ▅▅ ▅▅
初位 ▅▅ ▅▅	初爻 ▅▅ ▅▅	初六 ▅▅ ▅▅

六爻位由下至上一律稱為初、二、三、四、五、上。爻在其位一律稱為初爻、二爻、三爻、四爻、五爻、上爻。爻又有陰陽之分，陽爻一律用「九」表示，陰爻一律用「六」表示，故稱為初九（六）、九（六）二、九（六）三、九（六）四、九（六）五、上九（六）。

陽爻居陽位（初、三、五），陰爻居陰位（二、四、上）稱之「得正」，亦稱「當位」。

陽爻居陰位（二、四、上），陰爻居陽位（初、三、五）稱之「不正」，亦稱「不當位」。

陽爻居二位，陰爻居五位，雖然「不正」、「不當位」，皆為「得中」。

陽爻居五位，陰爻居二位，既正且中，稱之「中正」、「正中」。

以乾卦為例：

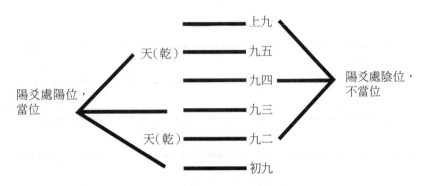

陰陽爻得中、得正、不中不正的解讀方式：

得中：位置適中。五爻（天位）的攻勢較優於其他爻位，二爻（地位）的守勢較優於其他爻位，而造成攻守形勢的「潛規則」就在於「地位的陽爻不能直達天位，天位的陽爻可以直達地位」；換言之，地位的陰陽爻受到較多的限制，也就是未來的變化形勢，五位是較優的攻勢之位，二位是較優的守勢之位（當然還有其他的「潛規則」）。故「二多譽」、「五多功」。

得正：位置適當。陽爻居初位（基礎的地位）、三位（進取的人位）、五位（決策實權的天位）；陰爻居二位（守成的地位）、四位（守成整合的人位）、上位（不任實事的天位）。雖然三位是進取之位，卻是受到牽制較多的進取之位，也是攻勢較劣之位；四位是守成整合之位，卻是受到牽制較多的守成整合之位，也是守勢較劣之位。不論得正或不得正，三、四位是受到牽制較多，變動的風險較高，容易進退失據的爻位。故「三多凶」、「四多懼」。

不得正：位置不當。陽爻居二、四、上位；陰爻居初、三、五位，位置不適當。

得中、得正、不得正只是用於解《易》的專有名詞，事實上還是抽象的名詞，如果沒有嫻熟的演卦經驗，將抽象的名辭做比較具體的說明，一般人是很難理解。所以在演卦的同時必須將抽象的名詞適度轉換成為具體的說明，以具體說明為主，

專有名詞為輔,這樣才能達到傳承《易》學的使命。

以各爻位的特質、攻守優劣分析,雖然四位守勢較劣,二位守勢較優,但就六個位階來看,基本上四位的權勢高於二位,五位的權勢更高於三位,這個位階的觀念也是演卦時相當重要的參考。

不過,陰陽爻在爻位不論得不得中,得不得正,適不適當,只可做為「本爻」主觀條件表現的參考,不是做為成事與否的依據。成事與否要看其他各爻的狀況,也就是整個卦所展現出來大環境形勢而論。

爻位	三才	在位特質	陰爻	陽爻	行政制度	宗法制度
上位	天位	不任實事之位	沒主見沒實力	有主見有實力	監督顧問	宗廟
五位		決策實權之位	沒主見沒實力	有主見有實力	決策者董事會	天子
四位	人位	守成整合之位	沒主見沒實力	有主見有實力	機要幕僚	諸侯
三位		以守待攻之位	沒主見沒實力	有主見有實力	一級主管、執行	卿大夫
二位	地位	守成之位	沒主見沒實力	有主見有實力	二級主管、執行	士
初位		基礎之位	沒主見沒實力	有主見有實力	承辦執行	庶人

三、三才與位的概念

六爻演卦離不開「三才」說話。「周易三才學」專講「三才六爻」演卦,是其他《易經》著作,或是教學課程所沒有的,全新的演《易》理論與應用方式,是為本書特色。

「三才」天、地、人建構起我們賴以生存的大環境,六爻卦的陰陽變化就是在這個天地人所建構起來的大環境裡形成了不同的形勢。大環境的形勢變化往往就是造成吉凶成敗的因素。

　　六爻卦（即六十四卦）皆由兩個三爻卦上下重疊而成，所以在講六爻卦的「三才」之前，我們必須先介紹三爻卦的「三才」。

　　三爻卦（即八卦）的三才位固定不變：初位為地位、二位為人位、三位為天位。

　　六爻卦（即六十四卦）的三才位固定不變：天、地、人位皆有陰陽配置。

　　初（陽）位、二（陰）位皆為地位。

　　三（陽）位、四（陰）位皆為人位。

　　五（陽）位、上（陰）位皆為天位。

　　（三爻卦、六爻卦「三才」示意圖）

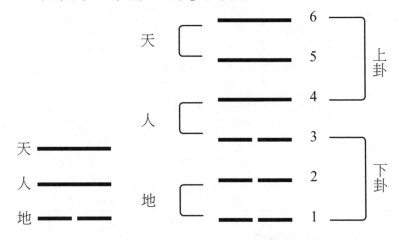

四、下卦、上卦、三才位、六爻位的聯結

　　六爻卦（即六十四卦）都是由兩個三爻卦重疊而成。下卦、上卦的位置固定不變。下（內）與上（外）卦的立場基本上是相對的，也就是下卦的初、二、三位與上卦的上、五、四位的立場是相對的。

　　六爻卦的天、地、人「三才」位概念：

　　上位為「天根」，天上無上，為天之極；上、五爻位同在

「天位」。居於天位的陰爻、陽爻的變動方式是由上來下。

初位為「地根」，地下無下，為地之極；初、二爻位同在「地位」。居於地位的陰爻、陽爻的變動方式是由下往上。

三、四爻位居中為「人位」，分立於上、下卦之際，介於天地之間。陰爻、陽爻的變動方式是進取天位、退居地位。

「兩卦」（下、上卦），「三才」位（天、地、人位），「六爻位」（初至上爻位）交錯分佈，再加上陰陽爻往來承乘比附的彼此對待關係，構成《周易》演卦的整體概念。也就是說，「兩卦」、「三才」、「六爻位」所建立起的空間概念，是領域的、固定的、靜止不動。反觀游走其間的 -- 陰爻、— 陽爻符號是跨領域的、變化的、活動的，屬於人事物的變遷和時間的變化。

五、什麼是「演卦」

是故君子所居而安者，《易》之序也；所樂而玩者，爻之辭也。是故君子居則觀其象而玩其辭，動則觀其變而玩其占，是以「自天祐之，吉无不利。」《周易‧繫辭上二章》

意思是說：因此，君子之所以能居處安穩，進退有據的原因，就在於《周易》卦爻符號所表現的位序；君子喜樂探索玩味的，是卦爻之後所繫的文辭。因此，君子平時居處就觀察卦爻符號的徵象，來探索玩味所繫的文辭；有所行動就觀察卦爻符號的形勢變化，來探索玩味所占筮的結果；這樣就能獲得《周易》 大有上九〈爻辭〉所說的「從上天降下的祐助，吉祥而無所不利。」

「演卦」就是利用六爻卦（六十四卦）符號的 -- 陰爻、— 陽爻演繹，以客觀的立場分析歸納事物演變的現況與將來。

《周易》六十四卦爻符號全是由 -- 陰爻、— 陽兩種符號組合而成。並且利用 -- 陰爻、— 陽符號的位置、相對關係、進退等變化，來預判事理吉凶，以提供行動的參考。

　　單憑六爻卦的 -- 陰爻、 — 陽爻這些抽象符號是無法做出任何判斷。抽象的符號必須付予特殊意義，整合了這些特殊意義，才能建立演卦的邏輯性，這是研習演卦不可不知的基本觀念。

六、六爻位

　　二與四同功而異位，其善不同：二多譽；四多懼，近也。柔之為道，不利遠者；其要无咎，其用柔中也。三與五同功而異位：三多凶，五多功，貴賤之等也。《周易・繫辭下九章》

　　初位，潛下之位，也是「三才」當中的「地位」。初位是下卦最下方的位置，在初位上面有五個爻位可供陰陽爻活動；初位的下面已經沒有爻位，所以初位的陰、陽爻只有前往，沒有退來的可能性。初位是陽爻的正位，是陰爻的不正之位。

　　二位，多譽之位，也是「三才」當中的「地位」。二位是下卦的中間位置，在二位的上面有四個爻位可供陰、陽爻活動；二位的下面有個初爻位，陰、陽爻在二位與初位的關係，不論親比、依附，或是阻礙、窒塞的關係，都不會離開二位，卻有前往的可能性。二位是陰爻的正位，是陽爻的不正之位；但不論是陰、陽爻，都是得中之位。

　　三位，多凶之位，也是「三才」當中的「人位」。三位是下卦最上方的位置，在三位上面有三個爻位；三位的下面有二個爻位，可供陰、陽爻前往或退來的可能性。三位是陽爻的正位，是陰爻的不正之位。

　　四位，多凶之位，也是「三才」當中的「人位」。四位是上卦最下方的位置，在四位上面有二個爻位；四位的下面有三個爻位，可供陰、陽爻前往或退來的可能性。四位是陰爻的正位，是陽爻的不正之位。

　　五位，多功之位，也是「三才」當中的「天位」。五位是上卦的中間位置，在五位的上面有個上位，陰、陽爻在五位與

上位的關係，不論親比、依附，或是阻礙、窒塞的關係，都不會離開五位；五位的下面有四個爻位可供陰、陽爻前來的可能性。五位是陽爻的正位，是陰爻的不正之位；但不論是陰、陽爻，都是得中之位。

上位，亢極之位，也是「三才」當中的「天位」。上位是上卦最上方的位置，在上位的上面已經沒有爻位；上位的下面有五個爻位，所以上位的陰、陽爻只有前來，沒有前往的可能性。上位是陰爻的正位，是陽爻的不正之位。

陰陽爻有了活動的空間，就有變化移動的可能性，在下面的爻可以往上，在上面的爻可以來下。但上、五爻的「前來」，與三、四爻的「退來」義意完全不同。上、五爻的「前來」，有鞏固、再創高峰的意涵。初、二爻的「前往」則是進取的意思。三、四爻的「前往」、「退來」，則是進退的意思。

七、爻與爻「近比遠應」的對待關係

「近比」著重實際層面（務實），「遠應」著重精神層面（理想）。

爻與爻之間的對待，除了「前往」、「退來」、「前來」的對應關係之外（詳見「三才六爻」演卦的「將來」看法），還有比鄰的兩個爻位爻與爻的對待關係，也就是「現況」看法的依據。

爻與爻的近比關係：初位與二位、二位與三位、三位與四位、四位與五位、五位與上位比鄰而接，居下位的爻對待居上位的爻是「承」上的關係，居上位的爻對待居下位的爻是「乘」下的關係。這個爻與爻近比的「承」、「乘」關係，在「三才六爻」演卦的過程中非常重要，可以說是演卦的基礎。

爻與爻的上下「承」、「乘」關係，再結合前面所提的陰陽爻基本性情、上下兩卦、三才位、六爻位的觀念，可以得出

以下的結論：

　　陰承陽近而相得。陰得陽助，有外緣有實質助力。

　　陽承陰近而相得。陽得陰助，但外緣助力不如預期。

　　陽承陽近而不相得。外緣有阻力歧見，沒有助益。

　　陰承陰近而不相得。外緣無能為力，沒有助益。

　　陰乘陽乘剛。外在環境有所牽制，停滯不前。

　　陽乘陰近而相得。陽得陰助，但外緣助力不如預期。

　　陽乘陽近而不相得。外緣有阻力歧見，沒有助益。

　　陰乘陰近而不相得。外緣無能為力，沒有助益。

　　以離卦為例：

　　初九與六二同在地位，陽承陰近而相得。陽得陰助，但外緣的實質助力不如預期。

　　六二與初九同在地位，陰乘陽乘剛。外在環境有所牽制，停滯不前；六二與九三地位比人位，陰承陽近而相得。陰得陽助，有外緣的實質助力。

　　九三與九四同在人位，介於兩卦之間不相得。看似有利，實而無益；九三與六二人位比地位，陽乘陰近而相得。陽得陰助，但外緣的實質助力不如預期。

　　九四與九三同在人位，介於兩卦之間不相得。看似有利，實而無益；九四與六五人位比天位，陽承陰近而相得。陽得陰助，但外緣的實質助力不如預期。

　　六五與上九同在天位，陰承陽近而相得。陰得陽助，有外緣的實質助力；六五與九四天位比人位，陰乘陽乘剛。外在環境有所牽制，停滯不前。

　　上九與六五同在天位，陽乘陰近而相得。陽得陰助，但外緣的實質助力不如預期。

（離卦示意圖）

▅▅▅▅▅	上九
▅▅　▅▅	六五
▅▅▅▅▅	九四
▅▅▅▅▅	九三
▅▅　▅▅	六二
▅▅▅▅▅	初九

　　愚致力於重新發掘「三才六爻」的研究過程中，同時發現治《易》家普遍應用的「遠應」觀念，並不適用解析「爻辭」。「遠應」的觀念來自於《周易》的「象傳」，是「象傳」特有的解卦方式。「三才六爻」是「爻辭」的解卦方式，不過早已示微，世人徒知其名，不知如何應用，於是後世治《易》學家便用解「象傳」的「遠應」方式來解「爻辭」，錯解《周易》相承千年，可謂遺害深矣！

八、「三才六爻」演卦的「現況」看法

　　「現況」是靜止的「三才」，「將來」是變化的「三才」。「《易》之道貴將來」。「將來」是「現況」的延伸，預判「將來」必先知「現況」；換言之，預判「將來」必須以「現況」為基礎。

　　首先，《易》卜在取得「本爻」之後，進行「本爻」的主觀位置、狀態等種種解析。

　　再來，就是看爻與爻之間的關係狀態，分析「本爻」處境有無外在助力或阻力，以此分析客觀形勢優劣，也就是大環境的訊息，來提供「本爻」作為決心與行動的參考。

　　爻與爻之間的關係狀態，必先瞭解「本爻」身處的「現況」，即靜止的「三才」，也就是「三才」的基本公式。基

本公式是制式化，比較單純。「繫辭下」是這麼說的：「凡《易》之情，近而不相得則凶，或害之，悔且吝。」這裡所指的「近」就是先看「三才」的「現況」關係：

初爻與二爻同在「地位」；本爻為初爻看二爻，本爻為二爻看初爻。

三爻與四爻同在「人位」；本爻為三爻看四爻，本爻為四爻看三爻。

五爻與上爻同在「天位」；本爻為五爻看上爻，本爻為上爻看五爻。

（三才六爻示意圖）

以下有六組「三才」演卦公式，每組公式都是以「本爻」為中心所建立起來的「三才」演卦公式：

三才演卦公式一：本爻在初爻

立場	卦別	三才	六爻	符號	三才演卦公式
我方內部環境相對於（下卦）彼方外在環境	上卦	天位	上爻	陰陽爻不拘	外在大環境形勢強弱消長對本爻行動的影響
		天位	五爻		
		人位	四爻		
我方內部環境相對於（上卦）彼方外在環境	下卦	人位	三爻		本爻的三才（現況有、將來無外在助力）
		地位	二爻		
		地位	初爻		★本爻（主觀條件）

三才演卦公式二：本爻在二爻

立場	卦別	三才	六爻	符號	三才演卦公式
我方內部環境相對於（下卦）彼方外在環境	上卦	天位	上爻	陰陽爻不拘	外在大環境形勢強弱消長對本爻行動的影響
		天位	五爻		
		人位	四爻		
我方內部環境相對於（上卦）彼方外在環境	下卦	人位	三爻		本爻的近比（將來有無外在助力）
		地位	二爻		★本爻（主觀條件）
		地位	初爻		本爻的三才（現況有無外在助力）

三才演卦公式三：本爻在三爻

立場	卦別	三才	六爻	符號	三才演卦公式
我方內部環境相對於（下卦）彼方外在環境	上卦	天位	上爻	陰陽爻不拘	外在大環境形勢強弱消長對本爻行動的影響
		天位	五爻		
		人位	四爻		本爻的三才（現況有無外在助力）
我方內部環境相對於（上卦）彼方外在環境	下卦	人位	三爻		★本爻（主觀條件）
		地位	二爻		本爻的近比（將來有無外在助力）
		地位	初爻		外在大環境形勢強弱消長對本爻行動的影響

三才演卦公式四：本爻在四爻

立場	卦別	三才	六爻	符號	三才演卦公式
我方內部環境相對於（下卦）彼方外在環境	上卦	天位	上爻	陰陽爻不拘	外在大環境形勢強弱消長對本爻行動的影響
		天位	五爻		本爻的近比（將來有無外在助力）
		人位	四爻		★本爻（主觀條件）
我方內部環境相對於（上卦）彼方外在環境	下卦	人位	三爻		本爻的三才（現況有無外在助力）
		地位	二爻		外在大環境形勢強弱消長對本爻行動的影響
		地位	初爻		

三才演卦公式五：本爻在五爻

立場	卦別	三才	六爻	符號	三才演卦公式
我方內部環境相對於（下卦）彼方外在環境	上卦	天位	上爻	陰陽爻不拘	本爻的三才（現況有無外在助力）
		天位	五爻		★本爻（主觀條件）
		人位	四爻		本爻的近比（將來有無外在助力）
我方內部環境相對於（上卦）彼方外在環境	下卦	人位	三爻		外在大環境形勢強弱消長對本爻行動的影響
		地位	二爻		
		地位	初爻		

三才演卦公式六：本爻在上爻

立場	卦別	三才	六爻	符號	三才演卦公式
我方內部環境相對於（下卦）彼方外在環境	上卦	天位	上爻	陰陽爻不拘	★本爻（主觀條件）
		天位	五爻		本爻的三才（現況、將來有無外在助力）
		人位	四爻		外在大環境形勢強弱消長對本爻行動的影響
我方內部環境相對於（上卦）彼方外在環境	下卦	人位	三爻		
		地位	二爻		
		地位	初爻		

　　以上公式簡單的說明了「現況」是靜止的「三才」，雖然模式固定，單純而無變化，卻是預判「將來」重要的依據。所謂「將來」是變化的「三才」，就是以「三才」為基礎觀察將來的變化。觀察現況比較簡單，觀察將來比較複雜。觀察現況是「三才」的基本款，觀察將來是「三才」的變化款。不然演卦弄個二爻就好，何必弄到六個爻這麼複雜，就是要結合天、人、地作為《易》卜判斷未知的「將來」。

　　為道也屢遷，變動不居，周流六虛，上下無常，剛柔相易，不可以為典要，唯變所適。

　　這裡所說的「剛柔相易」，不是東漢虞翻所主張的陰爻變陽爻、陽爻變陰爻、爻變、卦變，反覆變來變去；而是陰陽爻

在爻位上的更易，因而產生了不同的（六十四卦）卦象。這是很多人誤解的地方。

「不可以為典要」，觀察「現況」有既定的模式，觀察「將來」就有種種不同的變化，看法並非一陳不變。

「上下無常」，爻是可以上下移動的。問題是什麼時候可以動，什麼時候不宜動。「唯變所適」，端看大環境（天人地）的條件，種種不同形勢變化來採用較佳的因應措施。

以上所說的種種情況都脫離不了「三才」的觀念，也就是說演《易》不能擺脫「三才」說話，不論是觀察「現況」，還是觀察「將來」，《易》卜「六爻」演卦非「三才」而不可得。

至於爻與爻之間種種關係狀態會給本爻帶來什麼樣的情況，可以從「爻辭」、「爻象傳」等文字敘述提供相關訊息，這方面在「繫辭下」有概括性的歸納：

變動以利言，吉凶以情遷（情況產生變化）。是故愛惡相攻而吉凶生，遠近相取而悔吝生，情偽相感而利害生。凡易之情，近而不相得則凶，或害之，悔且吝。將叛者其辭慚（慚愧不安），中心疑者其辭枝（散亂無章），吉人之辭寡（寡少簡練、氣定神閒），躁人之辭多（繁多冗雜），誣善之人其辭游（虛浮游移、反覆不定），失其守者其辭屈（屈曲不直、強詞奪理）。

九、六十四卦時序概念表

節氣	立春 雨水 正月	驚蟄 春分 二月	清明 穀雨 三月	立夏 小滿 四月	芒種 夏至 五月	小暑 大暑 六月	立秋 處暑 七月	白露 秋分 八月	寒露 霜降 九月	立冬 小雪 十月	大雪 冬至 十一月	小寒 大寒 十二月
01～06	小過	需	豫	旅	大有	鼎	恆	巽	歸妹	艮	未濟	屯
07～12	蒙	隨	訟	師	家人	豐	節	萃	无妄	既濟	蹇	謙
13～18	益	晉	蠱	比	井	渙	同人	大畜	明夷	噬嗑	頤	睽
19～24	漸	解	革	小畜	咸	履	損	賁	困	大過	中孚	升
25～30	泰	大壯 震	夬	乾	姤 離	遯	否	觀 兌	剝	坤	復 坎	臨

　　每一節氣（三十日）管五卦，一卦相次管六日，逐日終而復始。震卦為春分當日，離卦為夏至當日，兌卦為秋分當日，坎卦為冬至當日。

　　如果人意（也就是占問時已有預設時間）與天意相符，就不必拘泥制式的時間表。如無預設時間請參考本表時間。

修正《周易形勢學》部分內容

　　過去著述《易》學作品，可以說都是在研習「三才之道」六爻演卦的過程，其中以《周易形勢學》最具代表。不可否認，這個過程當中仍存在難解的盲點，以至尚無「三才之道」完整論述。現在，《周易三才學》既已建立完整的「三才之道」論述，深化細緻了「三才六爻」的演卦方式，經過不計其數的反覆推演，《三才學》與《形勢學》兩者之間有部分結論出現根本上的差異。基於對學術研究的嚴謹，以及對讀者的尊重，實有修正《周易形勢學》部分內容的必要，於是藉本書一隅重點修正《周易形勢學》十個演卦內容，兩書之間才不會產生不相容的現象。若有造成讀者不便，在此一併致歉！

卦爻	《周易三才學》	重點修正《周易形勢學》
乾卦 九四	如果是投資事業或必須根本上改變現況等風險高的事情，請暫且擱置，以避免損失持續擴大。可延至時序「立夏／小滿」再行占卜；或有再次觸動轉變的契機，意猶未決時進行占卜。	或許正因為有不得不被動前往的處境，九四前往或有開展新局，改變現狀的機會。
離卦 六五	六五順著九四、九三與六二比附之勢前來。得天之時，得人之助，得地之宜。可從事投資事業或根本上改變現況等風險高的事情。	六五陰動無能，與上九、九四比附。六五居中尊位，與九四比附，維持現狀；在不改變既有條件的原則下可以有所作為。

家人 上九	如果是投資事業或必須根本上改變現況等風險高的事情，請暫且擱置，以避免損失持續擴大。可延至時序「芒種／夏至」再行占卜；或有再次觸動轉變的契機，意猶未決時進行占卜。	上九順著九五與六四比附之勢前來。上九宜前來開展新局，改變現狀。
升卦 初六	初六順著九二、九三動能變動前往。得地之宜，得人之助。可從事投資事業或根本上改變現況等風險高的事情。	初六陰動無能，與九二比附。初六宜維持現狀；在不改變既有條件的原則下可以有所作為。
升卦 六四	六四處於劣勢，不得力於彼我雙方，進退不得。如果投資事業或必須改變現況等風險高的事情，請暫且擱置，以避免難以預料的損失發生。	六四順著九三動能向上、九二與初六比附之勢退來。六四藉由他人之力宜退來開展新局，改變現狀。
井卦 上六	上六順著九五與六四比附之勢前來。得天之時，得人之助。保守評估，量力而為，可從事投資事業或根本上改變現況等風險高的事情。	上六陰動無能，與九五比附。上六宜維持現狀；在不改變既有的條件的原則下可以有所作為。
艮卦 上九	上九與六五同在天位，陽遇陰近而相得。維持目前的情況比較有利，至少不會造成損失。	上九前來六四。上九宜前來開展新局，改變現狀。
豐卦 六五	六五順著九四、九三與六二比附之勢前來。得天之時，得人之助，得地之宜。可從事投資事業或根本上改變現況等風險高的事情。	六五陰動無能，與九四比附。六五宜維持現狀；在不改變既有條件的原則下可以有所作為。
巽卦 九五	九五順著六四變動之勢前來。得天之時，得人之助，得地之宜。可從事投資事業或根本上改變現況等風險高的事情。	九五居位正中，動能向下，無陰親比。九五宜維持現狀；在不改變既有條件的原則下可以有所作為。

| 節卦
九五 | 九五順著六四、六三、九二與初六比附之勢前來。得天之時，得人之助，得地之宜。可從事投資事業或根本上改變現況等風險高的事情。 | 九五動能向下，與上六比附。九五宜維持現狀；在不改變既有條件的原則下可以有所作為。 |

結語

　　西元2012年底，有位長者勸愚不要再虛擲光陰研究《周易》、《易經》這樣後天之學，應該提升自己學習先天之學，也就是所謂的「通靈人」（如同這位長者），愚並沒有接納這位長者的建議，繼續研究《周易》。愚自知成不了「通靈人」，一來資質不足，二來是有所顧慮。已故作家施寄青老師說「通靈人」就像一部「傳真機」。然而「通靈人」普遍留給人的印象是真假莫辨，即便真的通靈，有時對於訊息的真實性也會混淆不清，是來自靈界或是自己的主觀想法？往往超越了「傳真機」該有的分際。而且每位「通靈人」的說法不一，聞者無所適從，且不一定能解決問題。

　　如果有一部「傳真機」能夠避免「通靈人」各說各話的困擾，透過一套工具讓一般人也能夠解讀靈界訊息不知該有多好。《周易》正是這套工具，正是這部一般人可以使用的「傳真機」。然而《周易》被喻為天書，原因在於一般人不懂如何操作這部「傳真機」；換言之，「傳真機」是存在的，只是沒有使用說明書，使得這部「傳真機」沒有發揮應有的功能。也可以這麼說，大凡註解《周易》者，無非都是在找出這部「傳真機」的使用說明書。

　　「工欲善其事，必先利其器」，愚致力研究《周易》，不斷的嘗試錯誤，方向始終不變的就是為了找出使用說明書而已。皇天不負苦心人，最終發現這個使用說明書就是「三才之道」，至少這個答案滿足了愚的期待。

　　「知之為知之，不知為不知，是知也。」《論語‧為政》，「三才之道」加入《周易》之後，也讓愚懂得有些事情不知道比知道好，不該知道的不必強求的道理，清楚地劃分出

人神（高靈）之間的那條界線。例如涉及到推演「將來」的看法，確實有些道理難以用邏輯推論，這可能是當時　聖人受到高靈啟示，非愚所能知見，且不能侵犯的神聖領域。「三才六爻」是人與神（高靈）溝通的媒界，也是一個相容而又能區分開來的界面，既可藉此與神（高靈）溝通，也能避免先天之學的弊端。人皆有私，《易》卜無私。

　　愚研究《周易》從蒙昧無知到重新建構「三才六爻」的演卦方式，似乎也在「三才六爻」劃下了句點。　聖人設立「三才六爻」推演六十四卦、三百八十四爻，或許正因為　聖人的德行得到了神（高靈）的肯定，其中有些啟示即使愚窮畢生之力仍無法理解，但愚不以為意，只要尋著　聖人留下的足跡，依葫蘆畫瓢，能夠畫得像也就心滿意足了。

上經

䷀ 乾下，乾上。（ 乾 為天 01）

立場	卦別	三才	六爻	符號	實力	位置	形勢
我方內部環境相對於（下卦）彼方外在環境	上卦	天1	上九	－	○	✕	▽
		天3	九五	－	○	○	▽
		人5	九四	－	○	✕	▽
我方內部環境相對於（上卦）彼方外在環境	下卦	人6	九三	－	○	○	△
		地4	九二	－	○	○	△
		地2	初九	－	○	○	△

【原文】初九，潛龍，勿用。〈象〉曰：「潛龍勿用」，陽在下也。

【譯文】初九（與九二同在地位，陽承陽近而不相得），沉潛中的「龍」；暫不施展才用。〈爻象〉傳說：「潛龍勿用」，陽氣初生居位低下。

【三才六爻演卦】

〔形勢〕䷀ 乾卦相對立場的彼、我雙方（上、下卦）勢力均等。初九的作為必須承擔變動風險與有利條件相對持平。如果有競逐對象團體，仍以彼方較有優勢。

〔本爻〕初九陽爻有主見，有實力。位在基礎之位，居位適當。

〔現況〕初九與九二同在地位，陽承陽近而不相得。「潛龍」，如果所謀之事已在具體進行中，當前我方內部環境有阻力歧見，沒有助益。

〔將來〕初九與九二同在地位，陽承陽近而不相得。「勿用」，維持目前的情況比較有利，至少不會造成損失。

〔警告〕「勿用」，不要有積極的作為。如果貿然投入資源想要獲取更大利益會慘遭挫敗。

〔建議〕乾卦初九不得力於彼我雙方，進退不得。如果是投資事業或必須改變現況等風險高的事情，請暫且擱置，以避免難

乾
1

以預料的損失發生。可延至時序「立夏／小滿」再行占卜；或有再次觸動轉變的契機，意猶未決時進行占卜。

【原文】九二，見龍在田，利見大人。〈象〉曰：「見龍在田」，德施普也。

【譯文】九二（與初九同在地位，陽乘陽近而不相得），「龍」出現田間，（九二與九三地位比人位，陽承陽近而不相得）利於顯現居尊（中）位的大人物。〈爻象〉傳說：「見龍在田」，美德廣施普遍四方。

【三才六爻演卦】

〔形勢〕☰ 乾卦相對立場的彼、我雙方（上、下卦）勢力均等。九二的作為必須承擔變動風險與有利條件相對持平。如果有競逐對象團體，仍以彼方較有優勢。

〔本爻〕九二陽爻有主見，有實力。位在守成之位，居位不當。守勢較優之位。

〔現況〕九二與初九同在地位，陽乘陽近而不相得。「見龍在田」，如果所謀之事已在具體進行中，當前我方內部環境有阻力歧見，沒有助益。

〔將來〕九二與九三地位比人位，陽承陽近而不相得。「利見大人」，我方內部環境有阻力歧見，沒有助益。維持目前的情況比較有利，至少可以持盈保泰。

〔建議〕乾卦九二不得力於彼我雙方，進退不得。如果是投資事業或必須改變現況等風險高的事情，請暫且擱置，以避免難以預料的損失發生。可延至時序「立夏／小滿」再行占卜；或有再次觸動轉變的契機，意猶未決時進行占卜。

【原文】九三，君子終日乾乾，夕惕若，厲无咎。〈象〉曰：「終日乾乾」，反復道也。

乾
1

【譯文】九三（與九四同在人位，介於兩卦之間不相得），君子整天健強振作不已，到了晚上依然警惕不懈，（九三與九二人位比地位，陽乘陽近而不相得）即使面臨險境也不會有過失。〈爻象〉傳說：「終日乾乾」，反復行道維持現狀。

【三才六爻演卦】

〔形勢〕☰ 乾卦相對立場的彼、我雙方（上、下卦）勢力均等。九三的作為必須承擔變動風險與有利條件相對持平。如果有競逐對象團體，仍以彼方較有優勢。

〔本爻〕九三陽爻有主見，有實力。位在以守待攻之位，居位適當。

〔現況〕九三與九四同在人位，介於兩卦之間不相得。「終日乾乾，夕惕若」，如果所謀之事已在具體進行中，當前彼方外在環境有阻力歧見，沒有助益。

〔將來〕九三與九二人位比地位，陽乘陽近而不相得。「厲无咎」，我方內部環境有阻力歧見，沒有助益。自我警惕不懈怠，維持目前的情況比較有利，至少不會造成損失。

〔警告〕「厲」，自我克制，不要受到外在人事物影響。如果貿然投入資源想要獲取更大利益會慘遭挫敗。

〔建議〕乾卦九三不得力於彼我雙方，進退不得。如果是投資事業或必須改變現況等風險高的事情，請暫且擱置，以避免難以預料的損失發生。可延至時序「立夏／小滿」再行占卜；或有再次觸動轉變的契機，意猶未決時進行占卜。

【原文】九四，或躍在淵，无咎。〈象〉曰：「或躍在淵」，進无咎也。

【譯文】九四（與九五人位比天位，陽承陽近而不相得），或騰躍前往，（九四與九三同在人位，介於兩卦之間不相得）或停留在淵，沒有過失。〈爻象〉傳說：「或躍在淵」，前往不會有過失。

【三才六爻演卦】

〔**形勢**〕☰ 乾卦相對立場的彼、我雙方（上、下卦）勢力均等。九四的作為必須承擔變動風險與有利條件相對持平。如果有競逐對象團體，仍以我方較有優勢。

〔**本爻**〕九四陽爻有主見，有實力。位在守成整合之位，居位不當。

〔**現況**〕九四與九三同在人位，介於兩卦之間不相得。「在淵」，如果所謀之事已在具體進行中，當前彼方外在環境有阻力歧見，沒有助益。

〔**將來**〕九四與九五人位比天位，陽承陽近而不相得。「或躍」、「无咎」，我方內部環境有阻力歧見，沒有助益。維持目前的情況比較有利，至少不會造成損失。

〔**警告**〕「或躍」，處境艱難，以靜待變，不要盲從躁動。維持目前的情況控管損害，不至損失持續擴大。

〔**建議**〕乾卦九四不得力於彼我雙方，進退不得。如果是投資事業或必須改變現況等風險高的事情，請暫且擱置，以避免難以預料的損失發生。可延至時序「立夏／小滿」再行占卜；或有再次觸動轉變的契機，意猶未決時進行占卜。

【原文】九五，飛龍在天，利見大人。〈象〉曰：「飛龍在天」，大人造也。

【譯文】九五（與上九同在天位，陽承陽近而不相得），「龍」飛上天，（九五與九四天位比人位，陽乘陽近而不相得）利於顯現居尊位的大人物。〈爻象〉傳說：「飛龍在天」，大人奮起大展雄才。

【三才六爻演卦】

〔**形勢**〕☰ 乾卦相對立場的彼、我雙方（上、下卦）勢力均等。九五的作為必須承擔變動風險與有利條件相對持平。如果有競逐對象團體，仍以我方較有優勢。

乾
1

〔本爻〕九五陽爻有主見，有實力。位在決策實權之位，居位適當。攻勢較優之位。

〔現況〕九五與上九同在天位，陽承陽近而不相得。「飛龍在天」，如果所謀之事已在具體進行中，當前我方內部環境有阻力歧見，沒有助益。

〔將來〕九五與九四天位比人位，陽乘陽近而不相得。「利見大人」，我方內部環境有阻力歧見，沒有助益。維持目前的情況比較有利，至少可以持盈保泰。

〔建議〕乾卦九五不得力於彼我雙方，進退不得。如果是投資事業或必須改變現況等風險高的事情，請暫且擱置，以避免難以預料的損失發生。可延至時序「立夏／小滿」再行占卜；或有再次觸動轉變的契機，意猶未決時進行占卜。

乾
1

【原文】上九，亢龍，有悔。〈象〉曰：「亢龍有悔」，盈不可久也。

【譯文】上九（與九五同在天位，陽乘陽近而不相得），「龍」飛至亢極，終有所悔恨。〈爻象〉傳說：「亢龍有悔」，剛強過甚不久必衰。

【三才六爻演卦】

〔形勢〕☰ 乾卦相對立場的彼、我雙方（上、下卦）勢力均等。上九的作為必須承擔變動風險與有利條件相對持平。如果有競逐對象團體，仍以我方較有優勢。

〔本爻〕上九陽爻有主見，有實力。位在不任實事之位，居位不當。

〔現況〕上九與九五同在天位，陽乘陽近而不相得。「亢龍」，如果所謀之事已在具體進行中，當前我方內部環境有阻力歧見，沒有助益。

〔將來〕上九與九五同在天位，陽乘陽近而不相得。「有悔」，處境艱難，以靜待變，不要盲從躁動。維持目前的情況

控管損害，不至損失持續擴大。

〔**建議**〕乾卦上九不得力於彼我雙方，進退不得。如果是投資事業或必須根本上改變現況等風險高的事情，請暫且擱置，以避免難以預料的損失發生。可延至時序「立夏／小滿」再行占卜；或有再次觸動轉變的契機，意猶未決時進行占卜。

䷁ 坤下，坤上。（ 坤 為地 02 ）

立場	卦別	三才	六爻	符號	實力	位置	形勢
我方內部環境相對於（下卦）彼方外在環境	上卦	天1	上六	--	✕	○	。
		天3	六五	--	✕	○	。
		人5	六四	--	✕	○	。
我方內部環境相對於（上卦）彼方外在環境	下卦	人6	六三	--	✕	✕	。
		地4	六二	--	✕	✕	。
		地2	初六	--	✕	✕	。

【**原文**】初六，履霜，堅冰至。〈象〉曰：履霜堅冰，陰始凝也；馴致其道，至堅冰也。

【**譯文**】初六（與六二同在地位，陰承陰近而不相得），白霜到了，堅冰即將到來。〈爻象〉傳說：白霜到了，堅冰即將到來，陰氣剛開始凝積；順著大自然的規律，直到堅冰到來。

【**三才六爻演卦**】

〔**形勢**〕䷁坤卦相對立場的彼、我雙方（上、下卦）勢力均等。初六的作為必須承擔變動風險與有利條件相對持平。如果有競逐對象團體，仍以彼方較有優勢。

〔**本爻**〕初六陰爻沒有主見，欠缺實力。位在基礎之位，居位不當。

〔**現況**〕初六與六二同在地位，陰承陰近而不相得。「履

霜」，如果所疑之事已在具體進行中，當前我方內部環境無能為力，沒有助益。

〔將來〕初六與六二同在地位，陰承陰近而不相得。「堅冰至」，維持目前的情況控管損害，不至損失持續擴大。

〔警告〕「堅冰至」，如果貿然投入資源想要獲取更大利益會慘遭挫敗。

〔建議〕坤卦初六不得力於彼我雙方，進退不得。如果是投資事業或必須改變現況等風險高的事情，請暫且擱置，以避免難以預料的損失發生。可延至時序「立冬／小雪」再行占卜；或有再次觸動轉變的契機，意猶未決時進行占卜。

坤 2

【原文】六二，直、方、大，不習无不利。〈象〉曰：六二之動，直以方也；「不習无不利」，地道光也。

【譯文】六二（與初六同在地位，陰乘陰近而不相得），正直、端方、宏大，（六二與六三地位比人位，陰承陰近而不相得）不學習也未必不獲利。〈爻象〉傳說：六二的變動，趨向正直端方；「不習无不利」，是大地的柔順之道發出光芒。

【三才六爻演卦】

〔形勢〕䷁ 坤卦相對立場的彼、我雙方（上、下卦）勢力均等。六二的作為必須承擔變動風險與有利條件相對持平。如果有競逐對象團體，仍以彼方較有優勢。

〔本爻〕六二陰爻沒有主見，欠缺實力。位在守成之位，居位適當。守勢較優之位。

〔現況〕六二與初六同在地位，陰乘陰近而不相得。「直、方、大」，如果所疑之事已在具體進行中，當前我方內部環境無能為力，沒有助益。

〔將來〕六二與六三地位比人位，陰承陰近而不相得。「不習无不利」，我方內部環境無能為力，沒有助益。維持目前的情況比較有利，至少不會造成損失。

〔建議〕坤卦六二不得力於彼我雙方，進退不得。如果是投資事業或必須改變現況等風險高的事情，請暫且擱置，以避免難以預料的損失發生。可延至時序「立冬／小雪」再行占卜；或有再次觸動轉變的契機，意猶未決時進行占卜。

【原文】六三，含章可貞；或從王事，无成有終。〈象〉曰：「含章可貞」，以時發也；「或從王事」，知光大也。

【譯文】六三（與六二人位比地位，陰乘陰近而不相得），蘊含文章，可以守持正固；（六三與六四同在人位，介於兩卦之間不相得）或輔助君王的事業，成功不歸己有，謹守臣職至終。〈爻象〉傳說：「含章可貞」，形勢變化合宜時機待時發揮作用；「或從王事」，智慧光大恢弘。

【三才六爻演卦】

〔形勢〕☷☷ 坤卦相對立場的彼、我雙方（上、下卦）勢力均等。六三的作為必須承擔變動風險與有利條件相對持平。如果有競逐對象團體，仍以彼方較有優勢。

〔本爻〕六三陰爻沒有主見，欠缺實力。位在以守待攻之位，居位不當。

〔現況〕六三與六四同在人位，介於兩卦之間不相得。「或從王事，无成有終」，如果所疑之事已在具體進行中，當前彼方外在環境無能為力，沒有助益。

〔將來〕六三與六二人位比地位，陰乘陰近而不相得。「含章可貞」，我方內部環境無能為力，沒有助益。持目前的情況比較有利，至少不會造成損失。

〔建議〕坤卦六三不得力於彼我雙方，進退不得。如果是投資事業或必須改變現況等風險高的事情，請暫且擱置，以避免難以預料的損失發生。可延至時序「立冬／小雪」再行占卜；或有再次觸動轉變的契機，意猶未決時進行占卜。

【原文】六四，括囊，无咎无譽。〈象〉曰：「括囊无咎」，

坤 2

慎不害也。

【譯文】六四（與六三同在人位，介於兩卦之間不相得），就像束緊囊口一般，（六四與六五人位比天位，陰承陰近而不相得）沒有過失也不求贊譽。〈爻象〉傳說：「括囊无咎」，小心謹慎才不會有禍患。

【三才六爻演卦】

〔形勢〕坤卦相對立場的彼、我雙方（上、下卦）勢力均等。六四的作為必須承擔變動風險與有利條件相對持平。如果有競逐對象團體，仍以我方較有優勢。

〔本爻〕六四陰爻沒有主見，欠缺實力。位在守成整合之位，居位適當。

〔現況〕六四與六三同在人位，介於兩卦之間不相得。「括囊」，如果所疑之事已在具體進行中，當前彼方外在環境無能為力，沒有助益。

〔將來〕六四與六五人位比天位，陰承陰近而不相得。「无咎无譽」，我方內部環境無能為力，沒有助益。維持目前的情況比較有利，至少不會造成損失。

〔建議〕坤卦六四不得力於彼我雙方，進退不得。如果是投資事業或必須改變現況等風險高的事情，請暫且擱置，以避免難以預料的損失發生。可延至時序「立冬／小雪」再行占卜；或有再次觸動轉變的契機，意猶未決時進行占卜。

【原文】六五，黃裳，元吉。〈象〉曰：「黃裳元吉」，文在中也。

【譯文】六五（與上六同在天位，陰承陰近而不相得），黃色裙裳，（六五與六四天位比人位，陰乘陰近而不相得）至為吉祥。〈爻象〉傳說：「黃裳元吉」，內涵文章守持中道。

【三才六爻演卦】

〔形勢〕坤卦相對立場的彼、我雙方（上、下卦）勢力均

等。六五的作為必須承擔變動風險與有利條件相對持平。如果有競逐對象團體，仍以我方較有優勢。

〔本爻〕六五陰爻沒有主見，欠缺實力。位在決策實權之位，居位不當。攻勢較優之位。

〔現況〕六五與上六同在天位，陰承陰近而不相得。「黃裳」，如果所疑之事已在具體進行中，當前我方內部環境無能為力，沒有助益。

〔將來〕六五與六四天位比人位，陰乘陰近而不相得。「元吉」，我方內部環境無能為力，沒有助益。維持目前的情況比較有利，至少不會造成損失。

〔建議〕坤卦六五不得力於彼我雙方，進退不得。如果是投資事業或必須改變現況等風險高的事情，請暫且擱置，以避免難以預料的損失發生。可延至時序「立冬／小雪」再行占卜；或有再次觸動轉變的契機，意猶未決時進行占卜。

坤
2

【原文】上六，龍戰于野，其血玄黃。〈象〉曰：「龍戰于野」，其道窮也。

【譯文】上六（與六五同在天位，陰乘陰近而不相得），純陰亢極即將面臨陽剛的「龍」剛柔接戰的局面，流出青黃相雜的鮮血。〈爻象〉傳說：「龍戰于野」，純陰之道已經發展窮盡。

【三才六爻演卦】

〔形勢〕䷁ 坤卦相對立場的彼、我雙方（上、下卦）勢力均等。上六的作為必須承擔變動風險與有利條件相對持平。如果有競逐對象團體，仍以我方較有優勢。

〔本爻〕上六陰爻沒有主見，欠缺實力。位在不任實事之位，居位適當。

〔現況〕上六與六五同在天位，陰乘陰近而不相得。「龍戰于野」，如果所疑之事已在具體進行中，當前我方內部環境無能

為力，沒有助益。

〔將來〕上六與六五同在天位，陰乘陰近而不相得。「其血玄黃」，處境艱難，以靜待變，不要盲從躁動。維持目前的情況控管損害，不至損失持續擴大。

〔建議〕坤卦上六不得力於彼我雙方，進退不得。如果是投資事業或必須改變現況等風險高的事情，請暫且擱置，以避免難以預料的損失發生。可延至時序「立冬／小雪」再行占卜；或有再次觸動轉變的契機，意猶未決時進行占卜。

震下，坎上。（水雷　屯03）

立場	卦別	三才	六爻	符號	實力	位置	形勢
我方內部環境相對於（下卦）彼方外在環境	上卦	天1	上六	--	×	○	○
		天3	九五	—	○	○	▽
		人5	六四	--	×	○	↑
我方內部環境相對於（上卦）彼方外在環境	下卦	人6	六三	--	×	×	○
		地4	六二	--	×	×	○
		地2	初九	—	○	○	△

【原文】初九，磐桓，利居貞，利建侯。〈象〉曰：雖磐桓，志行正也；以貴下賤，大得民也。

【譯文】初九（與六二同在地位，陽承陰近而相得），徘徊流連，利於靜居守持正固，利於建立諸侯的事業。〈爻象〉傳說：雖然徘徊流連，但心志行為能保持端正；身分尊貴卻下居卑位，大得民心。

【三才六爻演卦】

〔形勢〕屯卦相對立場的彼、我雙方（上、下卦）勢力均等。初九的作為必須承擔變動風險與有利條件相對持平。如果

有競逐對象團體，仍以彼方較有優勢。

〔**本爻**〕初九陽爻有主見，有實力。位在基礎之位，居位適當。

〔**現況**〕初九與六二同在地位，陽承陰近而相得。「磐桓」，如果所謀之事已在具體進行中，當前我方內部環境助益不如預期。如果基於情感道義而付出仍要考量能力所及為宜。

〔**將來**〕初九與六二同在地位，陽承陰近而相得。「利居貞」，維持目前的情況比較有利，至少不會造成損失。

〔**警告**〕「利建侯」，雖然後勢看好，還是會有變數。如果此時貿然投入資源想要獲取更大利益會慘遭挫敗。

〔**建議**〕屯卦初九不得力於彼我雙方，進退不得。如果是投資事業或必須改變現況等風險高的事情，請暫且擱置，以避免難以預料的損失發生。可延至時序「小寒／大寒」再行占卜；或有再次觸動轉變的契機，意猶未決時進行占卜。

屯 3

【**原文**】六二，屯如，邅如。乘馬班如，匪寇婚媾；女子貞不字，十年乃字。〈象〉曰：六二之難，乘剛也；「十年乃字」，反常也。

【**譯文**】六二（與六三地位比人位，陰承陰近而不相得），草創之時多麼艱難，彷徨不前。遠來乘馬班列，並非強寇而是聘求婚姻者；（六二與初九同在地位，陰乘陽乘剛）女子守持正固不急出嫁，久待十年才締結良緣。〈爻象〉傳說：六二難行不進，是由於陰柔凌乘陽剛之上；「十年乃字」，違反常理。

【**三才六爻演卦**】

〔**形勢**〕☳ 屯卦相對立場的彼、我雙方（上、下卦）勢力均等。六二的作為必須承擔變動風險與有利條件相對持平。如果有競逐對象團體，仍以彼方較有優勢。

〔**本爻**〕六二陰爻沒有主見，欠缺實力。位在守成之位，居位適當。守勢較優之位。

〔現況〕六二與初九同在地位，陰乘陽乘剛。「女子貞不字，十年乃字」，如果所疑之事已在具體進行中，當前我方內部環境有所牽制，停滯不前。

〔將來〕六二與六三地位比人位，陰承陰近而不相得。「屯如，邅如」，我方內部環境無能為力，沒有助益。有所顧慮，沒有把握。維持目前的情況比較有利，至少不會造成損失。

〔警告〕「乘馬班如，匪寇婚媾」，光想將來的美好，忽略現實的問題。如果貿然投入資源想要獲取更大利益會慘遭挫敗。

〔建議〕屯卦六二不得力於彼我雙方，進退不得。如果是投資事業或必須改變現況等風險高的事情，請暫且擱置，以避免難以預料的損失發生。可延至時序「小寒／大寒」再行占卜；或有再次觸動轉變的契機，意猶未決時進行占卜。

屯 3

【原文】六三，即鹿无虞，惟入于林中；君子幾不如舍，往吝。〈象〉曰：「即鹿无虞」，以從禽也；君子舍之，往吝窮也。

【譯文】六三（與六四同在人位，介於兩卦之間不相得），追逐山鹿沒有虞人引導，空入茫茫林海中；（六三與六二人位比地位，陰乘陰近而不相得）君子與其前往，不如捨棄不逐，要是一意前往必有憾惜。〈爻象〉傳說：「即鹿无虞」，因貪戀追捕禽獸；君子捨棄不逐，如果一意往前追逐必有憾惜，終致窮困。

【三才六爻演卦】

〔形勢〕☳☷ 屯卦相對立場的彼、我雙方（上、下卦）勢力均等。六三的作為必須承擔變動風險與有利條件相對持平。如果有競逐對象團體，仍以彼方較有優勢。

〔本爻〕六三陰爻沒有主見，欠缺實力。位在以守待攻之位，居位不當。

〔現況〕六三與六四同在人位，介於兩卦之間不相得。「即鹿

无虞，惟入于林中」，如果所疑之事已在具體進行中，當前彼方外在環境無能為力，沒有助益。

〔**將來**〕六三與六二人位比地位，陰乘陰近而不相得。「君子幾不如舍」，我方內部環境無能為力，沒有助益。維持目前的情況比較有利，至少不會造成損失。

〔**警告**〕「往吝」，如果貿然投入資源想要獲取更大利益會慘遭挫敗。

〔**建議**〕屯卦六三不得力於彼我雙方，進退不得。如果是投資事業或必須改變現況等風險高的事情，請暫且擱置，以避免難以預料的損失發生。可延至時序「小寒／大寒」再行占卜；或有再次觸動轉變的契機，意猶未決時進行占卜。

屯
3

【**原文**】六四，乘馬班如，求婚媾；往吉，无不利。〈象〉曰：求而往，明也。

【**譯文**】六四，（其實初九沒來）乘馬班列，欲求婚配；（六四順著九五與上六比附之勢前往）前往必獲吉祥，無所不利。〈爻象〉傳說：有求於上而前往，是明智的。

【**三才六爻演卦**】

〔**形勢**〕☷ 屯卦相對立場的彼、我雙方（上、下卦）勢力均等。六四的作為必須承擔變動風險與有利條件相對持平。如果有競逐對象團體，仍以我方較有優勢。

〔**本爻**〕六四陰爻沒有主見，欠缺實力。位在守成整合之位，居位適當。

〔**現況**〕六四與六三同在人位，介於兩卦之間不相得。如果所疑之事已在具體進行中，當前彼方外在環境無能為力，沒有助益。

〔**將來**〕六四與九五人位比天位，陰承陽近而相得。六四順著九五與上六比附之勢前往。「往吉，无不利」，保守評估，量力而為，投入現有資源，爭取有能力、有條件的人事物支持。

〔**警告**〕「乘馬班如，求婚媾」，看似美好的規劃，卻是不實在又高風險。如果貿然投入資源想要獲取更大利益會慘遭挫敗。

〔**建議**〕屯卦六四得力於我方，得人之助，得天之時。保守評估，量力而為，可從事投資事業或改變現況等風險高的事情。

【原文】九五，屯其膏。小，貞吉；大，貞凶。〈象〉曰：「屯其膏」，施未光也。

【譯文】九五（與上六同在天位，陽承陰近而相得），初創艱難以積蓄膏澤。以示其小，守持正固可獲吉祥；（九五與六四天位比人位，陽乘陰近而相得）顯示其勢力剛大，占卜反而是凶險的。〈爻象〉傳說：「屯其膏」，德行尚未光大。

【三才六爻演卦】

〔**形勢**〕䷂屯卦相對立場的彼、我雙方（上、下卦）勢力均等。九五的作為必須承擔變動風險與有利條件相對持平。如果有競逐對象團體，仍以我方較有優勢。

〔**本爻**〕九五陽爻有主見，有實力。位在決策實權之位，居位適當。攻勢較優之位。

〔**現況**〕九五與上六同在天位，陽承陰近而相得。「小，貞吉」，如果所謀之事已在具體進行中，當前我方內部環境助益不如預期。如果基於情感道義而付出仍要考量能力所及為宜。

〔**將來**〕九五與六四天位比人位，陽乘陰近而相得。「大，貞凶」，我方內部環境助益不如預期。如果基於情感道義而付出仍要考量能力所及為宜。維持目前的情況比較有利，至少不會造成損失。

〔**警告**〕「大，貞凶」，如果貿然投入資源想要獲取更大利益會慘遭挫敗。

〔**建議**〕屯卦九五不得力於彼我雙方，進退不得。如果是投資事業或必須改變現況等風險高的事情，請暫且擱置，以避免難

屯
3

以預料的損失發生。可延至時序「小寒 / 大寒」再行占卜；或有再次觸動轉變的契機，意猶未決時進行占卜。

【原文】上六，乘馬班如，泣血漣如。〈象〉曰：「泣血漣如」，何可長也？

【譯文】上六（與九五同在天位，陰乘陽乘剛），乘馬班列欲求偶不得，傷心泣血淚橫流。〈爻象〉傳說：「泣血漣如」，怎會長久如此？（不會長久如此）

【三才六爻演卦】

〔形勢〕䷂ 屯卦相對立場的彼、我雙方（上、下卦）勢力均等。上六的作為必須承擔變動風險與有利條件相對持平。如果有競逐對象團體，仍以我方較有優勢。

〔本爻〕上六陰爻沒有主見，欠缺實力。位在不任實事之位，居位適當。

〔現況〕上六與九五同在天位，陰乘陽乘剛。如果所疑之事已在具體進行中，當前我方內部環境有所牽制，停滯不前。

〔將來〕上六與九五同在天位，陰乘陽乘剛。「泣血漣如」，維持目前的情況比較有利，至少不會造成損失。

〔警告〕「乘馬班如」，如果貿然投入資源想要獲取更大利益會慘遭挫敗。

〔建議〕屯卦上六不得力於彼我雙方，進退不得。如果是投資事業或必須改變現況等風險高的事情，請暫且擱置，以避免難以預料的損失發生。可延至時序「小寒 / 大寒」再行占卜；或有再次觸動轉變的契機，意猶未決時進行占卜。

屯
3

䷃ 坎下，艮上。（山水　蒙 04）

立場	卦別	三才	六爻	符號	實力	位置	形勢
我方內部環境相對於（下卦）彼方外在環境	上卦	天1	上九	－	○	×	▽
		天3	六五	--	×	○	。
		人5	六四	--	×	○	。
我方內部環境相對於（上卦）彼方外在環境	下卦	人6	六三	--	×	×	。
		地4	九二	－	○	○	△
		地2	初六	--	×	×	。

【原文】初六，發蒙，利用刑人，用說桎梏；以往吝。〈象〉曰：「利用刑人」，以正法也。

【譯文】初六（與九二同在地位，陰承陽近而相得），啟發蒙稚，利於樹立典型以教育人，使人免犯罪刑；要是急於前往必有憾惜。〈爻象〉傳說：「利用刑人」，是為了讓人導入正確的法則。

【三才六爻演卦】

〔**形勢**〕䷃ 蒙卦相對立場的彼、我雙方（上、下卦）勢力均等。初六的作為必須承擔變動風險與有利條件相對持平。如果有競逐對象團體，仍以彼方較有優勢。

〔**本爻**〕初六陰爻沒有主見，欠缺實力。位在基礎之位，居位不當。

〔**現況**〕初六與九二同在地位，陰承陽近而相得。「發蒙，利用刑人」，如果所疑之事已在具體進行中，當前我方內部環境有實質助益。

〔**將來**〕初六與九二同在地位，陰承陽近而相得。「用說桎梏」，維持目前的情況比較有利，至少不會造成損失。

〔**警告**〕「以往吝」，如果貿然投入資源想要獲取更大利益會慘遭挫敗。

〔**建議**〕蒙卦初六如果所疑之事已在具體進行中，得力於我

蒙 4

方，以不改變現況為原則可以獲益。雖然可以獲益，不可過度樂觀，仍以保守評估為要。不宜投資事業或必須改變現況等風險高的事情。如果所疑之事尚未具體進行中，請暫且擱置，以避免難以預料的損失發生。可延至時序「立春／雨水」再行占卜；或有再次觸動轉變的契機，意猶未決時進行占卜。

【原文】九二，包蒙，吉。納婦，吉；子克家。〈象〉曰：「子克家」，剛柔接也。

【譯文】九二（與初六同在地位，陽乘陰近而相得），包容培育一群蒙稚者，吉祥。（九二與六三地位比人位，陽承陰近而相得）像納配妻室一樣，吉祥；兒輩有能力治家。〈爻象〉傳說：「子克家」，陽剛和陰柔互為親比。

【三才六爻演卦】

〔形勢〕䷃ 蒙卦相對立場的彼、我雙方（上、下卦）勢力均等。九二的作為必須承擔變動風險與有利條件相對持平。如果有競逐對象團體，仍以彼方較有優勢。

〔本爻〕九二陽爻有主見，有實力。位在守成之位，居位不當。守勢較優之位。

〔現況〕九二與初六同在地位，陽乘陰近而相得。「包蒙，吉」，如果所謀之事已在具體進行中，當前我方內部環境助益不如預期。如果基於情感道義而付出仍要考量能力所及為宜。

〔將來〕九二與六三地位比人位，陽承陰近而相得。「納婦，吉」、「子克家」，我方內部環境助益不如預期。如果基於情感道義而付出仍要考量能力所及為宜。維持目前的情況比較有利，至少不會造成損失。

〔建議〕蒙卦九二不得力於彼我雙方，進退不得。如果是投資事業或必須改變現況等風險高的事情，請暫且擱置，以避免難以預料的損失發生。可延至時序「立春／雨水」再行占卜；或有再次觸動轉變的契機，意猶未決時進行占卜。

【原文】六三，勿用取女；見金夫，不有躬，无攸利。〈象〉曰：「勿用取女」，行不順也。

【譯文】六三，（上九）不宜娶這（六三）女子；（六三與六四同在人位，介於兩卦之間不相得）她眼中只有美貌郎君（其實上九不來），不能反躬自省，她的行為無有利益。〈爻象〉傳說：「勿用取女」，行為不順合禮節。

【三才六爻演卦】

〔形勢〕☶☵ 蒙卦相對立場的彼、我雙方（上、下卦）勢力均等。六三的作為必須承擔變動風險與有利條件相對持平。如果有競逐對象團體，仍以彼方較有優勢。

〔本爻〕六三陰爻沒有主見，欠缺實力。位在以守待攻之位，居位不當。

〔現況〕六三與六四同在人位，介於兩卦之間不相得。「見金夫，不有躬」，如果所疑之事已在具體進行中，當前彼方外在環境無能為力，沒有助益。

〔將來〕六三與九二人位比地位，陰乘陽乘剛。「无攸利」，我方內部環境有所牽制，停滯不前。維持目前的情況比較有利，至少不會造成損失。

〔警告〕「无攸利」，如果貿然投入資源想要獲取更大利益會慘遭挫敗。

〔建議〕蒙卦六三不得力於彼我雙方，進退不得。如果是投資事業或必須改變現況等風險高的事情，請暫且擱置，以避免難以預料的損失發生。可延至時序「立春／雨水」再行占卜；或有再次觸動轉變的契機，意猶未決時進行占卜。

【原文】六四，困蒙，吝。〈象〉曰：困蒙之吝，獨遠實也。

【譯文】六四（與六三同在人位，介於兩卦之間不相得），困陷於蒙稚，（六四與六五人位比天位，陰承陰近而不相得）有所憾惜。〈爻象〉傳說：困陷於蒙稚的憾惜，獨自遠離剛健篤

蒙
4

實。

【三才六爻演卦】

〔形勢〕☲ 蒙卦相對立場的彼、我雙方（上、下卦）勢力均等。六四的作為必須承擔變動風險與有利條件相對持平。如果有競逐對象團體，仍以我方較有優勢。

〔本爻〕六四陰爻沒有主見，欠缺實力。位在守成整合之位，居位適當。

〔現況〕六四與六三同在人位，介於兩卦之間不相得。「困蒙」，如果所疑之事已在具體進行中，當前彼方外在環境無能為力，沒有助益。

〔將來〕六四與六五人位比天位，陰承陰近而不相得。「吝」，我方內部環境無能為力，沒有助益。維持目前的情況比較有利，至少不會造成損失。

〔建議〕蒙卦六四不得力於彼我雙方，進退不得。在不改變現況的原則下可獲益。如果是投資事業或必須改變現況等風險高的事情，請暫且擱置，以避免難以預料的損失發生。可延至時序「立春／雨水」再行占卜；或有再次觸動轉變的契機，意猶未決時進行占卜。

蒙

4

【原文】六五，童蒙，吉。〈象〉曰：童蒙之吉，順以巽也。

【譯文】六五（與上九同在天位，陰承陽近而相得），幼童的蒙稚，吉祥。〈爻象〉傳說：幼童的蒙稚能獲得吉祥，是由於恭順謙遜。

【三才六爻演卦】

〔形勢〕☲ 蒙卦相對立場的彼、我雙方（上、下卦）勢力均等。六五的作為必須承擔變動風險與有利條件相對持平。如果有競逐對象團體，仍以我方較有優勢。

〔本爻〕六五陰爻沒有主見，欠缺實力。位在決策實權之位，居位不當。攻勢較優之位。

〔現況〕六五與上九同在天位，陰承陽近而相得。「童蒙」，如果所疑之事已在具體進行中，當前我方內部環境有實質助益。

〔將來〕六五與六四天位比人位，陰乘陰近而不相得。「吉」，我方內部環境無能為力，沒有助益。維持目前的情況比較有利，至少不會造成損失。

〔建議〕蒙卦六五如果所疑之事已在具體進行中，得力於我方，以不改變現況為原則可以獲益。雖然可以獲益，不可過度樂觀，仍以保守評估為要。不宜投資事業或必須改變現況等風險高的事情。如果所疑之事尚未具體進行中，請暫且擱置，以避免難以預料的損失發生。可延至時序「立春／雨水」再行占卜；或有再次觸動轉變的契機，意猶未決時進行占卜。

蒙
4

【原文】上九，擊蒙；不利為寇，利禦寇。〈象〉曰：利用禦寇，上下順也。

【譯文】上九，猛烈的攻擊以啟發蒙稚，（上九與六五同在天位，陽乘陰近而相得）不利於像強寇般強迫施予，利於採用防禦強寇的方式。〈爻象〉傳說：利於採用抵禦強寇的方式，就可以使上下平順和諧。

【三才六爻演卦】

〔形勢〕蒙卦相對立場的彼、我雙方（上、下卦）勢力均等。上九的作為必須承擔變動風險與有利條件相對持平。如果有競逐對象團體，仍以我方較有優勢。

〔本爻〕上九陽爻有主見，有實力。位在不任實事之位，居位不當。

〔現況〕上九與六五同在天位，陽乘陰近而相得。「不利為寇」，如果所謀之事已在具體進行中，當前我方內部環境助益不如預期。如果基於情感道義而付出仍要考量能力所及為宜。

〔將來〕上九與六五同在天位，陽乘陰近而相得。「利禦

寇」，維持目前的情況比較有利，至少不會造成損失。

〔**警告**〕「擊蒙」，如果貿然投入資源想要獲取更大利益會慘遭挫敗。

〔**建議**〕蒙卦上九不得力於彼我雙方，進退不得。如果是投資事業或必須改變現況等風險高的事情，請暫且擱置，以避免難以預料的損失發生。可延至時序「立春／雨水」再行占卜；或有再次觸動轉變的契機，意猶未決時進行占卜。

乾下，坎上。（水天　需 05）

需 5

立場	卦別	三才	六爻	符號	實力	位置	形勢
我方內部環境相對於（下卦）彼方外在環境	上卦	天1	上六	--	×	○	。
		天3	九五	—	○	○	▽
		人5	六四	--	×	○	↑
我方內部環境相對於（上卦）彼方外在環境	下卦	人6	九三	—	○	○	△
		地4	九二	—	○	○	△
		地2	初九	—	○	○	△

【**原文**】初九，需于郊，利用恆，无咎。〈象〉曰：「需于郊」，不犯難行也；「利用恆，无咎」，未失常也。

【**譯文**】初九（與九二同在地位，陽承陽近而不相得），在郊外需待，利於保持恆心，不會有過失。〈爻象〉傳說：「需于郊」，不前往艱險難行之地；「利用恆无咎」，未曾離失常理。

【**三才六爻演卦**】

〔**形勢**〕 需卦相對立場的彼、我雙方（上、下卦）勢力均等。初九的作為必須承擔變動風險與有利條件相對持平。如果有競逐對象團體，仍以彼方較有優勢。

〔**本爻**〕初九陽爻有主見，有實力。位在基礎之位，居位適當。

〔**現況**〕初九與九二同在地位，陽承陽近而不相得。「需于郊」，如果所謀之事已在具體進行中，當前我方內部環境有阻力歧見，沒有助益。

〔**將來**〕初九與九二同在地位，陽承陽近而不相得。「利用恆，无咎」，維持目前的情況比較有利，至少不會造成損失。

〔**警告**〕「不犯難行」，如果貿然投入資源想要獲取更大利益會慘遭挫敗。

〔**建議**〕需卦初九不得力於彼我雙方，進退不得。如果是投資事業或必須改變現況等風險高的事情，請暫且擱置，以避免難以預料的損失發生。可延至時序「驚蟄／春分」再行占卜；或有再次觸動轉變的契機，意猶未決時進行占卜。

需
5

【**原文**】九二，需于沙，小有言；終吉。〈象〉曰：「需于沙」，衍在中也；雖小有言，以吉終也。

【**譯文**】九二（與初九同在地位，陽乘陽近而不相得），在沙灘需待，略有言語爭執；（九二與九三地位比人位，陽承陽近而不相得）最終可獲吉祥。〈爻象〉傳說：「需于沙」，在中位；雖然略有言語爭執，但最終可獲吉祥。

【**三才六爻演卦**】

〔**形勢**〕☳☰ 需卦相對立場的彼、我雙方（上、下卦）勢力均等。九二的作為必須承擔變動風險與有利條件相對持平。如果有競逐對象團體，仍以彼方較有優勢。

〔**本爻**〕九二陽爻有主見，有實力。位在守成之位，居位不當。守勢較優之位。

〔**現況**〕九二與初九同在地位，陽乘陽近而不相得。「需于沙」，如果所謀之事已在具體進行中，當前我方內部環境有阻力歧見，沒有助益。

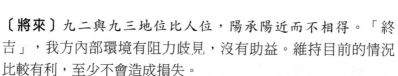

〔將來〕九二與九三地位比人位，陽承陽近而不相得。「終吉」，我方內部環境有阻力歧見，沒有助益。維持目前的情況比較有利，至少不會造成損失。

〔警告〕「小有言」，只是爭執為害不深。如果貿然投入資源想要獲取更大利益會慘遭挫敗。

〔建議〕需卦九二不得力於彼我雙方，進退不得。如果是投資事業或必須改變現況等風險高的事情，請暫且擱置，以避免難以預料的損失發生。可延至時序「驚蟄／春分」再行占卜；或有再次觸動轉變的契機，意猶未決時進行占卜。

【原文】九三，需于泥，致寇至。〈象〉曰：「需于泥」，災在外也，自我致寇，敬慎不敗也。

【譯文】九三（與六四同在人位，介於兩卦之間不相得），在泥灘需待，招致強寇到來。〈爻象〉傳說：「需于泥」，災禍自外來，自己招致強寇，要敬謹審慎才能避免危敗。

【三才六爻演卦】

〔形勢〕☷ 需卦相對立場的彼、我雙方（上、下卦）勢力均等。九三的作為必須承擔變動風險與有利條件相對持平。如果有競逐對象團體，仍以彼方較有優勢。

〔本爻〕九三陽爻有主見，有實力。位在以守待攻之位，居位適當。

〔現況〕九三與六四同在人位，介於兩卦之間不相得。「需于泥」，如果所謀之事已在具體進行中，當前彼方外在環境看似有利，實而無益。如果基於情感道義而付出仍要考量能力所及為宜。

〔將來〕九三與九二人位比地位，陽乘陽近而不相得。我方內部環境有阻力歧見，沒有助益。維持目前的情況比較有利，至少不會造成損失。

〔警告〕「致寇至」，自我克制，不要受到外在人事物誘惑。

需
5

如果貿然投入資源想要獲取更大利益會慘遭挫敗。

〔建議〕需卦九三不得力於彼我雙方，進退不得。如果是投資事業或必須改變現況等風險高的事情，請暫且擱置，以避免難以預料的損失發生。可延至時序「驚蟄／春分」再行占卜；或有再次觸動轉變的契機，意猶未決時進行占卜。

【原文】六四，需于血，出自穴。〈象〉曰：「需于血」，順以聽也。

【譯文】六四（與九三同在人位，介於兩卦之間不相得），在血泊中需待，（六四順著九五與上六比附之勢前往）從陷穴裡擺脫而出。〈爻象〉傳說：「需于血」，順聽時勢。

【三才六爻演卦】

〔形勢〕☰☵ 需卦相對立場的彼、我雙方（上、下卦）勢力均等。六四的作為必須承擔變動風險與有利條件相對持平。如果有競逐對象團體，仍以我方較有優勢。

〔本爻〕六四陰爻沒有主見，欠缺實力。位在守成整合之位，居位適當。

〔現況〕六四與九三同在人位，介於兩卦之間不相得。「需于血」，如果所疑之事已在具體進行中，當前彼方外在環境看似有利，實而無益。如果基於情感道義而付出仍要考量能力所及為宜。

〔將來〕六四與九五人位比天位，陰承陽近而相得。六四順著九五與上六比附之勢前往。「出自穴」，保守評估，量力而為，投入現有資源，爭取有能力、有條件的人事物支持。

〔建議〕需卦六四得力於我方，得人之助，得天之時。保守評估，量力而為，可從事投資事業或改變現況等風險高的事情。

【原文】九五，需于酒食，貞吉。〈象〉曰：「酒食貞吉」，

以中正也。

【譯文】九五（與上六同在天位，陽承陰近而相得），需待於酒食，（九五與六四天位比人位，陽乘陰近而相得）守持正固可獲吉祥。〈爻象〉傳說：「酒食貞吉」，居中得正。

【三才六爻演卦】

〔形勢〕☷☰ 需卦相對立場的彼、我雙方（上、下卦）勢力均等。九五的作為必須承擔變動風險與有利條件相對持平。如果有競逐對象團體，仍以我方較有優勢。

〔本爻〕九五陽爻有主見，有實力。位在決策實權之位，居位適當。攻勢較優之位。

〔現況〕九五與上六同在天位，陽承陰近而相得。「需于酒食」，如果所謀之事已在具體進行中，當前我方內部環境助益不如預期。如果基於情感道義而付出仍要考量能力所及為宜。

〔將來〕九五與六四天位比人位，陽乘陰近而相得。「貞吉」，我方內部環境助益不如預期。如果基於情感道義而付出仍要考量能力所及為宜。維持目前的情況比較有利，至少可以持盈保泰。

〔建議〕需卦九五不得力於彼我雙方，進退不得。如果是投資事業或必須改變現況等風險高的事情，請暫且擱置，以避免難以預料的損失發生。可延至時序「驚蟄／春分」再行占卜；或有再次觸動轉變的契機，意猶未決時進行占卜。

需
5

【原文】上六，入于穴，有不速之客三人來；敬之，終吉。〈象〉曰：不速之客來，「敬之終吉」；雖不當位，未大失也。

【譯文】上六，落入陷穴，（上六與九五同在天位，陰乘陽乘剛）如果不請自來的三位客人來者不善（其實下卦三陽爻不會來）；恭敬相待，最終可獲吉祥。〈爻象〉傳說：不請自來的客人來者不善，「敬之終吉」；雖然上六居位不妥當，但未遭

受重大損失。

【三才六爻演卦】

〔**形勢**〕☷ 需卦相對立場的彼、我雙方（上、下卦）勢力均等。上六的作為必須承擔變動風險與有利條件相對持平。如果有競逐對象團體，仍以我方較有優勢。

〔**本爻**〕上六陰爻沒有主見，欠缺實力。位在不任實事之位，居位適當。

〔**現況**〕上六與九五同在天位，陰乘陽乘剛。如果所疑之事已在具體進行中，當前我方內部環境有所牽制，停滯不前。

〔**將來**〕上六與九五同在天位，陰乘陽乘剛。「敬之，終吉」，維持目前的情況比較有利，至少不會造成損失。

〔**警告**〕「入于穴」，如果貿然投入資源想要獲取更大利益會慘遭挫敗。

〔**建議**〕需卦上六不得力於彼我雙方，進退不得。如果是投資事業或必須改變現況等風險高的事情，請暫且擱置，以避免難以預料的損失發生。可延至時序「驚蟄／春分」再行占卜；或有再次觸動轉變的契機，意猶未決時進行占卜。

䷅ 坎下，乾上。（天水　訟06）

立場	卦別	三才	六爻	符號	實力	位置	形勢
我方內部環境相對於（下卦）彼方外在環境	上卦	天1	上九	−	○	✕	▽
		天3	九五	−	○	○	↓
		人5	九四	−	○	✕	▽
我方內部環境相對於（上卦）彼方外在環境	下卦	人6	六三	--	✕	✕	。
		地4	九二	−	○	○	△
		地2	初六	--	✕	✕	。

【原文】初六，不永所事，小有言；終吉。〈象〉曰：「不永所事」，訟不可長也；雖小有言，其辯明也。

【譯文】初六（與九二同在地位，陰承陽近而相得），不久纏於爭訟事端，稍有言語爭執；最終可獲得吉祥。〈爻象〉傳說：「不永所事」，爭訟不可長久不停；雖然稍有言語爭執，透過辯析可以分明。

【三才六爻演卦】

〔**形勢**〕☷☰ 訟卦初六位在相對劣勢的我方（下卦），相對優勢在彼方（上卦）。初六在劣勢中的作為必須承擔變動風險相對提高，有利條件相對降低。如果有競逐對象團體，仍以彼方較有優勢。

〔**本爻**〕初六陰爻沒有主見，欠缺實力。位在基礎之位，居位不當。

〔**現況**〕初六與九二同在地位，陰承陽近而相得。「不永所事」，如果所疑之事已在具體進行中，當前我方內部環境有實質助益。

〔**將來**〕初六與九二同在地位，陰承陽近而相得。「終吉」，維持目前的情況比較有利，至少不會造成損失。

〔**警告**〕「小有言」，只是爭執為害不深。如果貿然投入資源想要獲取更大利益會慘遭挫敗。

〔**建議**〕訟卦初六如果所疑之事已在具體進行中，處於劣勢，得力於我方，以不改變現況為原則可以獲益。雖然可以獲益，不可過度樂觀，仍以保守評估為要。不宜投資事業或必須改變現況等風險高的事情。如果所疑之事尚未具體進行中，請暫且擱置，以避免難以預料的損失發生。可延至時序「清明／穀雨」再行占卜；或有再次觸動轉變的契機，意猶未決時進行占卜。

【原文】九二，不克訟，歸而逋，其邑人三百戶，无眚。

訟
6

〈象〉曰：「不克訟」，歸逋竄也；自下訟上，患至掇也。

【譯文】九二（與初六同在地位，陽乘陰近而相得），爭訟失利，逃竄速歸，那是三百戶人家的小鎮，（九二與六三地位比人位，陽承陰近而相得）不遭禍患。〈爻象〉傳說：「不克訟」，逃竄速歸；居下與尊上爭訟，災患臨頭而又中止。

【三才六爻演卦】

〔形勢〕☰☵ 訟卦九二位在相對劣勢的我方（下卦），相對優勢在彼方（上卦）。九二在劣勢中的作為必須承擔變動風險相對提高，有利條件相對降低。如果有競逐對象團體，仍以彼方較有優勢。

〔本爻〕九二陽爻有主見，有實力。位在守成之位，居位不當。守勢較優之位。

〔現況〕九二與初六同在地位，陽乘陰近而相得。「歸而逋，其邑人三百戶」，如果所謀之事已在具體進行中，當前我方內部環境助益不如預期。如果基於情感道義而付出仍要考量能力所及為宜。

〔將來〕九二與六三地位比人位，陽承陰近而相得。「无眚」，我方內部環境助益不如預期。如果基於情感道義而付出仍要考量能力所及為宜。維持目前的情況比較有利，至少不會造成損失。

〔警告〕「不克訟」，如果貿然投入資源想要獲取更大利益會慘遭挫敗。

〔建議〕訟卦九二處於劣勢，不得力於彼我雙方，進退不得。如果是投資事業或必須改變現況等風險高的事情，請暫且擱置，以避免難以預料的損失發生。可延至時序「清明／穀雨」再行占卜；或有再次觸動轉變的契機，意猶未決時進行占卜。

【原文】六三，食舊德，貞厲，終吉；或從王事，无成。

〈象〉曰：「食舊德」，從上吉也。

【譯文】六三（與九二人位比地位，陰乘陽乘剛），安享舊日的德業，守持正固以防危險，最終獲得吉祥；（六三與九四同在人位，介於兩卦之間不相得）或輔助君王的事業，功成不歸己有。〈爻象〉傳說：「食舊德」，順從陽剛尊上可獲吉祥。

【三才六爻演卦】

〔形勢〕☷☰ 訟卦六三位在相對劣勢的我方（下卦），相對優勢在彼方（上卦）。六三在劣勢中的作為必須承擔變動風險相對提高，有利條件相對降低。如果有競逐對象團體，仍以彼方較有優勢。

〔本爻〕六三陰爻沒有主見，欠缺實力。位在以守待攻之位，居位不當。

〔現況〕六三與九四同在人位，介於兩卦之間不相得。「或從王事，无成」，如果所疑之事已在具體進行中，當前彼方外在環境看似有利，實而無益。如果基於情感道義而付出仍要考量能力所及為宜。

〔將來〕六三與九二人位比地位，陰乘陽乘剛。「食舊德」、「終吉」，我方內部環境有所牽制，停滯不前。維持目前的情況比較有利，至少不會造成損失。

〔警告〕「貞厲」，如果貿然投入資源想要獲取更大利益會慘遭挫敗。

〔建議〕訟卦六三處於劣勢，不得力於彼我雙方，進退不得。如果是投資事業或必須改變現況等風險高的事情，請暫且擱置，以避免難以預料的損失發生。可延至時序「清明／穀雨」再行占卜；或有再次觸動轉變的契機，意猶未決時進行占卜。

【原文】九四，不克訟；復即命，渝，安貞吉。〈象〉曰：「復即命，渝」，安貞不失也。

【譯文】九四（與六三同在人位，介於兩卦之間不相得），爭訟失利；（九四與九五人位比天位，陽承陽近而不相得）回歸

訟
6

正理，改變爭訟的想法，安順守持正固可獲吉祥。〈爻象〉傳說：「復即命，渝」，安順守持正固不會有所損失。

【三才六爻演卦】

〔形勢〕☰☵ 訟卦九四位在相對優勢的我方（上卦），相對劣勢在彼方（下卦）。九四在優勢中的作為必須承擔變動風險相對降低，有利條件相對提高。如果有競逐對象團體，仍以我方較有優勢。

〔本爻〕九四陽爻有主見，有實力。位在守成整合之位，居位不當。

〔現況〕九四與六三同在人位，介於兩卦之間不相得。「不克訟」，如果所謀之事已在具體進行中，當前彼方外在環境看似有利，實而無益。如果基於情感道義而付出仍要考量能力所及為宜。

〔將來〕九四與九五人位比天位，陽承陽近而不相得。「復即命，渝，安貞吉」，我方內部環境有阻力歧見，沒有助益。自我克制，不要受到外在人事物誘惑。維持目前的情況比較有利，至少可以持盈保泰。

〔警告〕「不克訟」，如果貿然投入資源想要獲取更大利益會慘遭挫敗。

〔建議〕訟卦九四處於優勢，不得力於彼我雙方，進退不得。如果是投資事業或必須改變現況等風險高的事情，請暫且擱置，以避免難以預料的損失發生。可延至時序「清明／穀雨」再行占卜；或有再次觸動轉變的契機，意猶未決時進行占卜。

【原文】九五，訟，元吉。〈象〉曰：「訟，元吉」，以中正也。

【譯文】九五（順著九四與六三比附之勢前來），爭訟，至為吉祥。〈爻象〉傳說：「訟，元吉」，居中持正。

【三才六爻演卦】

訟
6

〔**形勢**〕☷ 訟卦九五位在相對優勢的我方（上卦），相對劣勢在彼方（下卦）。九五在優勢中的作為必須承擔變動風險相對降低，有利條件相對提高。如果有競逐對象團體，仍以我方較有優勢。

〔**本爻**〕九五陽爻有主見，有實力。位在決策實權之位，居位適當。攻勢較優之位。

〔**現況**〕九五與上九同在天位，陽承陽近而不相得。如果所謀之事已在具體進行中，當前我方內部環境有阻力歧見，沒有助益。

〔**將來**〕九五與九四天位比人位，陽乘陽近而不相得。九五順著九四與六三比附之勢前來。「訟，元吉」，投入現有資源，獲取更大利益。化解阻力歧見，建立共識，爭取有能力、有條件的人事物支持，群策群力共圖事業。優勢在我方，順勢而為。

〔**建議**〕訟卦九五處於優勢，得力於彼我雙方，得天之時，得人之助。可從事投資事業或改變現況等風險高的事情。

【**原文**】上九，或錫之鞶帶；終朝三褫之。〈象〉曰：以訟受服，亦不足敬也。

【**譯文**】上九（與九五同在天位，陽乘陽近而不相得），偶然被賞賜有腰帶的顯貴服飾；會在一天內被三次剝奪。〈爻象〉傳說：因為爭訟而受賜官祿，這也不值得尊敬。

【**三才六爻演卦**】

〔**形勢**〕☷ 訟卦上九位在相對優勢的我方（上卦），相對劣勢在彼方（下卦）。上九在優勢中的作為必須承擔變動風險相對降低，有利條件相對提高。如果有競逐對象團體，仍以我方較有優勢。

〔**本爻**〕上九陽爻有主見，有實力。位在不任實事之位，居位不當。

〔**現況**〕上九與九五同在天位，陽乘陽近而不相得。「或錫之鞶帶」，如果所謀之事已在具體進行中，當前我方內部環境有阻力歧見，沒有助益。

〔**將來**〕上九與九五同在天位，陽乘陽近而不相得。「終朝三褫之」，維持目前的情況比較有利，至少不會造成損失。

〔**警告**〕「終朝三褫之」，如果貿然投入資源想要獲取更大利益會慘遭挫敗。

〔**建議**〕訟卦上九處於優勢，不得力於彼我雙方，進退不得。如果是投資事業或必須改變現況等風險高的事情，請暫且擱置，以避免難以預料的損失發生。可延至時序「清明／穀雨」再行占卜；或有再次觸動轉變的契機，意猶未決時進行占卜。

師 7

坎下，坤上。（地水　師 07）

立場	卦別	三才	六爻	符號	實力	位置	形勢
我方內部環境相對於（下卦）彼方外在環境	上卦	天1	上六	--	✕	○	。
		天3	六五	--	✕	○	。
		人5	六四	--	✕	○	↓
我方內部環境相對於（上卦）彼方外在環境	下卦	人6	六三	--	✕	✕	。
		地4	九二	—	○	○	△
		地2	初六	--	✕	✕	。

【**原文**】初六，師出以律，否臧凶。〈象〉曰：「師出以律」，失律凶也。

【**譯文**】初六（與九二同在地位，陰承陽近而相得），兵眾出發要用法律號令來約束，軍紀不良必有凶險。〈爻象〉傳說：「師出以律」，如果失軍紀必有凶險。

【**三才六爻演卦**】

〔形勢〕☲☵ 師卦初六位在相對劣勢的我方（下卦），相對優勢在彼方（上卦）。初六在劣勢中的作為必須承擔變動風險相對提高，有利條件相對降低。

〔本爻〕初六陰爻沒有主見，欠缺實力。位在基礎之位，居位不當。

〔現況〕初六與九二同在地位，陰承陽近而相得。「師出以律」，如果所疑之事已在具體進行中，當前我方內部環境有實質助益。如果有競逐對象團體，仍以彼方較有優勢。

〔將來〕初六與九二同在地位，陰承陽近而相得。維持目前的情況比較有利，至少不會造成損失。

〔警告〕「否臧凶」，如果貿然投入資源想要獲取更大利益會慘遭挫敗。

〔建議〕師卦初六如果所疑之事已在具體進行中，處於劣勢，得力於我方，以不改變現況為原則可以獲益。雖然可以獲益，不可過度樂觀，仍以保守評估為要。不宜投資事業或必須改變現況等風險高的事情。如果所疑之事尚未具體進行中，請暫且擱置，以避免難以預料的損失發生。可延至時序「立夏／小滿」再行占卜；或有再次觸動轉變的契機，意猶未決時進行占卜。

【原文】九二，在師，中吉，无咎；王三錫命。〈象〉曰：「在師中吉」，承天寵也；「王三錫命」，懷萬邦也。

【譯文】九二（與初六同在地位，陽乘陰近而相得），統率兵眾，守中可獲吉祥，（九二與六三地位比人位，陽承陰近而相得）不會有過失；君王多次加以獎賞並委以重任。〈爻象〉傳說：「在師中吉」，承受君王的寵信；「王三錫命」，心懷萬方的志向。

【三才六爻演卦】

〔形勢〕☲☵ 師卦九二位在相對劣勢的我方（下卦），相對優勢在彼方（上卦）。九二在劣勢中的作為必須承擔變動風險相對

提高，有利條件相對降低。如果有競逐對象團體，仍以彼方較有優勢。

〔本爻〕九二陽爻有主見，有實力。位在守成之位，居位不當。守勢較優之位。

〔現況〕九二與初六同在地位，陽乘陰近而相得。「在師，中吉」，如果所謀之事已在具體進行中，當前我方內部環境助益不如預期。如果基於情感道義而付出仍要考量能力所及為宜。

〔將來〕九二與六三地位比人位，陽承陰近而相得。「无咎」，我方內部環境助益不如預期。如果基於情感道義而付出仍要考量能力所及為宜。維持目前的情況比較有利，至少不會造成損失。

〔建議〕師卦九二處於劣勢，不得力於彼我雙方，進退不得。如果是投資事業或必須改變現況等風險高的事情，請暫且擱置，以避免難以預料的損失發生。可延至時序「立夏／小滿」再行占卜；或有再次觸動轉變的契機，意猶未決時進行占卜。

師 7

【原文】六三，師或輿尸，凶。〈象〉曰：「師或輿尸」，大无功也。

【譯文】六三，（六三與六四同在人位，介於兩卦之間不相得）作戰或（六三與九二人位比地位，陰乘陽乘剛）載運屍體歸來，有凶險。〈爻象〉傳說：「師或輿尸」，太不獲戰功了。

【三才六爻演卦】

〔形勢〕☳ 師卦六三位在相對劣勢的我方（下卦），相對優勢在彼方（上卦）。六三在劣勢中的作為必須承擔變動風險相對提高，有利條件相對降低。如果有競逐對象團體，仍以彼方較有優勢。

〔本爻〕六三陰爻沒有主見，欠缺實力。位在以守待攻之位，居位不當。

〔現況〕六三與六四同在人位，介於兩卦之間不相得。「師」，如果所疑之事已在具體進行中，當前彼方外在環境無能為力，沒有助益。

〔將來〕六三與九二人位比地位，陰乘陽乘剛。「輿尸」我方內部環境有所牽制，停滯不前。處境艱難，以靜待變，不要盲從躁動。維持目前的情況控管損害，不至損失持續擴大。

〔警告〕「凶」，如果貿然投入資源想要獲取更大利益會慘遭挫敗。

〔建議〕師卦六三處於劣勢，不得力於彼我雙方，進退不得。如果是投資事業或必須改變現況等風險高的事情，請暫且擱置，以避免難以預料的損失發生。可延至時序「立夏／小滿」再行占卜；或有再次觸動轉變的契機，意猶未決時進行占卜。

師

7

【原文】六四，師左次，无咎。〈象〉曰：「左次无咎」，未失常也。

【譯文】六四（順著六三與九二比附之勢退來），兵眾撤退暫守，不會有過失。〈爻象〉傳說：「左次无咎」，不失常變通之法。

【三才六爻演卦】

〔形勢〕☷☵ 師卦六四位在相對優勢的我方（上卦），相對劣勢在彼方（下卦）。六四在優勢中的作為必須承擔變動風險相對降低，有利條件相對提高。如果有競逐對象團體，仍以我方較有優勢。

〔本爻〕六四陰爻沒有主見，欠缺實力。位在守成整合之位，居位適當。

〔現況〕六四與六三同在人位，介於兩卦之間不相得。如果所疑之事已在具體進行中，當前彼方外在環境無能為力，沒有助益。

〔將來〕六四與六五人位比天位，陰承陰近而不相得。六四順

著六三與九二比附之勢退來。「師左次，无咎」，爭取有能力、有條件的人事物支持，投入既有資源重新出發。可以考慮另起爐灶。

〔建議〕師卦六四處於優勢，得力於彼方，得人之助，得地之宜。保守評估，量力而為，以退為進，可從事投資事業或改變現況等風險高的事情。

師
7

【原文】六五，田有禽，利執言，无咎；長子帥師，弟子輿尸，貞凶。〈象〉曰：「長子帥師」，以中行也；「弟子輿尸」，使不當也。

【譯文】六五（與六四天位比人位，陰乘陰近而不相得），田中有禽獸，利於宣告天下，不會有過失；委任剛中長者（九二）可以統率兵眾，委任無德小子（六三）會載運屍體戰敗歸來，守持正固以防凶險。〈爻象〉傳說：「長子帥師」，行為居中不偏；「弟子輿尸」，用人不當的結果。

【三才六爻演卦】

〔形勢〕☷ 師卦六五位在相對優勢的我方（上卦），相對劣勢在彼方（下卦）。六五在優勢中的作為必須承擔變動風險相對降低，有利條件相對提高。如果有競逐對象團體，仍以我方較有優勢。

〔本爻〕六五陰爻沒有主見，欠缺實力。位在決策實權之位，居位不當。攻勢較優之位。

〔現況〕六五與上六同在天位，陰承陰近而不相得。如果所疑之事已在具體進行中，當前我方內部環境無能為力，沒有助益。

〔將來〕六五與六四天位比人位，陰乘陰近而不相得。「田有禽，利執言，无咎」，我方內部環境無能為力，沒有助益。維持目前的情況比較有利，至少不會造成損失。

〔警告〕「弟子輿尸，貞凶」，如果貿然投入資源想要獲取更

大利益會慘遭挫敗。

〔建議〕師卦六五處於優勢，不得力於彼我雙方，進退不得。如果是投資事業或必須改變現況等風險高的事情，請暫且擱置，以避免難以預料的損失發生。可延至時序「立夏／小滿」再行占卜；或有再次觸動轉變的契機，意猶未決時進行占卜。

【原文】上六，大君有命，開國承家，小人勿用。〈象〉曰：「大君有命」，以正功也；「小人勿用」，必亂邦也。

【譯文】上六（與六五同在天位，陰乘陰近而不相得），君王頒發命令，封賞有功臣民承受國家事業，但小人不可重用。〈爻象〉傳說：「大君有命」，論功定勳；「小人勿用」，用了小人必將危亂邦國。

【三才六爻演卦】

〔形勢〕䷆ 師卦上六位在相對優勢的我方（上卦），相對劣勢在彼方（下卦）。上六在優勢中的作為必須承擔變動風險相對降低，有利條件相對提高。如果有競逐對象團體，仍以我方較有優勢。

〔本爻〕上六陰爻沒有主見，欠缺實力。位在不任實事之位，居位適當。

〔現況〕上六與六五同在天位，陰乘陰近而不相得。「大君有命」，如果所疑之事已在具體進行中，當前我方內部環境無能為力，沒有助益。

〔將來〕上六與六五同在天位，陰乘陰近而不相得。「開國承家」，維持目前的情況比較有利，至少不會造成損失。

〔警告〕「小人勿用」，如果貿然投入資源想要獲取更大利益會慘遭挫敗。

〔建議〕師卦上六處於優勢，不得力於彼我雙方，進退不得。如果是投資事業或必須改變現況等風險高的事情，請暫且擱置，以避免難以預料的損失發生。可延至時序「立夏／小滿」

師
7

再行占卜；或有再次觸動轉變的契機，意猶未決時進行占卜。

䷇坤下，坎上。（水地　比 08）

立場	卦別	三才	六爻	符號	實力	位置	形勢
我方內部環境相對於（下卦）彼方外在環境	上卦	天1	上六	--	✕	○	。
		天3	九五	─	○	○	↓
		人5	六四	--	✕	○	。
我方內部環境相對於（上卦）彼方外在環境	下卦	人6	六三	--	✕	✕	。
		地4	六二	--	✕	○	。
		地2	初六	--	✕	✕	。

【原文】初六，有孚比之，无咎；有孚盈缶，終來有他，吉。〈象〉曰：比之初六，有他吉也。

【譯文】初六，（九五變動前來助益初六）心懷誠信親比於君主，不會有過失；君主的誠信如美酒充滿缶缸，最終前來親比他方群眾，吉祥。〈爻象〉傳說：九五來親比初六，有他來親比吉祥。

【三才六爻演卦】

〔**形勢**〕䷇比卦初六位在相對劣勢的我方（下卦），相對優勢在彼方（上卦）。初六在劣勢中的作為必須承擔變動風險相對提高，有利條件相對降低。如果有競逐對象團體，仍以彼方較有優勢。

〔**本爻**〕初六陰爻沒有主見，欠缺實力。位在基礎之位，居位不當。

〔**現況**〕初六與六二同在地位，陰承陰近而不相得。如果所疑之事已在具體進行中，當前我方內部環境無能為力，沒有助益。

〔將來〕初六與六二同在地位，陰承陰近而不相得。九五順勢變動前來助益初六。「有孚比之，无咎；有孚盈缶，終來有他，吉」，有彼方外在環境主動相助，可以獲得實質助益。

〔建議〕比卦初六處於劣勢，進退不得，得力於彼方，在不改變現況的原則下可獲益。雖然可以從中獲益，不可過度樂觀，仍以保守評估為要。不宜投資事業或必須改變現況等風險高的事情。

【原文】六二，比之自內，貞吉。〈象〉曰：「比之自內」，不自失也。

【譯文】六二，（九五順勢變動前來初六，初六在六二之內故為比之自內）從內部親比於君主，守持正固可獲吉祥。〈爻象〉傳說：「比之自內」，不會自失正道。

【三才六爻演卦】

〔形勢〕比卦六二位在相對劣勢的我方（下卦），相對優勢在彼方（上卦）。六二在劣勢中的作為必須承擔變動風險相對提高，有利條件相對降低。如果有競逐對象團體，仍以彼方較有優勢。

〔本爻〕六二陰爻沒有主見，欠缺實力。位在守成之位，居位適當。守勢較優之位。

〔現況〕六二與初六同在地位，陰乘陰近而不相得。如果所疑之事已在具體進行中，當前我方內部環境無能為力，沒有助益。

〔將來〕六二與六三地位比人位，陰承陰近而不相得。九五順勢變動前來初六，初六位在六二之內故為「比之自內」。「貞吉」，我方內部環境無能為力，沒有助益。維持目前的情況比較有利，至少不會造成損失。

〔建議〕比卦六二處於劣勢，不得力於彼我雙方，進退不得。如果是投資事業或必須改變現況等風險高的事情，請暫且擱

比
8

置，以避免難以預料的損失發生。可延至時序「立夏／小滿」再行占卜；或有再次觸動轉變的契機，意猶未決時進行占卜。

【原文】六三，比之匪人。〈象〉曰：「比之匪人」，不亦傷乎？

【譯文】六三（與六四同在人位，介於兩卦之間不相得；六三與六二人位比地位，陰乘陰近而不相得），親比的人行為不正當。〈爻象〉傳說：「比之匪人」，豈不是可悲的事嗎？

【三才六爻演卦】

〔形勢〕☷☷ 比卦六三位在相對劣勢的我方（下卦），相對優勢在彼方（上卦）。六三在劣勢中的作為必須承擔變動風險相對提高，有利條件相對降低。如果有競逐對象團體，仍以彼方較有優勢。

〔本爻〕六三陰爻沒有主見，欠缺實力。位在以守待攻之位，居位不當。

〔現況〕六三與六四同在人位，介於兩卦之間不相得。如果所疑之事已在具體進行中，當前彼方外在環境無能為力，沒有助益。

〔將來〕六三與六二人位比地位，陰乘陰近而不相得。「比之匪人」，我方內部環境無能為力，沒有助益。維持目前的情況比較有利，至少不會造成損失。

〔建議〕比卦六三處於劣勢，不得力於彼我雙方，進退不得。如果是投資事業或必須改變現況等風險高的事情，請暫且擱置，以避免難以預料的損失發生。可延至時序「立夏／小滿」再行占卜；或有再次觸動轉變的契機，意猶未決時進行占卜。

【原文】六四，外比之，貞吉。〈象〉曰：外比於賢，以從上也。

【譯文】六四（與九五人位比天位，陰承陽近而相得），在外親比於君主，守持正固可獲吉祥。〈爻象〉傳說：在外親比於君主，順從於尊者。

【三才六爻演卦】

〔形勢〕䷇ 比卦六四位在相對優勢的我方（上卦），相對劣勢在彼方（下卦）。六四在優勢中的作為必須承擔變動風險相對降低，有利條件相對提高。如果有競逐對象團體，仍以我方較有優勢。

〔本爻〕六四陰爻沒有主見，欠缺實力。位在守成整合之位，居位適當。

〔現況〕六四與六三同在人位，介於兩卦之間不相得。如果所疑之事已在具體進行中，當前我方內部環境無能為力，沒有助益。

〔將來〕六四與九五人位比天位，陰承陽近而相得。「外比之，貞吉」，有我方內部環境相助，可以獲得實質助益。

〔建議〕比卦六四處於優勢，得力於我方，以不改變現況為原則可以獲益。雖然可以獲益，不可過度樂觀，仍以保守評估為要。不宜投資事業或必須改變現況等風險高的事情。

【原文】九五，顯比；王用三驅，失前禽，邑人不誡，吉。〈象〉曰：「顯比」之吉，位正中也；舍逆取順，失前禽也；「邑人不誡」，上使中也。

【譯文】九五（順勢前來初六），光明無私的與人親比；就像君王田獵時三方驅圍而網張一面，任憑前方（上六）的禽獸走失，（六四以下）屬下邑人也不相警備，吉祥。〈爻象〉傳說：「顯比」的吉祥，居位剛正適中；捨棄違逆取其順從者，於是任憑前方的禽獸走失；「邑人不誡」，君上使下屬保持中正之道。

【三才六爻演卦】

〔**形勢**〕☷☵ 比卦九五位在相對優勢的我方（上卦），相對劣勢在彼方（下卦）。九五在優勢中的作為必須承擔變動風險相對降低，有利條件相對提高。如果有競逐對象團體，仍以我方較有優勢。

〔**本爻**〕九五陽爻有主見，有實力。位在決策實權之位，居位適當。攻勢較優之位。

〔**現況**〕九五與上六同在天位，陽承陰近而相得。「失前禽」，如果所謀之事已在具體進行中，當前我方內部環境助益不如預期。如果基於情感道義而付出仍要考量能力所及為宜。

〔**將來**〕九五與六四天位比人位，陽乘陰近而相得。九五順勢前來初六。「顯比」、「王用三驅」、「邑人不誡，吉」，投入現有資源，爭取有能力、有條件的人事物支持，獲取更大利益。

〔**建議**〕比卦九五處於優勢，得力於彼我雙方，得天之時，得人之助，得地之宜。可從事投資事業或改變現況等風險高的事情。

【**原文**】上六，比之无首，凶。〈象〉曰：「比之无首」，无所終也。

【**譯文**】上六，（九五變動前來，上六無比）想親比的人卻已離開，有凶險。〈爻象〉傳說：「比之无首」，無所歸附。

【**三才六爻演卦**】

〔**形勢**〕☷☵ 比卦上六位在相對優勢的我方（上卦），相對劣勢在彼方（下卦）。上六在優勢中的作為必須承擔變動風險相對降低，有利條件相對提高。如果有競逐對象團體，仍以我方較有優勢。

〔**本爻**〕上六陰爻沒有主見，欠缺實力。位在不任實事之位，居位適當。

〔**現況**〕上六與九五同在天位，陰乘陽乘剛。如果所疑之事已

比
8

在具體進行中，當前我方內部環境有所牽制，停滯不前。

〔將來〕上六與九五同在天位，陰乘陽乘剛。九五變動前來，上六無比。「比之无首」，我方內部環境無能為力，沒有助益。處境艱難，以靜待變，不要盲從躁動。維持目前的情況控管損害，不至損失持續擴大。

〔警告〕「凶」，如果貿然投入資源想要獲取更大利益會慘遭挫敗。

〔建議〕比卦上六處於優勢，不得力於彼我雙方，進退不得。如果是投資事業或必須改變現況等風險高的事情，請暫且擱置，以避免難以預料的損失發生。可延至時序「立夏 / 小滿」再行占卜；或有再次觸動轉變的契機，意猶未決時進行占卜。

䷈ 乾下，巽上。（風天 小畜 09）

立場	卦別	三才	六爻	符號	實力	位置	形勢
我方內部環境相對於（下卦）彼方外在環境	上卦	天1	上九	－	○	✕	▽
		天3	九五	－	○	○	▽
		人5	六四	--	✕	○	。
我方內部環境相對於（上卦）彼方外在環境	下卦	人6	九三	－	○	○	△
		地4	九二	－	○	○	△
		地2	初九	－	○	○	△

【原文】初九，復自道，何其咎？吉。〈象〉曰：「復自道」，其義吉也。

【譯文】初九（與九二同在地位，陽承陽近而不相得），回復自身的陽剛之道，有什麼過失（沒有過失）？必有吉祥。〈爻象〉傳說：「復自道」，行為適當可獲吉祥。

【三才六爻演卦】

〔形勢〕☰ 小畜相對立場的彼、我雙方（上、下卦）勢力均等。初九的作為必須承擔變動風險與有利條件相對持平。如果有競逐對象團體，仍以彼方較有優勢。

〔本爻〕初九陽爻有主見，有實力。位在基礎之位，居位適當。

〔現況〕初九與九二同在地位，陽承陽近而不相得。「復自道」，如果所謀之事已在具體進行中，當前我方內部環境有阻力歧見，沒有助益。

〔將來〕初九與九二同在地位，陽承陽近而不相得。「吉」，維持目前的情況比較有利，至少不會造成損失。

〔建議〕小畜初九不得力於彼我雙方，進退不得。如果是投資事業或必須改變現況等風險高的事情，請暫且擱置，以避免難以預料的損失發生。可延至時序「立夏／小滿」再行占卜；或有再次觸動轉變的契機，意猶未決時進行占卜。

小畜 9

【原文】九二，牽復，吉。〈象〉曰：牽復在中，亦不自失也。

【譯文】九二（與初九同在地位，陽乘陽近而不相得），被牽制回復陽剛之道，（九二與九三地位比人位，陽承陽近而不相得）吉祥。〈爻象〉傳說：被牽制回復陽剛居於中位，不會自失陽剛之道。

【三才六爻演卦】

〔形勢〕☰ 小畜相對立場的彼、我雙方（上、下卦）勢力均等。九二的作為必須承擔變動風險與有利條件相對持平。如果有競逐對象團體，仍以彼方較有優勢。

〔本爻〕九二陽爻有主見，有實力。位在守成之位，居位不當。守勢較優之位。

〔現況〕九二與初九同在地位，陽乘陽近而不相得。「牽復」，如果所謀之事已在具體進行中，當前我方內部環境有阻

力歧見，沒有助益。

〔**將來**〕九二與九三地位比人位，陽承陽近而不相得。「吉」，我方內部環境有阻力歧見，沒有助益。維持目前的情況比較有利，至少不會造成損失。

〔**建議**〕小畜九二不得力於彼我雙方，進退不得。如果是投資事業或必須改變現況等風險高的事情，請暫且擱置，以避免難以預料的損失發生。可延至時序「立夏／小滿」再行占卜；或有再次觸動轉變的契機，意猶未決時進行占卜。

【原文】九三，輿說輻，夫妻反目。〈象〉曰：「夫妻反目」，不能正室也。

【譯文】九三（與九二人位比地位，陽乘陽近而不相得），車輪輻條散脫解體，（九三與六四同在人位，介於兩卦之間不相得）結髮夫妻反目離異。〈爻象〉傳說：「夫妻反目」，不能規正妻室。

【三才六爻演卦】

〔**形勢**〕☴ 小畜相對立場的彼、我雙方（上、下卦）勢力均等。九三的作為必須承擔變動風險與有利條件相對持平。如果有競逐對象團體，仍以彼方較有優勢。

〔**本爻**〕九三陽爻有主見，有實力。位在以守待攻之位，居位適當。

〔**現況**〕九三與六四同在人位，介於兩卦之間不相得。「夫妻反目」，如果所謀之事已在具體進行中，當前彼方外在環境看似有利，實而無益。如果基於情感道義而付出仍要考量能力所及為宜。

〔**將來**〕九三與九二人位比地位，陽乘陽近而不相得。「輿說輻」，我方內部環境有阻力歧見，沒有助益。維持目前的情況比較有利，至少不會造成損失。

〔**警告**〕「夫妻反目」，如果貿然投入資源想要獲取更大利益

小畜 9

會慘遭挫敗。

〔建議〕小畜九三不得力於彼我雙方，進退不得。如果是投資事業或必須改變現況等風險高的事情，請暫且擱置，以避免難以預料的損失發生。可延至時序「立夏／小滿」再行占卜；或有再次觸動轉變的契機，意猶未決時進行占卜。

【原文】六四，有孚；血去惕出，无咎。〈象〉曰：有孚惕出，上合志也。

【譯文】六四（與九五人位比天位，陰承陽近而相得），表現誠信；（六四與九三同在人位，介於兩卦之間不相得）於是擺脫憂恤和惕懼，沒有過失。〈爻象〉傳說：表現誠信擺脫惕懼，附合尊上陽剛意志。

【三才六爻演卦】

〔形勢〕☰ 小畜相對立場的彼、我雙方（上、下卦）勢力均等。六四的作為必須承擔變動風險與有利條件相對持平。如果有競逐對象團體，仍以我方較有優勢。

〔本爻〕六四陰爻沒有主見，欠缺實力。位在守成整合之位，居位適當。

〔現況〕六四與九三同在人位，介於兩卦之間不相得。「血去惕出」，如果所疑之事已在具體進行中，當前彼方外在環境看似有利，實而無益。如果基於情感道義而付出仍要考量能力所及為宜。

〔將來〕六四與九五人位比天位，陰承陽近而相得。「有孚」、「无咎」，有我方內部環境相助，可以獲得實質助益。

〔建議〕小畜六四得力於我方，以不改變現況為原則可以獲益。雖然可以獲益，不可過度樂觀，仍以保守評估為要。不宜投資事業或必須改變現況等風險高的事情。

【原文】九五，有孚攣如，富以其鄰。〈象〉曰：「有孚攣如」，不獨富也。

【譯文】九五（與上九同在天位，陽承陽近而不相得），心懷誠信而牽繫群陽，（九五與六四天位比人位，陽乘陰近而相得）用陽剛充實增富近鄰。〈爻象〉傳說：「有孚攣如」，不獨享自身的富實。

【三才六爻演卦】

〔形勢〕☴ 小畜相對立場的彼、我雙方（上、下卦）勢力均等。九五的作為必須承擔變動風險與有利條件相對持平。如果有競逐對象團體，仍以我方較有優勢。

〔本爻〕九五陽爻有主見，有實力。位在決策實權之位，居位適當。攻勢較優之位。

〔現況〕九五與上九同在天位，陽承陽近而不相得。「有孚攣如」，如果所謀之事已在具體進行中，當前我方內部環境有阻力歧見，沒有助益。

〔將來〕九五與六四天位比人位，陽乘陰近而相得。「富以其鄰」，我方內部環境助益不如預期。如果基於情感道義而付出仍要考量能力所及為宜。維持目前的情況比較有利，至少不會造成損失。

〔建議〕小畜九五不得力於彼我雙方，進退不得。如果是投資事業或必須改變現況等風險高的事情，請暫且擱置，以避免難以預料的損失發生。可延至時序「立夏／小滿」再行占卜；或有再次觸動轉變的契機，意猶未決時進行占卜。

【原文】上九，既雨既處，尚德載；婦貞厲，月幾望；君子征凶。〈象〉曰：「既雨既處」，德積載也；「君子征凶」，有所疑也。

【譯文】上九（與九五同在天位，陽乘陽近而不相得），密雲將要降雨，陽剛將被蓄滿；要像婦人必須守持正固以防危險，

小畜 9

不要像月亮望圓而過盈；君子若前往必遭凶險。〈爻象〉傳說：「既雨既處」，陽德積聚滿載；「君子征凶」，因為有所疑慮。

【三才六爻演卦】

〔**形勢**〕☲ 小畜相對立場的彼、我雙方（上、下卦）勢力均等。上九的作為必須承擔變動風險與有利條件相對持平。如果有競逐對象團體，仍以我方較有優勢。

〔**本爻**〕上九陽爻有主見，有實力。位在不任實事之位，居位適不當。

〔**現況**〕上九與九五同在天位，陽乘陽近而不相得。「既雨既處，尚德載」，如果所謀之事已在具體進行中，我方內部環境有阻力歧見，沒有助益。

〔**將來**〕上九與九五同在天位，陽乘陽近而不相得。「婦貞厲，月幾望」，維持目前的情況比較有利，至少不會造成損失。

〔**警告**〕「君子征凶」，如果貿然投入資源想要獲取更大利益會慘遭挫敗。

〔**建議**〕小畜上九不得力於彼我雙方，進退不得。如果是投資事業或必須改變現況等風險高的事情，請暫且擱置，以避免難以預料的損失發生。可延至時序「立夏／小滿」再行占卜；或有再次觸動轉變的契機，意猶未決時進行占卜。

小畜
9

䷉ 兌下，乾上。（天澤　履 10）

立場	卦別	三才	六爻	符號	實力	位置	形勢
我方內部環境相對於（下卦）彼方外在環境	上卦	天1	上九	－	○	×	↓
		天3	九五	－	○	○	↓
		人5	九四	－	○	×	▽
我方內部環境相對於（上卦）彼方外在環境	下卦	人6	六三	--	×	×	。
		地4	九二	－	○	○	△
		地2	初九	－	○	○	↑

【原文】初九，素履，往无咎。〈象〉曰：素履之往，獨行願也。

【譯文】初九（順著九二與六三之勢前往），樸素無華戒慎的行走，前往不會有過失。〈爻象〉傳說：樸素無華又戒慎的前往，專心奉行意願。

【三才六爻演卦】

〔形勢〕䷉履卦初九位在相對劣勢的我方（下卦），相對優勢在彼方（上卦）。初九在劣勢中的作為必須承擔變動風險相對提高，有利條件相對降低。如果有競逐對象團體，仍以彼方較有優勢。

〔本爻〕初九陽爻有主見，有實力。位在基礎之位，居位適當。

〔現況〕初九與九二同在地位，陽承陽近而不相得。如果所謀之事已在具體進行中，當前我方內部環境有阻力歧見，沒有助益。

〔將來〕初九與九二同在地位，陽承陽近而不相得。初九順著九二與六三之勢前往。「素履，往无咎」，掌握時機，保守評估，量力而為，化解阻力歧見，建立共識，爭取有能力、有條件的人事物支持。

〔建議〕履卦初九處於劣勢，得力於我方，得地之宜，得人之

履
10

助。保守評估，量力而為，可從事投資事業或改變現況等風險高的事情。

【原文】九二，履道坦坦；幽人貞吉。〈象〉曰：「幽人貞吉」，中不自亂也。

【譯文】九二（與六三地位比人位，陽承陰近而相得），看似平易無險的坦坦大道，幽靜安恬之人守持正固可獲吉祥。〈爻象〉傳說：「幽人貞吉」，不自亂心中的信念。

【三才六爻演卦】

〔形勢〕☶ 履卦九二位在相對劣勢的我方（下卦），相對優勢在彼方（上卦）。九二在劣勢中的作為必須承擔變動風險相對提高，有利條件相對降低。如果有競逐對象團體，仍以彼方較有優勢。

〔本爻〕九二陽爻有主見，有實力。位在守成之位，居位不當。守勢較優之位

〔現況〕九二與初九同在地位，陽乘陽近而不相得。如果所謀之事已在具體進行中，當前我方內部環境有阻力歧見，沒有助益。

〔將來〕九二與六三地位比人位，陽承陰近而相得。「幽人貞吉」，我方內部環境助益不如預期。如果基於情感道義而付出仍要考量能力所及為宜。維持目前的情況比較有利，至少不會造成損失。

〔警告〕「履道坦坦」，看似無險卻暗藏著外來的壓力，切忌盲從躁動。如果貿然投入資源想要獲取更大利益會慘遭挫敗。

〔建議〕履卦九二處於劣勢，不得力於彼我雙方，進退不得。如果是投資事業或必須改變現況等風險高的事情，請暫且擱置，以避免難以預料的損失發生。可延至時序「小暑／大暑」再行占卜；或有再次觸動轉變的契機，意猶未決時進行占卜。

履
10

【原文】六三，眇能視，跛能履，履虎尾咥人，凶；武人為于大君。〈象〉曰：「眇能視」，不足以有明也；「跛能履」，不足以與行也；咥人之凶，位不當也；「武人為于大君」，志剛也。

【譯文】六三（與九四同在人位，介於兩卦之間不相得），目弱勉強遠眺，腳跛勉強遠行，行走在虎尾之後被猛虎咬嚙，有凶險；勇武的人應當效力於大人君主。〈爻象〉傳說：「眇能視」，不足以辨物分明；「跛能履」，不足以踏上征程；猛虎咬人的凶險，居位不適當；「武人為于大君」，志承剛建有實的尊者。

【三才六爻演卦】

〔形勢〕☱ 履卦六三位在相對劣勢的我方（下卦），相對優勢在彼方（上卦）。六三在劣勢中的作為必須承擔變動風險相對提高，有利條件相對降低。如果有競逐對象團體，仍以彼方較有優勢。

〔本爻〕六三陰爻沒有主見，欠缺實力。位在以守待攻之位，居位不當。

〔現況〕六三與九四同在人位，介於兩卦之間不相得。「眇能視，跛能履」，如果所疑之事已在具體進行中，當前彼方外在環境看似有利，實而無益。如果基於情感道義而付出仍要考量能力所及為宜。

〔將來〕六三與九二人位比地位，陰乘陽乘剛。我方內部環境有所牽制，停滯不前。維持目前的情況比較有利，至少不會造成損失。

〔警告〕「履虎尾咥人，凶」，如果貿然投入既有的資源，想要獲取更大利益會蒙受嚴重的損失。

〔建議〕履卦六三處於劣勢，不得力於彼我雙方，進退不得。如果是投資事業或必須改變現況等風險高的事情，請暫且擱置，以避免難以預料的損失發生。可延至時序「小暑／大暑」再行占卜；或有再次觸動轉變的契機，意猶未決時進行占卜。

履
10

【原文】九四，履虎尾，愬愬。終吉。〈象〉曰：「愬愬終吉」，志行也。

【譯文】九四（與九五人位比天位，陽承陽近而不相得），小心行走在虎尾之後，保持恐懼謹慎。最終可獲吉祥。〈爻象〉傳說：「愬愬終吉」，奉行志願。

【三才六爻演卦】

〔形勢〕☲ 履卦九四位在相對優勢的我方（上卦），相對劣勢在彼方（下卦）。九四在優勢中的作為必須承擔變動風險相對降低，有利條件相對提高。如果有競逐對象團體，仍以我方較有優勢。

〔本爻〕九四陽爻有主見，有實力。位在守成整合之位，居位不當。

履

10

〔現況〕九四與六三同在人位，介於兩卦之間不相得。如果所謀之事已在具體進行中，當前彼方外在環境看似有利，實而無益。如果基於情感道義而付出仍要考量能力所及為宜。

〔將來〕九四與九五人位比天位，陽承陽近而不相得。「履虎尾，愬愬。終吉」，我方內部環境有阻力歧見，沒有助益。維持目前的情況比較有利，至少不會造成損失。

〔建議〕履卦九四處於優勢，不得力於彼我雙方，進退不得。如果是投資事業或必須改變現況等風險高的事情，請暫且擱置，以避免難以預料的損失發生。可延至時序「小暑／大暑」再行占卜；或有再次觸動轉變的契機，意猶未決時進行占卜。

【原文】九五，夬履；貞厲。〈象〉曰：「夬履貞厲」，位正當也。

【譯文】九五（順著九四與六三比附之勢前來），剛斷果決行走；（九五與上九同在天位，陽承陽近而不相得）維持現狀反而危險。〈爻象〉傳說：「夬履貞厲」，居位正當。

【三才六爻演卦】

〔**形勢**〕☲ 履卦九五位在相對優勢的我方（上卦），相對劣勢在彼方（下卦）。九五在優勢中的作為必須承擔變動風險相對降低，有利條件相對提高。如果有競逐對象團體，仍以我方較有優勢。

〔**本爻**〕九五陽爻有主見，有實力。位在決策實權之位，居位適當。攻勢較優之位。

〔**現況**〕九五與上九同在天位，陽承陽近而不相得。「貞厲」，如果所謀之事已在具體進行中，當前我方內部環境有阻力歧見，沒有助益。

〔**將來**〕<mark>九五與九四天位比人位，陽乘陽近而不相得。</mark>九五順著九四與六三比附之勢前來。「夬履」，掌握時機，投入現有資源，獲取更大利益。化解阻力歧見，建立共識，爭取有能力、有條件的人事物支持，群策群力共圖事業。

〔**警告**〕「貞厲」，如果安於現狀，被動等待，損失會持續擴大。

〔**建議**〕履卦九五處於優勢，得力於彼我雙方，得天之時，得人之助。可從事投資事業或改變現況等風險高的事情。

履
10

【**原文**】上九，視履考祥，其旋元吉。〈象〉曰：元吉在上，大有慶也。

【**譯文**】上九（與九五同在天位，陽乘陽近而不相得），小心行走檢視過程並考察禍福得失的徵兆，（上九順著九五變動前來）轉身前來陰柔至為吉祥。〈爻象〉傳說：至為吉祥而又高居上位，大有福慶。

【**三才六爻演卦**】

〔**形勢**〕☰ 履卦上九位在相對優勢的我方（上卦），相對劣勢在彼方（下卦）。上九在優勢中的作為必須承擔變動風險相對降低，有利條件相對提高。如果有競逐對象團體，仍以我方較有優勢。

〔本爻〕上九陽爻有主見，有實力。位在不任實事之位，居位不當。

〔現況〕上九與九五同在天位，陽乘陽近而不相得。「視履考祥」，如果所謀之事已在具體進行中，當前我方內部環境有阻力歧見，沒有助益。

〔將來〕上九與九五同在天位，陽乘陽近而不相得。上九順著九五變動前來。「其旋元吉」，掌握時機，投入現有資源，獲取更大利益。化解阻力歧見，建立共識，爭取有能力、有條件的人事物支持，群策群力共圖事業。

〔建議〕履卦上九處於優勢，得力於彼我雙方，得天之時，得人之助。可從事投資事業或改變現況等風險高的事情。

泰 11

乾下，坤上。（地天　泰11）

立場	卦別	三才	六爻	符號	實力	位置	形勢
我方內部環境相對於（下卦）彼方外在環境	上卦	天1	上六	--	✕	◯	。
		天3	六五	--	✕	◯	。
		人5	六四	--	✕	◯	。
我方內部環境相對於（上卦）彼方外在環境	下卦	人6	九三	—	◯	◯	△
		地4	九二	—	◯	◯	△
		地2	初九	—	◯	◯	↑

【原文】初九，拔茅茹，以其彙；征吉。〈象〉曰：拔茅征吉，志在外也。

【譯文】初九（順著九二、九三與六四比附之勢前往），拔起茅草根鬚相連，這是同類相聚所致；前往可獲吉祥。〈爻象〉傳說：拔起茅草前往可獲吉祥，心志是向外進取。

【三才六爻演卦】

〔**形勢**〕䷊ 泰卦初九位在相對優勢的我方（下卦），相對劣勢在彼方（上卦）。初九在優勢中的作為必須承擔變動風險相對降低，有利條件相對提高。如果有競逐對象團體，仍以我方較有優勢。

〔**本爻**〕初九陽爻有主見，有實力。位在基礎之位，居位適當。

〔**現況**〕初九與九二同在地位，陽承陽近而不相得。如果所謀之事已在具體進行中，當前我方內部環境有阻力歧見，沒有助益。

〔**將來**〕初九與九二同在地位，陽承陽近而不相得。初九順著九二、九三之勢前往上六。「拔茅茹，以其彙，征吉」，投入現有資源，獲取更大利益。化解阻力歧見，建立共識，爭取有能力、有條件的人事物支持，群策群力共圖事業。優勢在我方，順勢而為。

〔**建議**〕泰卦初九處於優勢，得力於我方，得地之宜，得人之助，得天之時。可從事投資事業或改變現況等風險高的事情。

【**原文**】九二，包荒，用馮河，不遐遺；朋亡，得尚于中行。
〈象〉曰：「包荒」、「得尚于中行」，以光大也。

【**譯文**】九二（與初九同在地位，陽乘陽近而不相得），有包含四面八荒般的胸懷，可以準備涉越大河，不會遺忘遠方的尊者（六五）；（九二與九三地位比人位，陽承陽近而不相得）同時不結黨營私，能夠崇尚持中的行為。〈爻象〉傳說：「包荒」、「得尚于中行」，行為光明正大。

【**三才六爻演卦**】

〔**形勢**〕䷊ 泰卦九二位在相對優勢的我方（下卦），相對劣勢在彼方（上卦）。九二在優勢中的作為必須承擔變動風險相對降低，有利條件相對提高。如果有競逐對象團體，仍以我方較有優勢。

泰
11

〔**本爻**〕九二陽爻有主見，有實力。位在守成之位，居位不當。守勢較優之位。

〔**現況**〕九二與初九同在地位，陽乘陽近而不相得。「包荒，用馮河，不遐遺」，如果所謀之事已在具體進行中，當前我方內部環境有阻力歧見，沒有助益。

〔**將來**〕九二與九三地位比人位，陽承陽近而不相得。「朋亡，得尚于中行」，我方內部環境有阻力歧見，沒有助益。維持目前的情況比較有利，至少不會造成損失。

〔**警告**〕「包荒，用馮河，不遐遺」，自我克制，不要受到外在人事物誘惑。如果貿然投入資源想要獲取更大利益會慘遭挫敗。

〔**建議**〕泰卦九二處於優勢，不得力於彼我雙方，進退不得。如果是投資事業或必須改變現況等風險高的事情，請暫且擱置，以避免難以預料的損失發生。可延至時序「立春／雨水」再行占卜；或有再次觸動轉變的契機，意猶未決時進行占卜。

泰
11

【**原文**】九三，无平不陂，无往不復；艱貞无咎，勿恤其孚，于食有福。〈象〉曰：「无往不復」，天地際也。

【**譯文**】九三（與六四同在人位，介於兩卦之間不相得），平地無不成為險陂，前往無不回復；（九三與九二人位比地位，陽乘陽近而不相得）只要艱守持正固沒有過失，不怕不取信於人，食享俸祿自有福慶。〈爻象〉傳說：「无往不復」，在天地交接的邊際。

【**三才六爻演卦**】

〔**形勢**〕☷ 泰卦九三位在相對優勢的我方（下卦），相對劣勢在彼方（上卦）。九三在優勢中的作為必須承擔變動風險相對降低，有利條件相對提高。如果有競逐對象團體，仍以我方較有優勢。

〔**本爻**〕九三陽爻有主見，有實力。位在以守待攻之位，居位

適當。

〔現況〕九三與六四同在人位，介於兩卦之間不相得。「无平不陂，无往不復」，如果所謀之事已在具體進行中，當前彼方外在環境看似有利，實而無益。如果基於情感道義而付出仍要考量能力所及為宜。

〔將來〕九三與九二人位比地位，陽乘陽近而不相得。「艱貞无咎，勿恤其孚，于食有福」，我方內部環境有阻力歧見，沒有助益。維持目前的情況比較有利，至少不會造成損失。

〔警告〕「无平不陂，无往不復」，如果貿然投入資源想要獲取更大利益會慘遭挫敗。

〔建議〕泰卦九三處於優勢，不得力於彼我雙方，進退不得。如果是投資事業或必須改變現況等風險高的事情，請暫且擱置，以避免難以預料的損失發生。可延至時序「立春／雨水」再行占卜；或有再次觸動轉變的契機，意猶未決時進行占卜。

【原文】六四，翩翩，不富，以其鄰不戒以孚。〈象〉曰：「翩翩不富」，皆失實也；「不戒以孚」，中心願也。

【譯文】六四（與九三同在人位，介於兩卦之間不相得），連翩依附陽實，本身虛懷不富實，與近鄰不用警戒心存誠信。〈爻象〉傳說：「翩翩不富」，都失殷實；「不戒以孚」，心中有依附於下的心願。

【三才六爻演卦】

〔形勢〕☷ 泰卦六四位在相對劣勢的我方（上卦），相對優勢在彼方（下卦）。六四在劣勢中的作為必須承擔變動風險相對提高，有利條件相對降低。如果有競逐對象團體，仍以彼方較有優勢。

〔本爻〕六四陰爻沒有主見，欠缺實力。位在守成整合之位，居位適當。

〔現況〕六四與九三同在人位，介於兩卦之間不相得。「翩

翩，不富，以其鄰不戒以孚」，如果所疑之事已在具體進行中，當前彼方外在環境看似有利，實而無益。如果基於情感道義而付出仍要考量能力所及為宜。

〔將來〕六四與六五人位比天位，陰承陰近而不相得。我方內部環境無能為力，沒有助益。維持目前的情況比較有利，至少不會造成損失。

〔建議〕泰卦六四處於劣勢，不得力於彼我雙方，進退不得。如果是投資事業或必須改變現況等風險高的事情，請暫且擱置，以避免難以預料的損失發生。可延至時序「立春／雨水」再行占卜；或有再次觸動轉變的契機，意猶未決時進行占卜。

泰 11

【原文】六五，帝乙歸妹，以祉元吉。〈象〉曰：「以祉元吉」，中以行願也。

【譯文】六五（與六四天位比人位，陰乘陰近而不相得），帝乙下嫁少女（六五與九二有應），以此獲得福澤至為吉祥。〈爻象〉傳說：「以祉元吉」，居中不偏的心願。

【三才六爻演卦】

〔形勢〕䷊ 泰卦六五位在相對劣勢的我方（上卦），相對優勢在彼方（下卦）。六五在劣勢中的作為必須承擔變動風險相對提高，有利條件相對降低。如果有競逐對象團體，仍以彼方較有優勢。

〔本爻〕六五陰爻沒有主見，欠缺實力。位在決策實權之位，居位不當。攻勢較優之位。

〔現況〕六五與上六同在天位，陰承陰近而不相得。如果所疑之事已在具體進行中，當前我方內部環境無能為力，沒有助益。

〔將來〕六五與六四天位比人位，陰乘陰近而不相得。「帝乙歸妹，以祉元吉」，我方內部環境無能為力，沒有助益。維持目前的情況比較有利，至少不會造成損失。

〔建議〕泰卦六五處於劣勢，居位不當，不得力於彼我雙方，進退不得。如果是投資事業或必須改變現況等風險高的事情，請暫且擱置，以避免難以預料的損失發生。可延至時序「立春／雨水」再行占卜；或有再次觸動轉變的契機，意猶未決時進行占卜。

【原文】上六，城復于隍；勿用師，自邑告命，貞吝。〈象〉曰：「城復于隍」，其命亂也。

【譯文】上六（與六五同在天位，陰乘陰近而不相得），城牆傾覆到枯竭的城溝裡；不可出兵征戰，自修城邑頒布典誥政令，守持正固以免憾惜。〈爻象〉傳說：「城復于隍」，發展已經錯亂。

【三才六爻演卦】

〔形勢〕☳ 泰卦上六位在相對劣勢的我方（上卦），相對優勢在彼方（下卦）。上六在劣勢中的作為必須承擔變動風險相對提高，有利條件相對降低。如果有競逐對象團體，仍以彼方較有優勢。

〔本爻〕上六陰爻沒有主見，欠缺實力。位在不任實事之位，居位適當。

〔現況〕上六與六五同在天位，陰乘陰近而不相得。「城復于隍」、「自邑告命」，如果所疑之事已在具體進行中，當前我方內部環境無能為力，沒有助益。

〔將來〕上六與六五同在天位，陰乘陰近而不相得。「貞吝」，處境艱難，以靜待變，不要盲從躁動。維持目前的情況控管損害，不至損失持續擴大。

〔警告〕「勿用師」，如果貿然投入資源想要獲取更大利益會慘遭挫敗。

〔建議〕泰卦上六處於劣勢，不得力於彼我雙方，進退不得。如果是投資事業或必須改變現況等風險高的事情，請暫且擱

泰
11

置，以避免難以預料的損失發生。可延至時序「立春／雨水」再行占卜；或有再次觸動轉變的契機，意猶未決時進行占卜。

⟡⟡⟡⟡⟡⟡⟡

☰☷ 坤下，乾上。（天地　否 12）

立場	卦別	三才	六爻	符號	實力	位置	形勢
我方內部環境相對於（下卦）彼方外在環境	上卦	天1	上九	－	○	✕	↓
		天3	九五	－	○	○	↓
		人5	九四	－	○	✕	↓
我方內部環境相對於（上卦）彼方外在環境	下卦	人6	六三	--	✕	✕	○
		地4	六二	--	✕	○	○
		地2	初六	--	✕	✕	○

否12

【原文】初六，拔茅茹，以其彙；貞吉，亨。〈象〉曰：拔茅貞吉，志在君也。

【譯文】初六，（九四變動前來對初六有所益助）拔起茅草根鬚相率，這是同質類聚所致；（初六）守持正固可獲吉祥，亨通。〈爻象〉傳說：拔起茅草守持正固可獲吉祥，守正不進的心志是為君主著想。

【三才六爻演卦】

〔形勢〕☷ 否卦初六位在相對劣勢的我方（下卦），相對優勢在彼方（上卦）。初六在劣勢中的作為必須承擔變動風險相對提高，有利條件相對降低。如果有競逐對象團體，仍以彼方較有優勢。

〔本爻〕初六陰爻沒有主見，欠缺實力。位在基礎之位，居位不當。

〔現況〕初六與六二同在地位，陰承陰近而不相得。如果所疑之事已在具體進行中，當前我方內部環境無能為力，沒有助

益。

〔將來〕初六與六二同在地位，陰承陰近而不相得。九四變動前來對初六有所益助。「拔茅茹，以其彙；貞吉，亨」，有彼方外在環境主動相助，可以獲得實質助益。

〔建議〕否卦初六處於劣勢，得力於彼方，在不改變現況的原則下可獲益。雖然可以從中獲益，不可過度樂觀，仍以保守評估為要。不宜投資事業或必須改變現況等風險高的事情。

【原文】六二，包承，小人吉；大人否，亨。〈象〉曰：「大人否亨」，不亂群也。

【譯文】六二，（九五變動前來對初六有所益助）被包容而奉承尊者（九五），小子獲得吉祥；（九五）大人平定群小的否閉，亨通。〈爻象〉傳說：「大人否亨」，陽來不會被小人的群黨所亂。

【三才六爻演卦】

〔形勢〕否卦六二位在相對劣勢的我方（下卦），相對優勢在彼方（上卦）。六二在劣勢中的作為必須承擔變動風險相對提高，有利條件相對降低。如果有競逐對象團體，仍以彼方較有優勢。

〔本爻〕六二陰爻沒有主見，欠缺實力。位在守成之位，居位適當。守勢較優之位。

〔現況〕六二與初六同在地位，陰乘陰近而不相得。如果所疑之事已在具體進行中，當前我方內部環境無能為力，沒有助益。

〔將來〕六二與六三地位比人位，陰承陰近而不相得。九五變動前來對初六有所益助。「包承，小人吉」，有彼方外在環境主動相助，可以獲得實質助益。

〔建議〕否卦六二處於劣勢，得力於彼方，在不改變現況的原則下可獲益。雖然可以從中獲益，不可過度樂觀，仍以保守評

否
12

估為要。不宜投資事業或必須改變現況等風險高的事情。

【原文】六三，包羞。〈象〉曰：「包羞」，位不當也。

【譯文】六三（與九四同在人位，介於兩卦之間不相得），被包容羞辱。〈爻象〉傳說：「包羞」，居位不正當。

【三才六爻演卦】

〔形勢〕☷ 否卦六三位在相對劣勢的我方（下卦），相對優勢在彼方（上卦）。六三在劣勢中的作為必須承擔變動風險相對提高，有利條件相對降低。如果有競逐對象團體，仍以彼方較有優勢。

〔本爻〕六三陰爻沒有主見，欠缺實力。位在以守待攻之位，居位不當。

〔現況〕六三與九四同在人位，介於兩卦之間不相得。「包羞」，如果所疑之事已在具體進行中，當前彼方外在環境看似有利，實而無益。如果基於情感道義而付出仍要考量能力所及為宜。

〔將來〕六三與六二人位比地位，陰乘陰近而不相得。我方內部環境無能為力，沒有助益。維持目前的情況比較有利，至少不會造成損失。

〔建議〕否卦六三處於劣勢，不得力於彼我雙方，進退不得。如果是投資事業或必須改變現況等風險高的事情，請暫且擱置，以避免難以預料的損失發生。可延至時序「立秋／處暑」再行占卜；或有再次觸動轉變的契機，意猶未決時進行占卜。

【原文】九四，有命无咎，疇離祉。〈象〉曰：「有命无咎」，志行也。

【譯文】九四（順勢退來初六），奉行扭轉否道的使命沒有過失，眾類皆依附可獲福祉。〈爻象〉傳說：「有命无咎」，濟

否的志向正在施行。

【三才六爻演卦】

〔形勢〕☰☷ 否卦九四位在相對優勢的我方（上卦），相對劣勢在彼方（下卦）。九四在優勢中的作為必須承擔變動風險相對降低，有利條件相對提高。如果有競逐對象團體，仍以我方較有優勢。

〔本爻〕九四陽爻有主見，有實力。位在守成整合之位，居位不當。

〔現況〕九四與六三同在人位，介於兩卦之間不相得。如果所疑之事已在具體進行中，當前彼方外在環境看似有利，實而無益。如果基於情感道義而付出仍要考量能力所及為宜。

〔將來〕九四與九五人位比天位，陽承陽近而不相得。九四順勢退來初六。「有命无咎，疇離祉」，爭取有能力、有條件的人事物支持，投入既有資源重新出發。可以考慮另起爐灶。

〔建議〕否卦九四處於優勢，得力於彼方，得人之助，得地之宜。保守評估，量力而為，以退為進，可從事投資事業或改變現況等風險高的事情。

否

12

【原文】九五，休否，大人吉；其亡其亡，繫于苞桑。〈象〉曰：大人之吉，位正當也。

【譯文】九五（順著九四變動前來），休止否閉局面，大人獲得吉祥；（九五與上九同在天位，陽承陽近而不相得）將面臨國家危亡、危亡，就像繫於叢生的桑樹無所施展。〈爻象〉傳說：大人的吉祥，居位中正得當。

【三才六爻演卦】

〔形勢〕☰☷ 否卦九五位在相對優勢的我方（上卦），相對劣勢在彼方（下卦）。九五在優勢中的作為必須承擔變動風險相對降低，有利條件相對提高。如果有競逐對象團體，仍以我方較有優勢。

〔本爻〕九五陽爻有主見，有實力。位在決策實權之位，居位適當。攻勢較優之位。

〔現況〕九五與上九同在天位，陽承陽近而不相得。「其亡其亡，繫于苞桑」，如果所謀之事已在具體進行中，我方內部環境有阻力歧見，沒有助益。

〔將來〕九五與九四天位比人位，陽乘陽近而不相得。九五順著九四變動前來。「休否，大人吉」，投入現有資源，獲取更大利益。化解阻力歧見，建立共識，爭取有能力、有條件的人事物支持，群策群力共圖事業。優勢在我方，順勢而為。

〔警告〕「其亡其亡，繫于苞桑」，如果安於現狀，被動等待，錯失變動良機。

〔建議〕否卦九五處於優勢，得力於彼我雙方，得天之時，得人之助，得地之宜。可從事投資事業或改變現況等風險高的事情。

否 12

【原文】上九，傾否；先否後喜。〈象〉曰：否終則傾，何可長也？

【譯文】上九（順著九五、九四變動前來），傾覆否閉之局；起先否閉最後通泰欣喜。〈爻象〉傳說：否閉至極終會被傾覆，怎能久長呢？（否閉的局面不會長久）

【三才六爻演卦】

〔形勢〕☰ 否卦上九位在相對優勢的我方（上卦），相對劣勢在彼方（下卦）。上九在優勢中的作為必須承擔變動風險相對降低，有利條件相對提高。如果有競逐對象團體，仍以我方較有優勢。

〔本爻〕上九陽爻有主見，有實力。位在不任實事之位，居位不當。

〔現況〕上九與九五同在天位，陽乘陽近而不相得。「先否」，如果所謀之事已在具體進行中，當前我方內部環境有阻

力歧見，沒有助益。

〔**將來**〕<mark>上九與九五同在天位，陽乘陽近而不相得。</mark>上九順著九五、九四變動前來。「傾否」、「後喜」，投入現有資源，獲取更大利益。化解阻力歧見，建立共識，爭取有能力、有條件的人事物支持，群策群力共圖事業。優勢在我方，順勢而為。

〔**建議**〕否卦上九處於優勢，得力於彼我雙方，得天之時，得人之助，得地之宜。可從事投資事業或改變現況等風險高的事情。

☰ 離下，乾上。（天火　同人13）

立場	卦別	三才	六爻	符號	實力	位置	形勢
我方內部環境相對於（下卦）彼方外在環境	上卦	天1	上九	ー	○	×	▽
		天3	九五	ー	○	○	↓
		人5	九四	ー	○	×	▽
我方內部環境相對於（上卦）彼方外在環境	下卦	人6	九三	ー	○	○	△
		地4	六二	- -	×	○	。
		地2	初九	ー	○	○	△

【**原文**】初九，同人于門，无咎。〈象〉曰：出門同人，又誰咎也？

【**譯文**】初九（與六二同在地位，陽承陰近而相得），剛出門口就能和別人融合一起，不會有過失。〈爻象〉傳說：剛出門口就能和別人融合一起，又有誰會有過失呢？（不會有過失）

【**三才六爻演卦**】

〔**形勢**〕☰同人初九位在相對劣勢的我方（下卦），相對優勢在彼方（上卦）。初九在劣勢中的作為必須承擔變動風險相對提高，有利條件相對降低。如果有競逐對象團體，仍以彼方較

同人13

有優勢。

〔**本爻**〕初九陽爻有主見，有實力。位在基礎之位，居位適當。

〔**現況**〕初九與六二同在地位，陽承陰近而相得。「同人于門」，如果所謀之事已在具體進行中，當前我方內部環境助益不如預期。如果基於情感道義而付出仍要考量能力所及為宜。

〔**將來**〕初九與六二同在地位，陽承陰近而相得。「无咎」，維持目前的情況比較有利，至少不會造成損失。

〔**建議**〕同人初九處於劣勢，不得力於彼我雙方，進退不得。如果是投資事業或必須改變現況等風險高的事情，請暫且擱置，以避免難以預料的損失發生。可延至時序「立秋／處暑」再行占卜；或有再次觸動轉變的契機，意猶未決時進行占卜。

同人 13

【**原文**】六二，同人于宗，吝。〈象〉曰：「同人于宗」，吝道也。

【**譯文**】六二（與九三地位比人位，陰承陽近而相得），在宗族內部和同於人，有所憾惜。〈爻象〉傳說：「同人于宗」，就是憾惜的道理。

【**三才六爻演卦**】

〔**形勢**〕☰ 同人六二位在相對劣勢的我方（下卦），相對優勢在彼方（上卦）。六二在劣勢中的作為必須承擔變動風險相對提高，有利條件相對降低。如果有競逐對象團體，仍以彼方較有優勢。

〔**本爻**〕六二陰爻沒有主見，欠缺實力。位在守成之位，居位適當。守勢較優之位。

〔**現況**〕六二與初九同在地位，陰乘陽乘剛。「同人于宗」，如果所疑之事已在具體進行中，當前我方內部環境有所牽制，停滯不前。

〔**將來**〕六二與九三地位比人位，陰承陽近而相得。「吝」，

有我方內部環境相助，可以獲得實質助益。

〔**警告**〕「吝」，如果貿然投入資源想要獲取更大利益慘遭挫敗。

〔**建議**〕同人六二處於劣勢，得力於我方，以不改變現況為原則可以獲益。雖然可以獲益，不可過度樂觀，仍以保守評估為要。不宜投資事業或必須改變現況等風險高的事情。

【原文】九三，伏戎于莽，升其高陵，三歲不興。〈象〉曰：「伏戎于莽」，敵剛也；「三歲不興」，安行也？

【譯文】九三（與九四同在人位，介於兩卦之間不相得），潛伏兵戎在草莽間，（九三與六二人位比地位，陽乘陰近而相得）登上高陵觀察，三年不敢興兵交戰。〈爻象〉傳說：「伏戎于莽」，前臨剛強之敵；「三歲不興」，怎麼能冒然前往呢？

【三才六爻演卦】

〔**形勢**〕☰ 同人九三位在相對劣勢的我方（下卦），相對優勢在彼方（上卦）。九三在劣勢中的作為必須承擔變動風險相對提高，有利條件相對降低。如果有競逐對象團體，仍以彼方較有優勢。

〔**本爻**〕九三陽爻有主見，有實力。位在以守待攻之位，居位適當。

〔**現況**〕九三與九四同在人位，介於兩卦之間不相得。「伏戎于莽」，如果所謀之事已在具體進行中，當前彼方外在環境有阻力歧見，沒有助益。

〔**將來**〕九三與六二人位比地位，陽乘陰近而相得。「升其高陵，三歲不興」，我方內部環境助益不如預期。如果基於情感道義而付出仍要考量能力所及為宜。維持目前的情況比較有利，至少不會造成損失。

〔**警告**〕「敵剛也」，如果貿然投入資源想要獲取更大利益會

慘遭挫敗。

〔建議〕同人九三處於劣勢，不得力於彼我雙方，進退不得。如果是投資事業或必須改變現況等風險高的事情，請暫且擱置，以避免難以預料的損失發生。可延至時序「立秋／處暑」再行占卜；或有再次觸動轉變的契機，意猶未決時進行占卜。

【原文】九四，乘其墉，弗克攻，吉。〈象〉曰：「乘其墉」，義弗克也；其吉，則困而反則也。

【譯文】九四（與九三同在人位，介於兩卦之間不相得），乘據城牆之上，（九四與九五人位比天位，陽承陽近而不相得）不能進攻，吉祥。〈爻象〉傳說：「乘其墉」，意義上是不能發動進攻；之所以獲得吉祥，是因為困厄時反而能夠遵循正確的法則。

【三才六爻演卦】

〔形勢〕☰ 同人九四位在相對優勢的我方（上卦），相對劣勢在彼方（下卦）。九四在優勢中的作為必須承擔變動風險相對降低，有利條件相對提高。如果有競逐對象團體，仍以我方較有優勢。

〔本爻〕九四陽爻有主見，有實力。位在守成整合之位，居位不當。

〔現況〕九四與九三同在人位，介於兩卦之間不相得。「乘其墉」，如果所謀之事已在具體進行中，當前彼方外在環境有阻力歧見，沒有助益。

〔將來〕九四與九五人位比天位，陽承陽近而不相得。「弗克攻，吉」，我方內部環境有阻力歧見，沒有助益。維持目前的情況比較有利，至少不會造成損失。

〔警告〕「弗克攻」，如果貿然投入資源想要獲取更大利益會慘遭挫敗。

〔建議〕同人九四處於優勢，不得力於彼我雙方，進退不得。

如果是投資事業或必須改變現況等風險高的事情，請暫且擱置，以避免難以預料的損失發生。可延至時序「立秋／處暑」再行占卜；或有再次觸動轉變的契機，意猶未決時進行占卜。

【原文】九五，同人，先號咷而後笑，大師克相遇。〈象〉曰：同人之先，以中直也；大師相遇，言相克也。

【譯文】九五（與上九同在天位，陽承陽近而不相得），和同於人，起先痛哭號咷後來欣喜歡笑，（九五順著九四、九三與六二比附之勢前來）大軍出戰告捷，志同者相遇會合。〈爻象〉傳說：和同於人在先，是因為中正誠直；大軍出戰與志同者相遇，與敵對者交戰獲勝。

【三才六爻演卦】

〔形勢〕☷ 同人九五位在相對優勢的我方（上卦），相對劣勢在彼方（下卦）。九五在優勢中的作為必須承擔變動風險相對降低，有利條件相對提高。如果有競逐對象團體，仍以我方較有優勢。

〔本爻〕九五陽爻有主見，有實力。位在決策實權之位，居位適當。攻勢較優之位。

〔現況〕九五與上九同在天位，陽承陽近而不相得。「先號咷」，如果所謀之事已在具體進行中，當前我方內部環境有阻力歧見，沒有助益。

〔將來〕九五與九四天位比人位，陽乘陽近而不相得。九五順著九四、九三與六二比附之勢前來。「後笑」、「大師克相遇」，投入現有資源，獲取更大利益。化解阻力歧見，建立共識，爭取有能力、有條件的人事物支持，群策群力共圖事業。優勢在我方，順勢而為。

〔建議〕同人九五處於優勢，得力於彼我雙方，得天之時，得人之助，得地之宜。可從事投資事業或改變現況等風險高的事情。

同人 13

【原文】上九，同人于郊，无悔。〈象〉曰：「同人于郊」，志未得也。

【譯文】上九（與九五同在天位，陽乘陽近而不相得），在荒遠的郊外和同於人，雖未遇上志同道合的人也不覺悔恨。〈爻象〉傳說：「同人于郊」，與人和同的志向未能實現。

【三才六爻演卦】

〔形勢〕☰ 同人上九位在相對優勢的我方（上卦），相對劣勢在彼方（下卦）。上九在優勢中的作為必須承擔變動風險相對降低，有利條件相對提高。如果有競逐對象團體，仍以我方較有優勢。

〔本爻〕上九陽爻有主見，有實力。位在不任實事之位，居位不當。

〔現況〕上九與九五同在天位，陽乘陽近而不相得。「同人于郊」，如果所謀之事已在具體進行中，當前我方內部環境有阻力歧見，沒有助益。

〔將來〕上九與九五同在天位，陽乘陽近而不相得。「无悔」，自我克制，不要受到外在人事物誘惑。維持目前情況比較有利，至少不會造成損失。

〔建議〕同人上九處於優勢，不得力於彼我雙方，進退不得。如果是投資事業或必須改變現況等風險高的事情，請暫且擱置，以避免難以預料的損失發生。可延至時序「立秋／處暑」再行占卜；或有再次觸動轉變的契機，意猶未決時進行占卜。

同人
13

☰ 乾下，離上。（火天 大有 14）

立場	卦別	三才	六爻	符號	實力	位置	形勢
我方內部環境相對於（下卦）彼方外在環境	上卦	天1	上九	－	○	✕	▽
		天3	六五	--	✕	○	。
		人5	九四	－	○	✕	▽
我方內部環境相對於（上卦）彼方外在環境	下卦	人6	九三	－	○	○	↑
		地4	九二	－	○	○	↑
		地2	初九	－	○	○	△

【原文】初九，无交害，匪咎；艱則无咎。〈象〉曰：大有初九，无交害也。

【譯文】初九（與九二同在地位，陽承陽近而不相得），不交往不惹禍，不會有過失；但必須艱守不往才不會有過失。〈爻象〉傳說：大獲所有的初九，不交往不會惹禍害。

【三才六爻演卦】

〔形勢〕☰ 大有初九位在相對優勢的我方（下卦），相對劣勢在彼方（上卦）。初九在優勢中的作為必須承擔變動風險相對降低，有利條件相對提高。如果有競逐對象團體，仍以我方較有優勢。

〔本爻〕初九陽爻有主見，有實力。位在基礎之位，居位適當。

〔現況〕初九與九二同在地位，陽承陽近而不相得。「无交害，匪咎」，如果所謀之事已在具體進行中，當前我方內部環境有阻力歧見，沒有助益。

〔將來〕初九與九二同在地位，陽承陽近而不相得。「艱則无咎」，自我克制，不要受到我方內部人事物誘惑。維持目前的情況比較有利，至少不會造成損失。

〔建議〕大有初九處於優勢，不得力於彼我雙方，進退不得。如果是投資事業或必須改變現況等風險高的事情，請暫且擱

大
有
14

置，以避免難以預料的損失發生。可延至時序「芒種／夏至」再行占卜；或有再次觸動轉變的契機，意猶未決時進行占卜。

【原文】九二，大車以載，有攸往，无咎。〈象〉曰：「大車以載」，積中不敗也。

【譯文】九二（順著九三變動、九四與六五比附之勢前往），用大車運載財貨，有所前往，不會有過失。〈爻象〉傳說：「大車以載」，堆積在中位不致危敗。

【三才六爻演卦】

〔形勢〕☰☰ 大有九二位在相對優勢的我方（下卦），相對劣勢在彼方（上卦）。九二在優勢中的作為必須承擔變動風險相對降低，有利條件相對提高。如果有競逐對象團體，仍以我方較有優勢。

〔本爻〕九二陽爻有主見，有實力。位在守成之位，居位不當。守勢較優之位。

〔現況〕九二與初九同在地位，陽乘陽近而不相得。如果所謀之事已在具體進行中，當前我方內部環境有阻力歧見，沒有助益。

〔將來〕九二與九三地位比人位，陽承陽近而不相得。九二順著九三變動、九四與六五比附之勢前往。「大車以載，有攸往，无咎」，投入現有資源，獲取更大利益。化解阻力歧見，建立共識，爭取有能力、有條件的人事物支持，群策群力共圖事業。優勢在我方，順勢而為。

〔建議〕大有九二處於優勢，得力於彼我雙方，得地之宜，得人之助，得天之時。可從事投資事業或改變現況等風險高的事情。

【原文】九三，公用亨于天子；小人弗克。〈象〉曰：「公用

「亨于天子」，小人害也。

【譯文】九三（順著九四與六五比附之勢前往），王公向天子獻禮致敬；小人不能擔當此任。〈爻象〉傳說：「公用亨于天子」，小人擔此大任會有禍害。

【三才六爻演卦】

〔形勢〕☲☰ 大有九三位在相對優勢的我方（下卦），相對劣勢在彼方（上卦）。九三在優勢中的作為必須承擔變動風險相對降低，有利條件相對提高。如果有競逐對象團體，仍以我方較有優勢。

〔本爻〕九三陽爻有主見，有實力。位在以守待攻之位，居位適當。

〔現況〕九三與九四同在人位，介於兩卦之間不相得。如果所謀之事已在具體進行中，當前彼方外在環境有阻力歧見，沒有助益。

〔將來〕九三與九二人位比地位，陽乘陽近而不相得。九三順著九四與六五比附之勢前往。「公用亨于天子」，投入現有資源，獲取更大利益。化解阻力歧見，建立共識，爭取有能力、有條件的人事物支持，群策群力共圖事業。優勢在我方，順勢而為。

〔警告〕「小人弗克」，如果安於現狀，被動等待，錯失變動良機。

〔建議〕大有九三處於優勢，得力於彼我雙方，得人之助，得天之時。可從事投資事業或改變現況等風險高的事情。

【原文】九四，匪其彭，无咎。〈象〉曰：「匪其彭无咎」，明辨晢也。

【譯文】九四（與九三同在人位，介於兩卦之間不相得），不能自我膨脹，（九四與六五人位比天位，陽承陰近而相得）沒有過失。〈爻象〉傳說：「匪其彭无咎」，要有明辨事理，權

衡分析的智慧。

【三才六爻演卦】

〔形勢〕☰☲ 大有九四位在相對劣勢的我方（上卦），相對優勢在彼方（下卦）。九四在劣勢中的作為必須承擔變動風險相對提高，有利條件相對降低。如果有競逐對象團體，仍以彼方較有優勢。

〔本爻〕九四陽爻有主見，有實力。位在守成整合之位，居位不當。

〔現況〕九四與九三同在人位，介於兩卦之間不相得。「匪其彭」，如果所謀之事已在具體進行中，當前彼方外在環境有阻力歧見，沒有助益。

〔將來〕九四與六五人位比天位，陽承陰近而相得。「无咎」，我方內部環境助益不如預期。如果基於情感道義而付出仍要考量能力所及為宜。維持目前的情況比較有利，至少不會造成損失。

〔警告〕「匪其彭」，不能自我膨漲。如果貿然投入資源想要獲取更大利益會慘遭挫敗。

〔建議〕大有九四處於劣勢，不得力於彼我雙方，進退不得。如果是投資事業或必須改變現況等風險高的事情，請暫且擱置，以避免難以預料的損失發生。可延至時序「芒種／夏至」再行占卜；或有再次觸動轉變的契機，意猶未決時進行占卜。

【原文】六五，厥孚交如，威如，吉。〈象〉曰：「厥孚交如」，信以發志也；威如之吉，易而无備也。

【譯文】六五（與上九同在天位，陰承陽近而相得），其誠信足以接交上下，威嚴自顯，（六五與九四天位比人位，陰乘陽乘剛）吉祥。〈爻象〉傳說：「厥孚交如」，用誠信激發他人的忠信之志；威嚴自顯的吉祥，行為簡易而無所防備。

【三才六爻演卦】

〔形勢〕䷍ 大有六五位在相對劣勢的我方（上卦），相對優勢在彼方（下卦）。六五在劣勢中的作為必須承擔變動風險相對提高，有利條件相對降低。如果有競逐對象團體，仍以彼方較有優勢。

〔本爻〕六五陰爻沒有主見，欠缺實力。位在決策實權之位，居位不當。攻勢較優之位。

〔現況〕六五與上九同在天位，陰承陽近而相得。「厥孚交如，威如」，如果所疑之事已在具體進行中，當前我方內部環境有實質助益。

〔將來〕六五與九四天位比人位，陰乘陽乘剛。「吉」，我方內部環境有所牽制，停滯不前。維持目前的情況比較有利，至少不會造成損失。

〔建議〕大有六五如果所疑之事已在具體進行中，處於劣勢，得力於我方，以不改變現況為原則可以獲益。雖然可以獲益，不可過度樂觀，仍以保守評估為要。不宜投資事業或必須改變現況等風險高的事情。如果所疑之事尚未具體進行中，請暫且擱置，以避免難以預料的損失發生。可延至時序「芒種／夏至」再行占卜；或有再次觸動轉變的契機，意猶未決時進行占卜。

【原文】上九，自天祐之，吉无不利。〈象〉曰：大有上吉，自天祐也。

【譯文】上九（與六五同在天位，陽乘陰近而相得），從上天降下祐助，吉祥無所不利。〈爻象〉傳說：大獲所有的吉祥，正是從天上降下的祐助所致。

【三才六爻演卦】

〔形勢〕䷍ 大有上九位在相對劣勢的我方（上卦），相對優勢在彼方（下卦）。上九在劣勢中的作為必須承擔變動風險相對提高，有利條件相對降低。如果有競逐對象團體，仍以彼方較

有優勢。

〔**本爻**〕上九陽爻有主見，有實力。位在不任實事之位，居位不當。

〔**現況**〕上九與六五同在天位，陽乘陰近而相得。「自天祐之」，如果所謀之事已在具體進行中，當前我方內部環境助益不如預期。如果基於情感道義而付出仍要考量能力所及為宜。

〔**將來**〕上九與六五同在天位，陽乘陰近而相得。「吉无不利」，維持目前的情況比較有利，至少可以持盈保泰。

〔**建議**〕大有上九處於劣勢，不得力於彼我雙方，進退不得。如果是投資事業或必須改變現況等風險高的事情，請暫且擱置，以避免難以預料的損失發生。可延至時序「芒種／夏至」再行占卜；或有再次觸動轉變的契機，意猶未決時進行占卜。

謙 15

䷎ 艮下，坤上。（地山　謙 15）

立場	卦別	三才	六爻	符號	實力	位置	形勢
我方內部環境相對於（下卦）彼方外在環境	上卦	天1	上六	--	×	○	↓
		天3	六五	--	×	○	↓
		人5	六四	--	×	○	↓
我方內部環境相對於（上卦）彼方外在環境	下卦	人6	九三	―	○	○	↓
		地4	六二	--	×	○	○
		地2	初六	--	×	×	○

【**原文**】初六，謙謙；君子用涉大川；吉。〈象〉曰：謙謙；君子卑以自牧也。

【**譯文**】初六（與六二同在地位，陰承陰近而不相得），謙之又謙；（九三變動退來對初六有所益助）君子可以準備涉越險阻的大河；吉祥。〈爻象〉傳說：謙之又謙；君子用謙卑來自

我約束。

【三才六爻演卦】

〔形勢〕䷎ 謙卦初六位在相對劣勢的我方（下卦），相對優勢在彼方（上卦）。初六在劣勢中的作為必須承擔變動風險相對提高，有利條件相對降低。如果有競逐對象團體，仍以彼方較有優勢。

〔本爻〕初六陰爻沒有主見，欠缺實力。位在基礎之位，居位不當。

〔現況〕初六與六二同在地位，陰承陰近而不相得。「謙謙」，如果所疑之事已在具體進行中，當前我方內部環境無能為力，沒有助益。

〔將來〕初六與六二同在地位，陰承陰近而不相得。九三變動退來對初六有所益助。「君子用涉大川；吉」，有我方內部環境主動相助，可以獲得實質助益。

〔建議〕謙卦初六處於劣勢，得力於我方，以不改變現況為原則可以獲益。雖然可以獲益，不可過度樂觀，仍以保守評估為要。不宜投資事業或必須改變現況等風險高的事情。

【原文】六二，鳴謙，貞吉。〈象〉曰：「鳴謙貞吉」，中心得也。

【譯文】六二（與九三地位比人位，陰承陽近而相得），謙虛名聲外聞，守持正固可獲吉祥。〈爻象〉傳說：「鳴謙貞吉」，居中心持正獲得名聲。

【三才六爻演卦】

〔形勢〕䷎ 謙卦六二位在相對劣勢的我方（下卦），相對優勢在彼方（上卦）。六二在劣勢中的作為必須承擔變動風險相對提高，有利條件相對降低。如果有競逐對象團體，仍以彼方較有優勢。

〔本爻〕六二陰爻沒有主見，欠缺實力。位在守成之位，居位

適當。守勢較優之位。

〔**現況**〕六二與初六同在地位，陰乘陰近而不相得。如果所疑之事已在具體進行中，當前我方內部環境無能為力，沒有助益。

〔**將來**〕六二與九三地位比人位，陰承陽近而相得。「鳴謙，貞吉」，有我方內部環境相助，可以獲得實質助益。

〔**建議**〕謙卦六二處於劣勢，得力於我方，以不改變現況為原則可以獲益。雖然可以獲益，不可過度樂觀，仍以保守評估為要。不宜投資事業或必須改變現況等風險高的事情。

謙
15

【**原文**】九三，勞謙，君子有終，吉。〈象〉曰：「勞謙君子」，萬民服也。

【**譯文**】九三（退來初六），勤勞謙虛，君子保持謙德至終，吉祥。〈爻象〉傳說：「勞謙君子」，四方民眾都信服他。

【**三才六爻演卦**】

〔**形勢**〕☷☶ 謙卦九三位在相對劣勢的我方（下卦），相對優勢在彼方（上卦）。九三在劣勢中的作為必須承擔變動風險相對提高，有利條件相對降低。如果有競逐對象團體，仍以彼方較有優勢。

〔**本爻**〕九三陽爻有主見，有實力。位在以守待攻之位，居位適當。

〔**現況**〕九三與六四同在人位，介於兩卦之間不相得。如果所謀之事已在具體進行中，當前彼方外在環境助益不如預期。如果基於情感道義而付出仍要考量能力所及為宜。

〔**將來**〕九三與六二人位比地位，陽乘陰近而相得。九三退來初六。「勞謙，君子有終，吉」，爭取有能力、有條件的人事物支持，投入既有資源重新出發。可以考慮另起爐灶。

〔**建議**〕謙卦九三處於劣勢，得力於我方，得人之助，得地之宜。保守評估，量力而為，以退為進，可從事投資事業或必須

改變現況等風險高的事情。

【原文】六四，无不利，撝謙。〈象〉曰：「无不利撝謙」，不違則也。

【譯文】六四（順著九三變動退來），無所不利，發揮謙虛的美德。〈爻象〉傳說：「无不利撝謙」，不違背謙虛的法則。

【三才六爻演卦】

〔形勢〕☷☶ 謙卦六四位在相對優勢的我方（上卦），相對劣勢在彼方（下卦）。六四在優勢中的作為必須承擔變動風險相對降低，有利條件相對提高。如果有競逐對象團體，仍以我方較有優勢。

〔本爻〕六四陰爻沒有主見，欠缺實力。位在守成整合之位，居位適當。

〔現況〕六四與九三同在人位，介於兩卦之間不相得。如果所疑之事已在具體進行中，當前彼方外在環境看似有利，實而無益。如果基於情感道義而付出仍要考量能力所及為宜。

〔將來〕六四與六五人位比天位，陰承陰近而不相得。六四順著九三變動退來。「无不利，撝謙」，爭取有能力、有條件的人事物支持，投入既有資源重新出發。可以考慮另起爐灶。

〔建議〕謙卦六四處於優勢，得力於彼方，得人之助，得地之宜。保守評估，量力而為，以退為進，可從事投資事業或必須改變現況等風險高的事情。

【原文】六五，不富，以其鄰利用侵伐，无不利。〈象〉曰：「利用侵伐」，征不服也。

【譯文】六五（與上六同在天位，陰承陰近而不相得），虛中不富實，（六五順著六四、九三變動前來）與近鄰一起利於出征討伐，無所不利。〈爻象〉傳說：「利用侵伐」，征伐驕橫

不順者。

【三才六爻演卦】

〔**形勢**〕☷☶ 謙卦六五位在相對優勢的我方（上卦），相對劣勢在彼方（下卦）。六五在優勢中的作為必須承擔變動風險相對降低，有利條件相對提高。如果有競逐對象團體，仍以我方較有優勢。

〔**本爻**〕六五陰爻沒有主見，欠缺實力。位在決策實權之位，居位不當。攻勢較優之位。

〔**現況**〕六五與上六同在天位，陰承陰近而不相得。「不富」，如果所疑之事已在具體進行中，當前我方內部環境無能為力，沒有助益。

〔**將來**〕六五與六四天位比人位，陰乘陰近而不相得。六五順著六四、九三變動前來。「以其鄰利用侵伐，无不利」，投入現有資源，獲取更大利益。化解阻力歧見，建立共識，爭取有能力、有條件的人事物支持，群策群力共圖事業。優勢在我方，順勢而為。

〔**建議**〕謙卦六五處於優勢，得力於彼我雙方，得天之時，得人之助，得地之宜。可從事投資事業或必須改變現況等風險高的事情。

謙
15

【原文】上六，鳴謙，利用行師，征邑國。〈象〉曰：「鳴謙」，志未得也；可用行師，征邑國也。

【譯文】上六（與六五同在天位，陰乘陰近而不相得），謙虛名聲遠聞，（上六順著六五、六四、九三變動前來）利於出兵作戰，征討外邦異國。〈爻象〉傳說：「鳴謙」，心志尚未完全實現；可以出兵作戰，征討外邦異國。

【三才六爻演卦】

〔**形勢**〕☷☶ 謙卦上六位在相對優勢的我方（上卦），相對劣勢在彼方（下卦）。上六在優勢中的作為必須承擔變動風險相對

降低，有利條件相對提高。如果有競逐對象團體，仍以我方較有優勢。

〔本爻〕上六陰爻沒有主見，欠缺實力。位在不任實事之位，居位適當。

〔現況〕上六與六五同在天位，陰乘陰近而不相得。「鳴謙」，如果所疑之事已在具體進行中，當前我方內部環境無能為力，沒有助益。

〔將來〕上六與六五同在天位，陰乘陰近而不相得。上六順著六五、六四、九三變動前來。「利用行師，征邑國」，投入現有資源，獲取更大利益。化解阻力歧見，建立共識，爭取有能力、有條件的人事物支持，群策群力共圖事業。優勢在我方，順勢而為。

〔建議〕謙卦上六處於優勢，得力於彼我雙方，得天之時，得人之助，得地之宜。可從事投資事業或必須改變現況等風險高的事情。

坤下，震上。（雷地　豫 16）

豫
16

立場	卦別	三才	六爻	符號	實力	位置	形勢
我方內部環境相對於（下卦）彼方外在環境	上卦	天1	上六	--	✕	○	。
		天3	六五	--	✕	○	。
		人5	九四	—	○	✕	▽
我方內部環境相對於（上卦）彼方外在環境	下卦	人6	六三	--	✕	✕	。
		地4	六二	--	✕	✕	。
		地2	初六	--	✕	✕	。

【原文】初六，鳴豫，凶。〈象〉曰：「初六鳴豫」，志窮凶也。

【譯文】初六（與六二同在地位，陰承陰近而不相得），自鳴得意，有凶險。〈爻象〉傳說：「初六鳴豫」，意志窮極而有凶險。

【三才六爻演卦】

〔形勢〕☷☳ 豫卦相對立場的彼、我雙方（上、下卦）勢力均等。初六的作為必須承擔變動風險與有利條件相對持平。如果有競逐對象團體，仍以彼方較有優勢。

〔本爻〕初六陰爻沒有主見，欠缺實力。位在基礎之位，居位不當。

〔現況〕初六與六二同在地位，陰承陰近而不相得。「鳴豫」，如果所疑之事已在具體進行中，當前我方內部環境無能為力，沒有助益。

〔將來〕初六與六二同在地位，陰承陰近而不相得。「凶」，維持目前的情況比較有利，至少不會造成損失。

〔警告〕「鳴豫，凶」，如果貿然投入資源想要獲取更大利益會慘遭挫敗。

〔建議〕豫卦初六不得力於彼我雙方，進退不得。如果是投資事業或必須改變現況等風險高的事情，請暫且擱置，以避免難以預料的損失發生。可延至時序「清明／穀雨」再行占卜；或有再次觸動轉變的契機，意猶未決時進行占卜。

【原文】六二，介于石，不終日，貞吉。〈象〉曰：「不終日貞吉」，以中正也。

【譯文】六二（與初六同在地位，陰乘陰近而不相得），耿介如石，不用等候一天，（六二與六三地位比人位，陰承陰近而不相得）就已經明白守持正固可獲吉祥。〈爻象〉傳說：「不終日貞吉」，居中持正。

【三才六爻演卦】

〔形勢〕☷☳ 豫卦相對立場的彼、我雙方（上、下卦）勢力均

等。六二的作為必須承擔變動風險與有利條件相對持平。如果有競逐對象團體，仍以彼方較有優勢。

〔**本爻**〕六二陰爻沒有主見，欠缺實力。位在守成之位，居位適當。守勢較優之位。

〔**現況**〕六二與初六同在地位，陰乘陰近而不相得。「介于石」，如果所疑之事已在具體進行中，當前我方內部環境無能為力，沒有助益。

〔**將來**〕六二與六三地位比人位，陰承陰近而不相得。「貞吉」，我方內部環境無能為力，沒有助益。維持目前的情況比較有利，至少可以持盈保泰。

〔**建議**〕豫卦六二不得力於彼我雙方，進退不得。如果是投資事業或必須改變現況等風險高的事情，請暫且擱置，以避免難以預料的損失發生。可延至時序「清明／穀雨」再行占卜；或有再次觸動轉變的契機，意猶未決時進行占卜。

豫
16

【**原文**】六三，盱豫，悔；遲有悔。〈象〉曰：盱豫有悔，位不當也。

【**譯文**】六三（與九四同在人位，介於兩卦之間不相得），媚上尋求歡樂，導致悔恨；若是悔悟太遲又生悔恨。〈爻象〉傳說：媚上尋求歡樂導致悔恨，居位不正當。

【**三才六爻演卦**】

〔**形勢**〕☷ 豫卦相對立場的彼、我雙方（上、下卦）勢力均等。六三的作為必須承擔變動風險與有利條件相對持平。如果有競逐對象團體，仍以彼方較有優勢。

〔**本爻**〕六三陰爻沒有主見，欠缺實力。位在以守待攻之位，居位不當。

〔**現況**〕六三與九四同在人位，介於兩卦之間不相得。「盱豫」，如果所疑之事已在具體進行中，當前彼方外在環境看似有利，實而無益。如果基於情感道義而付出仍要考量能力所及

為宜。

〔將來〕六三與六二人位比地位，陰乘陰近而不相得。「悔」，我方內部環境無能為力，沒有助益。維持目前的情況比較有利，至少不會造成損失。

〔警告〕「遲有悔」，如果貿然投入資源想要獲取更大利益會慘遭挫敗。

〔建議〕豫卦六三不得力於彼我雙方，進退不得。如果是投資事業或必須改變現況等風險高的事情，請暫且擱置，以避免難以預料的損失發生。可延至時序「清明／穀雨」再行占卜；或有再次觸動轉變的契機，意猶未決時進行占卜。

豫
16

【原文】九四，由豫，大有得；勿疑，朋盍簪。〈象〉曰：「由豫大有得」，志大行也。

【譯文】九四（與六三同在人位，介於兩卦之間不相得），人們依附他喜獲歡樂，大有所得；（九四與六五人位比天位，陽承陰近而相得）不疑於人，朋友像頭髮括束於簪子一樣聚合。〈爻象〉傳說：「由豫大有得」，陽剛志向廣泛推行。

【三才六爻演卦】

〔形勢〕☷☳ 豫卦相對立場的彼、我雙方（上、下卦）勢力均等。九四的作為必須承擔變動風險與有利條件相對持平。如果有競逐對象團體，仍以我方較有優勢。

〔本爻〕九四陽爻有主見，有實力。位在守成整合之位，居位不當。

〔現況〕九四與六三同在人位，介於兩卦之間不相得。「由豫，大有得」，如果所謀之事已在具體進行中，當前彼方外在環境看似有利，實而無益。如果基於情感道義而付出仍要考量能力所及為宜。

〔將來〕九四與六五人位比天位，陽承陰近而相得。「勿疑，朋盍簪」，我方內部環境助益不如預期。如果基於情感道義而

付出仍要考量能力所及為宜。維持目前的情況比較有利，至少不會造成損失。

〔建議〕豫卦九四不得力於彼我雙方，進退不得。如果是投資事業或必須改變現況等風險高的事情，請暫且擱置，以避免難以預料的損失發生。可延至時序「清明／穀雨」再行占卜；或有再次觸動轉變的契機，意猶未決時進行占卜。

【原文】六五，貞疾；恆不死。〈象〉曰：六五「貞疾」，乘剛也；「恆不死」，中未亡也。

【譯文】六五（與九四天位比人位，陰乘陽乘剛），守持正固難免有恙；（六五與上六同在天位，陰承陰近而不相得）即使有恙也不致喪亡。〈爻象〉傳說：六五「貞疾」，陰柔乘凌陽剛難免有恙；「恆不死」，居中不偏就未必敗亡。

【三才六爻演卦】

〔形勢〕☷☳ 豫卦相對立場的彼、我雙方（上、下卦）勢力均等。六五的作為必須承擔變動風險與有利條件相對持平。如果有競逐對象團體，仍以我方較有優勢。

〔本爻〕六五陰爻沒有主見，欠缺實力。位在決策實權之位，居位不當。攻勢較優之位。

〔現況〕六五與上六同在天位，陰承陰近而不相得。「恆不死」，如果所疑之事已在具體進行中，當前我方內部環境無能為力，沒有助益。

〔將來〕六五與九四天位比人位，陰乘陽乘剛。「貞疾」，我方內部環境有所牽制，停滯不前。維持目前的情況比較有利，至少不會造成損失。

〔建議〕豫卦六五不得力於彼我雙方，進退不得。如果是投資事業或必須改變現況等風險高的事情，請暫且擱置，以避免難以預料的損失發生。可延至時序「清明／穀雨」再行占卜；或有再次觸動轉變的契機，意猶未決時進行占卜。

豫
16

【原文】上六，冥豫成，有渝无咎。〈象〉曰：冥豫在上，何可長也？

【譯文】上六（與六五同在天位，陰遇陰近而不相得），昏冥縱樂鑄成惡果，及早改正不會有過失。〈爻象〉傳說：昏冥縱樂且在高位，這樣怎能保持長久？（昏冥縱樂不能長久）

【三才六爻演卦】

〔形勢〕䷏ 豫卦相對立場的彼、我雙方（上、下卦）勢力均等。上六的作為必須承擔變動風險與有利條件相對持平。如果有競逐對象團體，仍以我方較有優勢。

〔本爻〕上六陰爻沒有主見，欠缺實力。位在不任實事之位，居位適當。

〔現況〕上六與六五同在天位，陰乘陰近而不相得。「冥豫成」，如果所疑之事已在具體進行中，當前我方內部環境無能為力，沒有助益。

〔將來〕上六與六五同在天位，陰乘陰近而不相得。「有渝无咎」，改正盲從躁動的想法。維持目前的情況比較有利，至少不會造成損失。

〔建議〕豫卦上六不得力於彼我雙方，進退不得。如果是投資事業或必須改變現況等風險高的事情，請暫且擱置，以避免難以預料的損失發生。可延至時序「清明／穀雨」再行占卜；或有再次觸動轉變的契機，意猶未決時進行占卜。

䷐ 震下，兌上。（澤雷　隨 17）

立場	卦別	三才	六爻	符號	實力	位置	形勢
我方內部環境相對於（下卦）彼方外在環境	上卦	天1	上六	--	✕	○	。
		天3	九五	—	○	○	▽
		人5	九四	—	○	✕	▽
我方內部環境相對於（上卦）彼方外在環境	下卦	人6	六三	--	✕	✕	。
		地4	六二	--	✕	○	。
		地2	初九	—	○	○	↑

【原文】初九，官有渝，貞吉；出門交有功。〈象〉曰：「官有渝」，從正吉也；「出門交有功」，不失也。

【譯文】初九（前往六三），思想觀念改善，占卜的結果吉祥；出門與人交往會成功。〈爻象〉傳說：「官有渝」，隨從正道可獲吉祥；「出門交有功」，不會有過失。

【三才六爻演卦】

〔形勢〕䷐ 隨卦相對立場的彼、我雙方（上、下卦）勢力均等。初九的作為必須承擔變動風險與有利條件相對持平。如果有競逐對象團體，仍以彼方較有優勢。

〔本爻〕初九陽爻有主見，有實力。位在基礎之位，居位適當。

〔現況〕初九與六二同在地位，陽承陰近而相得。如果所謀之事已在具體進行中，當前我方內部環境助益不如預期。如果基於情感道義而付出仍要考量能力所及為宜。

〔將來〕初九與六二同在地位，陽承陰近而相得。初九前往六三。「官有渝，貞吉；出門交有功」，保守評估，量力而為，投入現有資源，爭取有能力、有條件的人事物支持。

〔建議〕隨卦初九得力於我方，得地之宜，得人之助。保守評估，量力而為，可從事投資事業或必須改變現況等風險高的事情。

隨
17

【原文】六二，係小子，失丈夫。〈象〉曰：「係小子」，弗兼與也。

【譯文】六二（與初九同在地位，陰乘陽乘剛），傾心附從小子，（六二與六三地位比人位，陰遇陰近而不相得）失去陽剛丈夫。〈爻象〉傳說：「係小子」，無法兩方兼顧親好。

【三才六爻演卦】

〔形勢〕☱☳ 隨卦相對立場的彼、我雙方（上、下卦）勢力均等。六二的作為必須承擔變動風險與有利條件相對持平。如果有競逐對象團體，仍以彼方較有優勢。

〔本爻〕六二陰爻沒有主見，欠缺實力。位在守成之位，居位適當。守勢較優之位。

〔現況〕六二與初九同在地位，陰乘陽乘剛。「係小子」，如果所疑之事已在具體進行中，當前我方內部環境有所牽制，停滯不前。

〔將來〕六二與六三地位比人位，陰承陰近而不相得。「失丈夫」，我方內部環境無能為力，沒有助益。維持目前的情況比較有利，至少不會造成損失。

〔警告〕「失丈夫」，如果貿然投入資源想要獲取更大利益會慘遭挫敗。

〔建議〕隨卦六二不得力於彼我雙方，進退不得。如果是投資事業或必須改變現況等風險高的事情，請暫且擱置，以避免難以預料的損失發生。可延至時序「驚蟄／春分」再行占卜；或有再次觸動轉變的契機，意猶未決時進行占卜。

【原文】六三，係丈夫，失小子；隨有求得，利居貞。〈象〉曰：「係丈夫」，志舍下也。

【譯文】六三（與九四同在人位，介於兩卦之間不相得），傾心附從陽剛丈夫，（六三與六二人位比地位，陰乘陰近而不相得）失去在下小子；（初九變動前來對六三造成意外損害）隨

從於人有求必得，利於安居守持正固。〈爻象〉傳說：「係丈夫」，意念是捨棄下者。

【三才六爻演卦】

〔**形勢**〕䷐ 隨卦相對立場的彼、我雙方（上、下卦）勢力均等。六三的作為必須承擔變動風險與有利條件相對持平。如果有競逐對象團體，仍以彼方較有優勢。

〔**本爻**〕六三陰爻沒有主見，欠缺實力。位在以守待攻之位，居位不當。

〔**現況**〕六三與九四同在人位，介於兩卦之間不相得。「係丈夫」，如果所疑之事已在具體進行中，當前彼方外在環境看似有利，實而無益。如果基於情感道義而付出仍要考量能力所及為宜。

〔**將來**〕六三與六二人位比地位，陰乘陰近而不相得。「失小子」、「利居貞」，我方內部環境無能為力，沒有助益。維持目前的情況比較有利，至少不會造成損失。

〔**警告**〕初九變動前來對六三造成意外損害。「隨有求得」，注意會有意外的損失。如果貿然投入資源想要獲取更大利益會慘遭挫敗。

〔**建議**〕隨卦六三不得力於彼我雙方，進退不得。如果是投資事業或必須改變現況等風險高的事情，請暫且擱置，以避免難以預料的損失發生。可延至時序「驚蟄／春分」再行占卜；或有再次觸動轉變的契機，意猶未決時進行占卜。

隨 17

【**原文**】九四，隨有獲，貞凶；有孚在道，以明何咎？〈象〉曰：「隨有獲」，其義凶也；「有孚在道」，明功也。

【**譯文**】九四，（初九前來六三）隨從者頗有收穫，（九四與六三同在人位，介於兩卦之間不相得）守持正固以防凶險；（九四與九五人位比天位，陽承陽近而不相得）心懷誠信合乎愓厲自勉之道，光明磊落又有什麼過失呢？（沒有過失）〈爻

象〉傳說：「隨有獲」，地位有凶險；「有孚在道」，光明磊落的功效。

【三才六爻演卦】

〔形勢〕☶ 隨卦相對立場的彼、我雙方（上、下卦）勢力均等。九四的作為必須承擔變動風險與有利條件相對持平。如果有競逐對象團體，仍以我方較有優勢。

〔本爻〕九四陽爻有主見，有實力。位在守成整合之位，居位不當。

〔現況〕九四與六三同在人位，介於兩卦之間不相得。「貞凶」，如果所謀之事已在具體進行中，當前彼方外在環境看似有利，實而無益。如果基於情感道義而付出仍要考量能力所及為宜。

〔將來〕九四與九五人位比天位，陽承陽近而不相得。「有孚在道」，我方內部環境有阻力歧見，沒有助益。維持目前的情況比較有利，至少不會造成損失。

〔警告〕初九變動前來對六三造成意外損害。「隨有獲」，應有所警覺，注意會有意外損失。如果貿然投入資源想要獲取更大利益會慘遭挫敗。

〔建議〕隨卦九四不得力於彼我雙方，進退不得。如果是投資事業或必須改變現況等風險高的事情，請暫且擱置，以避免難以預料的損失發生。可延至時序「驚蟄／春分」再行占卜；或有再次觸動轉變的契機，意猶未決時進行占卜。

【原文】九五，孚于嘉，吉。〈象〉曰：「孚于嘉吉」，位正中也。

【譯文】九五（與上六同在天位，陽遇陰近而相得），誠信給美善者，吉祥。〈爻象〉傳說：「孚于嘉吉」，居位正中不偏。

【三才六爻演卦】

〔**形勢**〕☱ 隨卦相對立場的彼、我雙方（上、下卦）勢力均等。九五的作為必須承擔變動風險與有利條件相對持平。如果有競逐對象團體，仍以我方較有優勢。

〔**本爻**〕九五陽爻有主見，有實力。位在決策實權之位，居位適當。攻勢較優之位。

〔**現況**〕九五與上六同在天位，陽承陰近而相得。「孚于嘉，吉」，如果所謀之事已在具體進行中，當前我方內部環境助益不如預期。如果基於情感道義而付出仍要考量能力所及為宜。

〔**將來**〕九五與九四天位比人位，陽乘陽近而不相得。我方內部環境有阻力歧見，沒有助益。維持目前的情況比較有利，至少可以持盈保泰。

〔**建議**〕隨卦九五不得力於彼我雙方，進退不得。如果是投資事業或必須改變現況等風險高的事情，請暫且擱置，以避免難以預料的損失發生。可延至時序「驚蟄／春分」再行占卜；或有再次觸動轉變的契機，意猶未決時進行占卜。

隨
17

【**原文**】上六，拘係之，乃從，維之；王用亨于西山。〈象〉曰：「拘係之」，上窮也。

【**譯文**】上六（與九五同在天位，陰乘陽乘剛），拘禁強迫附從，順服相隨，還得用繩索栓緊；君王設祭在西山。〈爻象〉傳說：「拘係之」，居位亢極窮盡。

【**三才六爻演卦**】

〔**形勢**〕☱ 隨卦相對立場的彼、我雙方（上、下卦）勢力均等。上六的作為必須承擔變動風險與有利條件相對持平。如果有競逐對象團體，仍以我方較有優勢。

〔**本爻**〕上六陰爻沒有主見，欠缺實力。位在不任實事之位，居位適當。

〔**現況**〕上六與九五同在天位，陰乘陽乘剛。「拘係之，乃從，維之」，如果所疑之事已在具體進行中，當前我方內部環

境有所牽制，停滯不前。

〔將來〕上六與九五同在天位，陰乘陽乘剛。「王用亨于西山」，維持目前的情況比較有利，至少不會造成損失。

〔建議〕隨卦上六不得力於彼我雙方，進退不得。如果是投資事業或必須改變現況等風險高的事情，請暫且擱置，以避免難以預料的損失發生。可延至時序「驚蟄／春分」再行占卜；或有再次觸動轉變的契機，意猶未決時進行占卜。

巽下，艮上。（山風　蠱 18）

蠱 18

立場	卦別	三才	六爻	符號	實力	位置	形勢
我方內部環境相對於（下卦）彼方外在環境	上卦	天1	上九	—	○	×	▽
		天3	六五	--	×	○	。
		人5	六四	--	×	○	。
我方內部環境相對於（上卦）彼方外在環境	下卦	人6	九三	—	○	○	△
		地4	九二	—	○	○	↑
		地2	初六	--	×	×	。

【原文】初六，幹父之蠱，有子考，无咎，屬終吉。〈象〉曰：「幹父之蠱」，意承考也。

【譯文】初六（與九二同在地位，陰承陽近而相得），匡正父輩的弊亂，兒子能夠繼承先業，不會有過失，即使面臨險境最終可獲吉祥。〈爻象〉傳說：「幹父之蠱」，意願在繼承前輩的成就。

【三才六爻演卦】

〔形勢〕蠱卦初六位在相對優勢的我方（下卦），相對劣勢在彼方（上卦）。初六在優勢中的作為必須承擔變動風險相對降低，有利條件相對提高。如果有競逐對象團體，仍以我方較

有優勢。

〔本爻〕初六陰爻沒有主見，欠缺實力。位在基礎之位，居位不當。

〔現況〕初六與九二同在地位，陰承陽近而相得。「幹父之蠱，有子考」，如果所疑之事已在具體進行中，當前我方內部環境有實質助益。

〔將來〕初六與九二同在地位，陰承陽近而相得。「无咎」、「終吉」，維持目前的情況比較有利，至少可以持盈保泰。

〔警告〕「厲」，自我克制，不要受到外在人事物誘惑。如果貿然投入資源想要獲取更大利益會慘遭挫敗。

〔建議〕蠱卦初六如果所疑之事已在具體進行中，處於優勢，得力於我方，以不改變現況為原則可以獲益。雖然可以獲益，不可過度樂觀，仍以保守評估為要。不宜投資事業或必須改變現況等風險高的事情。如果所疑之事尚未具體進行中，請暫且擱置，以避免難以預料的損失發生。可延至時序「清明／穀雨」再行占卜；或有再次觸動轉變的契機，意猶未決時進行占卜。

蠱
18

【原文】九二，幹母之蠱，不可貞。〈象〉曰：「幹母之蠱」，得中道也。

【譯文】九二（順著九三與六四比附之勢前往），匡正母輩的弊亂，不可堅持現狀。〈爻象〉傳說：「幹母之蠱」，深得居中的道理。

【三才六爻演卦】

〔形勢〕☶☴ 蠱卦九二位在相對優勢的我方（下卦），相對劣勢在彼方（上卦）。九二在優勢中的作為必須承擔變動風險相對降低，有利條件相對提高。如果有競逐對象團體，仍以我方較有優勢。

〔本爻〕九二陽爻有主見，有實力。位在守成之位，居位不

當。守勢較優之位。

〔**現況**〕九二與初六同在地位，陽乘陰近而相得。如果所謀之事已在具體進行中，當前我方內部環境助益不如預期。如果基於情感道義而付出仍要考量能力所及為宜。

〔**將來**〕九二與九三地位比人位，陽承陽近而不相得。九二順著九三與六四比附之勢前往。「幹母之蠱」，投入現有資源，獲取更大利益。化解阻力歧見，建立共識，爭取有能力、有條件的人事物支持，群策群力共圖事業。優勢在我方，順勢而為。

〔**警告**〕「不可貞」，如果安於現狀，被動等待，錯失變動良機。

〔**建議**〕蠱卦九二處於優勢，得力於彼我雙方，得地之宜，得人之助。可從事投資事業或必須改變現況等風險高的事情。

蠱
18

【**原文**】九三，幹父之蠱，小有悔，无大咎。〈象〉曰：「幹父之蠱」，終无咎也。

【**譯文**】九三（與六四同在人位，介於兩卦之間不相得），匡正父輩的弊亂，稍有悔恨，（九三與九二人位比地位，陽乘陽近而不相得）沒有重大過失。〈爻象〉傳說：「幹父之蠱」，最終不會有過失。

【**三才六爻演卦**】

〔**形勢**〕☶ 蠱卦九三位在相對優勢的我方（下卦），相對劣勢在彼方（上卦）。九三在優勢中的作為必須承擔變動風險相對降低，有利條件相對提高。如果有競逐對象團體，仍以我方較有優勢。

〔**本爻**〕九三陽爻有主見，有實力。位在以守待攻之位，居位適當。

〔**現況**〕九三與六四同在人位，介於兩卦之間不相得。「幹父之蠱，小有悔」，如果所謀之事已在具體進行中，當前彼方外

在環境看似有利，實而無益。如果基於情感道義而付出仍要考量能力所及為宜。

〔**將來**〕九三與九二人位比地位，陽乘陽近而不相得。「无大咎」，我方內部環境有阻力歧見，沒有助益。維持目前的情況比較有利，至少不會造成損失。

〔**警告**〕「小有悔」，如果貿然投入資源想要獲取更大利益會慘遭挫敗。

〔**建議**〕蠱卦九三處於優勢，不得力於彼我雙方，進退不得。如果是投資事業或必須改變現況等風險高的事情，請暫且擱置，以避免難以預料的損失發生。可延至時序「清明／穀雨」再行占卜；或有再次觸動轉變的契機，意猶未決時進行占卜。

**蠱
18**

【**原文**】六四，裕父之蠱，往見吝。〈象〉曰：「裕父之蠱」，往未得也。

【**譯文**】六四（與六五人位比天位，陰承陰近而不相得），寬裕不急的緩治父輩的弊亂，前往必然出現憾惜。〈爻象〉傳說：「裕父之蠱」，前往無法獲得治弊之道。

【**三才六爻演卦**】

〔**形勢**〕蠱卦六四位在相對劣勢的我方（上卦），相對優勢在彼方（下卦）。六四在劣勢中的作為必須承擔變動風險相對提高，有利條件相對降低。如果有競逐對象團體，仍以彼方較有優勢。

〔**本爻**〕六四陰爻沒有主見，欠缺實力。位在守成整合之位，居位適當。

〔**現況**〕六四與九三同在人位，介於兩卦之間不相得。如果所疑之事已在具體進行中，當前彼方外在環境看似有利，實而無益。如果基於情感道義而付出仍要考量能力所及為宜。

〔**將來**〕六四與六五人位比天位，陰承陰近而不相得。「裕父之蠱，往見吝」，我方內部環境無能為力，沒有助益。維持目

前的情況比較有利，至少不會造成損失。

〔警告〕「往見吝」，如果貿然投入資源想要獲取更大利益會慘遭挫敗。

〔建議〕蠱卦六四處於劣勢，不得力於彼我雙方，進退不得。如果是投資事業或必須改變現況等風險高的事情，請暫且擱置，以避免難以預料的損失發生。可延至時序「清明／穀雨」再行占卜；或有再次觸動轉變的契機，意猶未決時進行占卜。

【原文】六五，幹父之蠱，用譽。〈象〉曰：幹父用譽，承以德也。

【譯文】六五（與上九同在天位，陰承陽近而相得），匡正父輩的弊亂，備受稱譽。〈爻象〉傳說：匡正父輩的弊亂備受稱譽，繼承先業並發揚自身美德。

【三才六爻演卦】

〔形勢〕☲ 蠱卦六五位在相對劣勢的我方（上卦），相對優勢在彼方（下卦）。六五在劣勢中的作為必須承擔變動風險相對提高，有利條件相對降低。如果有競逐對象團體，仍以彼方較有優勢。

〔本爻〕六五陰爻沒有主見，欠缺實力。位在決策實權之位，居位不當。攻勢較優之位。

〔現況〕六五與上九同在天位，陰承陽近而相得。「幹父之蠱」，如果所疑之事已在具體進行中，當前我方內部環境有實質助益。

〔將來〕六五與六四天位比人位，陰乘陰近而不相得。「用譽」，我方內部環境無能為力，沒有助益。維持目前的情況比較有利，至少不會造成損失。

〔建議〕蠱卦六五如果所疑之事已在具體進行中，處於劣勢，得力於我方，以不改變現況為原則可以獲益。雖然可以獲益，不可過度樂觀，仍以保守評估為要。不宜投資事業或必須改變

現況等風險高的事情。如果所疑之事尚未具體進行中，請暫且擱置，以避免難以預料的損失發生。可延至時序「清明／穀雨」再行占卜；或有再次觸動轉變的契機，意猶未決時進行占卜。

【原文】上九，不事王侯，高尚其事。〈象〉曰：「不事王侯」，志可則也。

【譯文】上九（與六五同在天位，陽乘陰近而相得），不從事王侯的事業，還有比物質享受更高尚的行為。〈爻象〉傳說：「不事王侯」，高潔志向值得效法。

【三才六爻演卦】

〔形勢〕☶ 蠱卦上九位在相對劣勢的我方（上卦），相對優勢在彼方（下卦）。上九在劣勢中的作為必須承擔變動風險相對提高，有利條件相對降低。如果有競逐對象團體，仍以彼方較有優勢。

〔本爻〕上九陽爻有主見，有實力。位在不任實事之位，居位不當。

〔現況〕上九與六五同在天位，陽乘陰近而相得。「不事王侯」，如果所謀之事已在具體進行中，當前我方內部環境助益不如預期。如果基於情感道義而付出仍要考量能力所及為宜。

〔將來〕上九與六五同在天位，陽乘陰近而相得。「高尚其事」，維持目前的情況比較有利，至少可以持盈保泰。

〔建議〕蠱卦上五處於劣勢，不得力於彼我雙方，進退不得。如果是投資事業或必須改變現況等風險高的事情，請暫且擱置，以避免難以預料的損失發生。可延至時序「清明／穀雨」再行占卜；或有再次觸動轉變的契機，意猶未決時進行占卜。

蠱
18

䷒ 兌下，坤上。（地澤　臨 19）

立場	卦別	三才	六爻	符號	實力	位置	形勢
我方內部環境相對於（下卦）彼方外在環境	上卦	天1	上六	--	✕	◯	◦
		天3	六五	--	✕	◯	◦
		人5	六四	--	✕	◯	◦
我方內部環境相對於（上卦）彼方外在環境	下卦	人6	六三	--	✕	✕	◦
		地4	九二	─	◯	◯	△
		地2	初九	─	◯	◯	△

【原文】初九，咸臨，貞吉。〈象〉曰：「咸臨貞吉」，志行正也。

【譯文】初九，感應於尊者（六四）施行監臨，（初九與九二同在地位，陽承陽近而不相得）守持正固可獲吉祥。〈爻象〉傳說：「咸臨貞吉」，心志行為端正。

【三才六爻演卦】

〔形勢〕䷒ 臨卦相對立場的彼、我雙方（上、下卦）勢力均等。初九的作為必須承擔變動風險與有利條件相對持平。如果有競逐對象團體，仍以彼方較有優勢。

〔本爻〕初九陽爻有主見，有實力。位在基礎之位，居位適當。

〔現況〕初九與九二同在地位，陽承陽近而不相得。如果所謀之事已在具體進行中，當前我方內部環境有阻力歧見，沒有助益。

〔將來〕初九與九二同在地位，陽承陽近而不相得。「貞吉」，維持目前的情況比較有利，至少可以持盈保泰。

〔建議〕臨卦初九不得力於彼我雙方，進退不得。如果是投資事業或必須改變現況等風險高的事情，請暫且擱置，以避免難以預料的損失發生。可延至時序「小寒／大寒」再行占卜；或有再次觸動轉變的契機，意猶未決時進行占卜。

臨
19

【原文】九二，咸臨，吉，无不利。〈象〉曰：「咸臨吉无不利」，未順命也。

【譯文】九二，感應於尊者（六五）施行監臨，（九二與六三地位比人位，陽承陰近而相得）吉祥，無所不利。〈爻象〉傳說：「咸臨吉无不利」，不僅順從於君命而已。

【三才六爻演卦】

〔形勢〕䷒ 臨卦相對立場的彼、我雙方（上、下卦）勢力均等。九二的作為必須承擔變動風險與有利條件相對持平。如果有競逐對象團體，仍以彼方較有優勢。

〔本爻〕九二陽爻有主見，有實力。位在守成之位，居位不當。守勢較優之位。

〔現況〕九二與初九同在地位，陽乘陽近而不相得。如果所謀之事已在具體進行中，當前我方內部環境有阻力歧見，沒有助益。

〔將來〕九二與六三地位比人位，陽承陰近而相得。「吉，无不利」，我方內部環境助益不如預期。如果基於情感道義而付出仍要考量能力所及為宜。維持目前的情況比較有利，至少可以持盈保泰。

〔建議〕臨卦九二不得力於彼我雙方，進退不得。如果是投資事業或必須改變現況等風險高的事情，請暫且擱置，以避免難以預料的損失發生。可延至時序「小寒／大寒」再行占卜；或有再次觸動轉變的契機，意猶未決時進行占卜。

臨
19

【原文】六三，甘臨，无攸利；既憂之，无咎。〈象〉曰：「甘臨」，位不當也；「既憂之」，咎不長也。

【譯文】六三（與六四同在人位，介於兩卦之間不相得），靠甜言佞語監臨於眾，無所利益；（六三與九二人位比地位，陰乘陽乘剛）因憂懼改正過失，沒有過失。〈爻象〉傳說：「甘臨」，居位不正當；「既憂之」，過失不會久長。

【三才六爻演卦】

〔形勢〕☶ 臨卦相對立場的彼、我雙方（上、下卦）勢力均等。六三的作為必須承擔變動風險與有利條件相對持平。如果有競逐對象團體，仍以彼方較有優勢。

〔本爻〕六三陰爻沒有主見，欠缺實力。位在以守待攻之位，居位不當。

〔現況〕六三與六四同在人位，介於兩卦之間不相得。「甘臨，无攸利」，如果所疑之事已在具體進行中，當前彼方外在環境無能為力，沒有助益。

〔將來〕六三與九二人位比地位，陰乘陽乘剛。「既憂之，无咎」，我方內部環境有所牽制，停滯不前。維持目前的情況比較有利，至少不會造成損失。

〔警告〕「无攸利」，如果貿然投入資源想要獲取更大利益會慘遭挫敗。

〔建議〕臨卦六三不得力於彼我雙方，進退不得。如果是投資事業或必須改變現況等風險高的事情，請暫且擱置，以避免難以預料的損失發生。可延至時序「小寒／大寒」再行占卜；或有再次觸動轉變的契機，意猶未決時進行占卜。

臨 19

【原文】六四，至臨，无咎。〈象〉曰：「至臨无咎」，位當也。

【譯文】六四（與六三同在人位，介於兩卦之間不相得），非常親近的監臨眾人，不會有過失。〈爻象〉傳說：「至臨无咎」，居位正當。

【三才六爻演卦】

〔形勢〕☶ 臨卦相對立場的彼、我雙方（上、下卦）勢力均等。六四的作為必須承擔變動風險與有利條件相對持平。如果有競逐對象團體，仍以我方較有優勢。

〔本爻〕六四陰爻沒有主見，欠缺實力。位在守成整合之位，

居位適當。

〔現況〕六四與六三同在人位，介於兩卦之間不相得。「至臨」，如果所疑之事已在具體進行中，當前彼方外在環境無能為力，沒有助益。

〔將來〕六四與六五人位比天位，陰承陰近而不相得。「无咎」，我方內部環境無能為力，沒有助益。維持目前的情況比較有利，至少不會造成損失。

〔建議〕臨卦六四不得力於彼我雙方，進退不得。如果是投資事業或必須改變現況等風險高的事情，請暫且擱置，以避免難以預料的損失發生。可延至時序「小寒／大寒」再行占卜；或有再次觸動轉變的契機，意猶未決時進行占卜。

臨 19

【原文】六五，知臨，大君之宜，吉。〈象〉曰：「大君之宜」，行中之謂也。

【譯文】六五（與上六同在天位，陰承陰近而不相得），聰明的監臨眾人，大人君主應當如此，吉祥。〈爻象〉傳說：「大君之宜」，行為持中所致。

【三才六爻演卦】

〔形勢〕☷ 臨卦相對立場的彼、我雙方（上、下卦）勢力均等。六五的作為必須承擔變動風險與有利條件相對持平。如果有競逐對象團體，仍以我方較有優勢。

〔本爻〕六五陰爻沒有主見，欠缺實力。位在決策實權之位，居位不當。攻勢較優之位。

〔現況〕六五與上六同在天位，陰承陰近而不相得。「知臨，大君之宜」，如果所疑之事已在具體進行中，當前我方內部環境無能為力，沒有助益。

〔將來〕六五與六四天位比人位，陰乘陰近而不相得。「吉」，我方內部環境無能為力，沒有助益。維持目前的情況比較有利，至少可以持盈保泰。

〔建議〕臨卦六五不得力於彼我雙方，進退不得。如果是投資事業或必須改變現況等風險高的事情，請暫且擱置，以避免難以預料的損失發生。可延至時序「小寒／大寒」再行占卜；或有再次觸動轉變的契機，意猶未決時進行占卜。

【原文】上六，敦臨，吉，无咎。〈象〉曰：「敦臨之吉」，志在內也。

【譯文】上六（與六五同在天位，陰乘陰近而不相得），敦厚的監臨眾人，吉祥，沒有過失。〈爻象〉傳說：「敦臨之吉」，志在安內不假外求。

【三才六爻演卦】

〔形勢〕☷☱ 臨卦相對立場的彼、我雙方（上、下卦）勢力均等。上六的作為必須承擔變動風險與有利條件相對持平。如果有競逐對象團體，仍以我方較有優勢。

〔本爻〕上六陰爻沒有主見，欠缺實力。位在不任實事之位，居位適當。

〔現況〕上六與六五同在天位，陰乘陰近而不相得。「敦臨」，如果所疑之事已在具體進行中，當前我方內部環境無能為力，沒有助益。

〔將來〕上六與六五同在天位，陰乘陰近而不相得。「吉，无咎」，維持目前的情況比較有利，至少不會造成損失。

〔建議〕臨卦上六不得力於彼我雙方，進退不得。如果是投資事業或必須改變現況等風險高的事情，請暫且擱置，以避免難以預料的損失發生。可延至時序「小寒／大寒」再行占卜；或有再次觸動轉變的契機，意猶未決時進行占卜。

䷓ 坤下，巽上。（風地　觀 20）

立場	卦別	三才	六爻	符號	實力	位置	形勢
我方內部環境相對於（下卦）彼方外在環境	上卦	天1	上九	－	○	×	↓
		天3	九五	－	○	○	↓
		人5	六四	--	×	○	。
我方內部環境相對於（上卦）彼方外在環境	下卦	人6	六三	--	×	×	。
		地4	六二	--	×	○	。
		地2	初六	--	×	×	

【原文】初六，童觀，小人无咎；君子吝。〈象〉曰：初六「童觀」，小人道也。

【譯文】初六，（九五變動前來對初六有所益助）像幼童一樣觀仰景物，小人沒有過失；君子將有憾惜。〈爻象〉傳說：初六「童觀」，這是小人的淺見之道。

【三才六爻演卦】

〔形勢〕䷓觀卦初六位在相對劣勢的我方（下卦），相對優勢在彼方（上卦）。初六在劣勢中的作為必須承擔變動風險相對提高，有利條件相對降低。如果有競逐對象團體，仍以彼方較有優勢。

〔本爻〕初六陰爻沒有主見，欠缺實力。位在基礎之位，居位不當。

〔現況〕初六與六二同在地位，陰承陰近而不相得。如果所疑之事已在具體進行中，當前我方內部環境無能為力，沒有助益。

〔將來〕初六與六二同在地位，陰承陰近而不相得。九五變動前來對初六有所益助。「童觀，小人无咎」，有彼方外在環境主動相助，可以獲得實質助益。

〔警告〕「君子吝」，如果貿然投入資源想要獲取更大利益會慘遭挫敗。

〔建議〕觀卦初六處於劣勢，得力於彼方，在不改變現況的原則下可獲益。雖然可以從中獲益，不可過度樂觀，仍以保守評估為要。不宜投資事業或必須改變現況等風險高的事情。

【原文】六二，闚觀，利女貞。〈象〉曰：闚觀女貞，亦可醜也。

【譯文】六二（與初六同在地位，陰乘陰近而不相得），偷觀美盛景物，（六二與六三地位比人位，陰承陰近而不相得）利於女子守持正固。〈爻象〉傳說：偷觀美盛景物，女子守持正固，這樣的行為對男子來說卻是羞醜的。

【三才六爻演卦】

〔形勢〕☶☷ 觀卦六二位在相對劣勢的我方（下卦），相對優勢在彼方（上卦）。六二在劣勢中的作為必須承擔變動風險相對提高，有利條件相對降低。如果有競逐對象團體，仍以彼方較有優勢。

〔本爻〕六二陰爻沒有主見，欠缺實力。位在守成之位，居位適當。守勢較優之位。

〔現況〕六二與初六同在地位，陰乘陰近而不相得。「闚觀」，如果所疑之事已在具體進行中，當前我方內部環境無能為力，沒有助益。

〔將來〕六二與六三地位比人位，陰承陰近而不相得。「利女貞」，我方內部環境無能為力，沒有助益。維持目前的情況比較有利，至少不會造成損失。

〔建議〕觀卦六二處於劣勢，不得力於彼我雙方，進退不得。如果是投資事業或必須改變現況等風險高的事情，請暫且擱置，以避免難以預料的損失發生。可延至時序「白露／秋分」再行占卜；或有再次觸動轉變的契機，意猶未決時進行占卜。

【原文】六三，觀我生，進退。〈象〉曰：「觀我生進退」，未失道也。

【譯文】六三（與六四同在人位，介於兩卦之間不相得），觀察自己的行為，（六三與六二人位比地位，陰乘陰近而不相得）謹慎抉擇進退。〈爻象〉傳說：「觀我生進退」，未失正確的觀仰之道。

【三才六爻演卦】

〔形勢〕☷ 觀卦六三位在相對劣勢的我方（下卦），相對優勢在彼方（上卦）。六三在劣勢中的作為必須承擔變動風險相對提高，有利條件相對降低。如果有競逐對象團體，仍以彼方較有優勢。

〔本爻〕六三陰爻沒有主見，欠缺實力。位在以守待攻之位，居位不當。

〔現況〕六三與六四同在人位，介於兩卦之間不相得。「觀我生」，如果所疑之事已在具體進行中，當前彼方外在環境無能為力，沒有助益。

〔將來〕六三與六二人位比地位，陰乘陰近而不相得。「進退」，我方內部環境無能為力，沒有助益。自我克制，不要受到外在人事物誘惑。維持目前的情況比較有利，至少不會造成損失。

〔建議〕觀卦六三處於劣勢，不得力於彼我雙方，進退不得。如果是投資事業或必須改變現況等風險高的事情，請暫且擱置，以避免難以預料的損失發生。可延至時序「白露／秋分」再行占卜；或有再次觸動轉變的契機，意猶未決時進行占卜。

觀
20

【原文】六四，觀國之光，利用賓于王。〈象〉曰：「觀國之光」，尚賓也。

【譯文】六四（與九五人位比天位，陰承陽近而相得），觀仰王朝的光輝盛治，利於成為君王的貴賓。〈爻象〉傳說：「觀

〔現況〕九五與上九同在天位，陽承陽近而不相得。如果所謀之事已在具體進行中，當前我方內部環境有阻力歧見，沒有助益。

〔將來〕九五與六四天位比人位，陽乘陰近而相得。九五順勢前來初六。「觀我生，君子无咎」，投入現有資源，爭取有能力、有條件的人事物支持，獲取更大利益。

〔建議〕觀卦九五處於優勢，得力於彼我雙方，得天之時，得人之助，得地之宜。可從事投資事業或必須改變現況等風險高的事情。

【原文】上九，觀其生，君子无咎。〈象〉曰：「觀其生」，志未平也。

【譯文】上九（順著九五變動前來），人民都仰觀他的作為，他全觀人們的生活，君子不會有過失。〈爻象〉傳說：「觀其生」，心志未能安逸鬆懈。

【三才六爻演卦】

〔形勢〕觀卦上九位在相對優勢的我方（上卦），相對劣勢在彼方（下卦）。上九在優勢中的作為必須承擔變動風險相對降低，有利條件相對提高。如果有競逐對象團體，仍以我方較有優勢。

〔本爻〕上九陽爻有主見，有實力。位在不任實事之位，居位不當。

〔現況〕上九與九五同在天位，陽乘陽近而不相得。如果所謀之事已在具體進行中，當前我方內部環境有阻力歧見，沒有助益。

〔將來〕上九與九五同在天位，陽乘陽近而不相得。上九順著九五變動前來。「觀其生，君子无咎」，投入現有資源，獲取更大利益。化解阻力歧見，建立共識，爭取有能力、有條件的人事物支持，群策群力共圖事業。優勢在我方，順勢而為。

〔建議〕觀卦上九處於優勢，得力於彼我雙方，得天之時，得人之助，得地之宜。可從事投資事業或必須改變現況等風險高的事情。

震下，離上。（火雷 噬嗑 21）

立場	卦別	三才	六爻	符號	實力	位置	形勢
我方內部環境相對於（下卦）彼方外在環境	上卦	天1	上九	－	○	✕	▽
		天3	六五	--	✕	○	◦
		人5	九四	－	○	✕	▽
我方內部環境相對於（上卦）彼方外在環境	下卦	人6	六三	--	✕	✕	◦
		地4	六二	--	✕	○	✕
		地2	初九	－	○	○	△

【原文】初九，屨校滅趾，无咎。〈象〉曰：「屨校滅趾」，不行也。

【譯文】初九（與六二同在地位，陽遇陰近而相得），戴著腳鐐的刑具磨傷腳趾，沒有過失。〈爻象〉傳說：「屨校滅趾」，不前往。

【三才六爻演卦】

〔形勢〕噬嗑相對立場的彼、我雙方（上、下卦）勢力均等。初九的作為必須承擔變動風險與有利條件相對持平。如果有競逐對象團體，仍以彼方較有優勢。

〔本爻〕初九陽爻有主見，有實力。位在基礎之位，居位適當。

〔現況〕初九與六二同在地位，陽承陰近而相得。「屨校滅趾」，如果所謀之事已在具體進行中，當前我方內部環境助益不如預期。如果基於情感道義而付出仍要考量能力所及為宜。

〔**將來**〕初九與六二同在地位，陽承陰近而相得。「无咎」，維持目前的情況比較有利，至少不會造成損失。

〔**警告**〕「不行也」，如果貿然投入資源想要獲取更大利益會慘遭挫敗。

〔**建議**〕噬嗑初九不得力於彼我雙方，進退不得。如果是投資事業或必須改變現況等風險高的事情，請暫且擱置，以避免難以預料的損失發生。可延至時序「立冬／小雪」再行占卜；或有再次觸動轉變的契機，意猶未決時進行占卜。

【**原文**】六二，噬膚，滅鼻，无咎。〈象〉曰：「噬膚滅鼻」，乘剛也。

【**譯文**】六二（與初九同在地位，陰乘陽乘剛），就像咬噬皮膚般的施刑，（六二與六三地位比人位，陰承陰近而不相得）傷滅人的鼻子，不會有過失。〈爻象〉傳說：「噬膚滅鼻」，乘凌剛強者。

【**三才六爻演卦**】

〔**形勢**〕☲ 噬嗑相對立場的彼、我雙方（上、下卦）勢力均等。六二的作為必須承擔變動風險與有利條件相對持平。如果有競逐對象團體，仍以彼方較有優勢。

〔**本爻**〕六二陰爻沒有主見，欠缺實力。位在守成之位，居位適當。守勢較優之位。

〔**現況**〕六二與初九同在地位，陰乘陽乘剛。「噬膚」，如果所疑之事已在具體進行中，當前我方內部環境有所牽制，停滯不前。

〔**將來**〕六二與六三地位比人位，陰承陰近而不相得。「滅鼻」、「无咎」，我方內部環境無能為力，沒有助益。維持目前的情況比較有利，至少不會造成損失。

〔**警告**〕「滅鼻」，如果貿然投入資源想要獲取更大利益會慘遭挫敗。

〔建議〕噬嗑六二不得力於彼我雙方，進退不得。如果是投資事業或必須改變現況等風險高的事情，請暫且擱置，以避免難以預料的損失發生。可延至時序「立冬／小雪」再行占卜；或有再次觸動轉變的契機，意猶未決時進行占卜。

【原文】六三，噬腊肉，遇毒；小吝，无咎。〈象〉曰：「遇毒」，位不當也。

【譯文】六三（與九四同在人位，介於兩卦之間不相得），好像咬嚙堅硬的腊肉，肉中有毒物；稍致憾惜，但不會有過失。〈爻象〉傳說：「遇毒」，居位不正當。

【三才六爻演卦】

〔形勢〕☲ 噬嗑相對立場的彼、我雙方（上、下卦）勢力均等。六三的作為必須承擔變動風險與有利條件相對持平。如果有競逐對象團體，仍以彼方較有優勢。

〔本爻〕六三陰爻沒有主見，欠缺實力。位在以守待攻之位，居位不當。

〔現況〕六三與九四同在人位，介於兩卦之間不相得。「噬腊肉，遇毒」，如果所疑之事已在具體進行中，當前彼方外在環境看似有利，實而無益。如果基於情感道義而付出仍要考量能力所及為宜。

〔將來〕六三與六二人位比地位，陰乘陰近而不相得。「小吝，无咎」，我方內部環境無能為力，沒有助益。維持目前的情況比較有利，至少不會造成損失。

〔警告〕「噬腊肉，遇毒」，如果貿然投入資源想要獲取更大利益會慘遭挫敗。

〔建議〕噬嗑六三不得力於彼我雙方，進退不得。如果是投資事業或必須改變現況等風險高的事情，請暫且擱置，以避免難以預料的損失發生。可延至時序「立冬／小雪」再行占卜；或有再次觸動轉變的契機，意猶未決時進行占卜。

【原文】九四，噬乾胏，得金矢。利艱貞，吉。〈象〉曰：
「利艱貞吉」，未光也。

【譯文】九四（與六五人位比天位，陽承陰近而相得），就像
咬嚙乾硬帶骨的肉，遇見（上九）金箭般的剛強力量對抗；利
於在艱難守持正固，可獲吉祥。〈爻象〉傳：「利艱貞吉」，
行為尚未發揚光大。

【三才六爻演卦】

〔形勢〕☲ 噬嗑相對立場的彼、我雙方（上、下卦）勢力均
等。九四的作為必須承擔變動風險與有利條件相對持平。如果
有競逐對象團體，仍以我方較有優勢。

〔本爻〕九四陽爻有主見，有實力。位在守成整合之位，居位
不當。

〔現況〕九四與六三同在人位，介於兩卦之間不相得。如果所
謀之事已在具體進行中，當前彼方外在環境看似有利，實而無
益。如果基於情感道義而付出仍要考量能力所及為宜。

〔將來〕九四與六五人位比天位，陽承陰近而相得。「利艱
貞，吉」，我方內部環境助益不如預期。如果基於情感道義而
付出仍要考量能力所及為宜。處境艱難，以靜待變，不要盲從
躁動。維持目前的情況控管損害，不至損失持續擴大。

〔警告〕「噬乾胏，得金矢」，如果貿然投入資源想要獲取更
大利益會慘遭挫敗。

〔建議〕噬嗑九四不得力於彼我雙方，進退不得。如果是投資
事業或必須改變現況等風險高的事情，請暫且擱置，以避免難
以預料的損失發生。可延至時序「立冬／小雪」再行占卜；或
有再次觸動轉變的契機，意猶未決時進行占卜。

【原文】六五，噬乾肉，得黃金；貞厲，无咎。〈象〉曰：
「貞厲无咎」，得當也。

【譯文】六五（與九四天位比人位，陰乘陽乘剛），就像咬嚙

噬嗑 21

乾硬的肉脯，遇見黃金般的堅毅力量對抗；守持正固以防危險，沒有過失。〈爻象〉傳：「貞厲无咎」，行為符合正當。

【三才六爻演卦】

〔形勢〕☲☳ 噬嗑相對立場的彼、我雙方（上、下卦）勢力均等。六五的作為必須承擔變動風險與有利條件相對持平。如果有競逐對象團體，仍以我方較有優勢。

〔本爻〕六五陰爻沒有主見，欠缺實力。位在決策實權之位，居位不當。攻勢較優之位。

〔現況〕六五與上九同在天位，陰承陽近而相得。如果所疑之事已在具體進行中，當前我方內部環境有實質助益。

〔將來〕六五與九四天位比人位，陰乘陽乘剛。「噬乾肉，得黃金；貞厲，无咎。」，我方內部環境有所牽制，停滯不前。維持目前的情況比較有利，至少不會會造成損失。

〔警告〕「得黃金」，如果貿然投入資源想要獲取更大利益會慘遭挫敗。

〔建議〕噬嗑六五如果所疑之事已在具體進行中，得力於我方，以不改變現況為原則可以獲益。雖然可以獲益，不可過度樂觀，仍以保守評估為要。不宜投資事業或必須改變現況等風險高的事情。如果所疑之事尚未具體進行中，請暫且擱置，以避免難以預料的損失發生。可延至時序「立冬／小雪」再行占卜；或有再次觸動轉變的契機，意猶未決時進行占卜。

【原文】上九，何校滅耳，凶。〈象〉曰：「何校滅耳」，聰不明也。

【譯文】上九（與六五同在天位，陽乘陰近而相得），肩負刑具傷滅耳朵，有凶險。〈爻象〉傳說：「何校滅耳」，太不聰明了。

【三才六爻演卦】

〔形勢〕☲☳ 噬嗑相對立場的彼、我雙方（上、下卦）勢力均

等。上九的作為必須承擔變動風險與有利條件相對持平。如果有競逐對象團體，仍以我方較有優勢。

〔**本爻**〕上九陽爻有主見，有實力。位在不任實事之位，居位不當。

〔**現況**〕上九與六五同在天位，陽乘陰近而相得。「何校滅耳」，如果所謀之事已在具體進行中，當前我方內部環境助益不如預期。如果基於情感道義而付出仍要考量能力所及為宜。

〔**將來**〕上九與六五同在天位，陽乘陰近而相得。「凶」，維持目前的情況控管損害，不至損失持續擴大。

〔**警告**〕「凶」，如果貿然投入資源想要獲取更大利益會慘遭挫敗。

〔**建議**〕噬嗑上九不得力於彼我雙方，進退不得。如果是投資事業或必須改變現況等風險高的事情，請暫且擱置，以避免難以預料的損失發生。可延至時序「立冬／小雪」再行占卜；或有再次觸動轉變的契機，意猶未決時進行占卜。

賁 22

☶☲ **離下，艮上。（山火　賁 22）**

立場	卦別	三才	六爻	符號	實力	位置	形勢
我方內部環境相對於（下卦）彼方外在環境	上卦	天1	上九	―	○	✕	↓
		天3	六五	--	✕	○	。
		人5	六四	--	✕	○	。
我方內部環境相對於（上卦）彼方外在環境	下卦	人6	九三	―	○	○	△
		地4	六二	--	✕	○	。
		地2	初九	―	○	○	△

【**原文**】初九，賁其趾，舍車而徒。〈象〉曰：「舍車而徒」，義弗乘也。

【譯文】初九（與六二同在地位，陽承陰近而相得），在腳趾做文飾，捨棄大車徒步行走。〈爻象〉傳說：「舍車而徒」，居卑下不應乘坐大車。

【三才六爻演卦】

〔形勢〕☲ 賁卦相對立場的彼、我雙方（上、下卦）勢力均等。初九的作為必須承擔變動風險與有利條件相對持平。如果有競逐對象團體，仍以彼方較有優勢。

〔本爻〕初九陽爻有主見，有實力。位在基礎之位，居位適當。

〔現況〕初九與六二同在地位，陽承陰近而相得。「賁其趾」，如果所謀之事已在具體進行中，當前我方內部環境助益不如預期。如果基於情感道義而付出仍要考量能力所及為宜。

〔將來〕初九與六二同在地位，陽承陰近而相得。「舍車而徒」，維持目前的情況控管損害，不至損失持續擴大。

〔建議〕賁卦初九不得力於彼我雙方，進退不得。如果是投資事業或必須改變現況等風險高的事情，請暫且擱置，以避免難以預料的損失發生。可延至時序「白露／秋分」再行占卜；或有再次觸動轉變的契機，意猶未決時進行占卜。

【原文】六二，賁其須。〈象〉曰：「賁其須」，與上興也。

【譯文】六二（與九三地位比人位，陰承陽近而相得），文飾尊者的美鬚。〈爻象〉傳說：「賁其須」，各自發展興盛互為文飾。

【三才六爻演卦】

〔形勢〕☲ 賁卦相對立場的彼、我雙方（上、下卦）勢力均等。六二的作為必須承擔變動風險與有利條件相對持平。如果有競逐對象團體，仍以彼方較有優勢。

〔本爻〕六二陰爻沒有主見，欠缺實力。位在守成之位，居位適當。守勢較優之位。

〔現況〕六二與初九同在地位，陰乘陽乘剛。如果所疑之事已在具體進行中，當前我方內部環境有所牽制，停滯不前。

〔將來〕六二與九三地位比人位，陰承陽近而相得。「賁其須」，有我方內部環境相助，可以獲得實質助益。

〔建議〕賁卦六二得力於我方，以不改變現況為原則可以獲益。雖然可以獲益，不可過度樂觀，仍以保守評估為要。不宜投資事業或必須改變現況等風險高的事情。

【原文】九三，賁如，濡如，永貞吉。〈象〉曰：永貞之吉，終莫之陵也。

【譯文】九三（與六四同在人位，介於兩卦之間不相得），文飾得非常俊美，施惠澤於人，永久守持正固可獲吉祥。〈爻象〉傳說：永久守持正固可獲吉祥，始終沒有被逾越凌壓。

【三才六爻演卦】

〔形勢〕☲ 賁卦相對立場的彼、我雙方（上、下卦）勢力均等。九三的作為必須承擔變動風險與有利條件相對持平。如果有競逐對象團體，仍以彼方較有優勢。

〔本爻〕九三陽爻有主見，有實力。位在以守待攻之位，居位適當。

〔現況〕九三與六四同在人位，介於兩卦之間不相得。「賁如，濡如」，如果所謀之事已在具體進行中，當前彼方外在環境看似有利，實而無益。如果基於情感道義而付出仍要考量能力所及為宜。

〔將來〕九三與六二人位比地位，陽乘陰近而相得。「永貞吉」，我方內部環境助益不如預期。如果基於情感道義而付出仍要考量能力所及為宜。維持目前的情況比較有利，至少不會造成損失。

〔建議〕賁卦九三不得力於彼我雙方，進退不得。如果是投資事業或必須改變現況等風險高的事情，請暫且擱置，以避免難

賁
22

以預料的損失發生。可延至時序「白露／秋分」再行占卜；或有再次觸動轉變的契機，意猶未決時進行占卜。

【原文】六四，賁如，皤如；白馬翰如，匪寇婚媾。〈象〉曰：六四，當位疑也；「匪寇婚媾」，終无尤也。

【譯文】六四，（上九變動前來對六四有所益助）文飾的非常素美，全身潔白；坐下白馬也清純無雜；並非強寇而是聘求婚配的佳偶。〈爻象〉傳說：六四，當位得正，但心中仍存疑懼；「匪寇婚媾」，最終無所怨尤。

【三才六爻演卦】

〔形勢〕䷕ 賁卦相對立場的彼、我雙方（上、下卦）勢力均等。六四的作為必須承擔變動風險與有利條件相對持平。如果有競逐對象團體，仍以我方較有優勢。

〔本爻〕六四陰爻沒有主見，欠缺實力。位在守成整合之位，居位適當。

〔現況〕六四與九三同在人位，介於兩卦之間不相得。如果所疑之事已在具體進行中，當前彼方外在環境看似有利，實而無益。如果基於情感道義而付出仍要考量能力所及為宜。

〔將來〕六四與六五人位比天位，陰承陰近而不相得。上九變動前來對六四有所益助。「賁如，皤如；白馬翰如，匪寇婚媾」，有我方內部環境主動相助，可以獲得實質助益。

〔建議〕賁卦六四得力於我方，以不改變現況為原則可以獲益。雖然可以獲益，不可過度樂觀，仍以保守評估為要。不宜投資事業或必須改變現況等風險高的事情。

【原文】六五，賁于丘園，束帛戔戔；吝，終吉。〈象〉曰：六五之吉，有喜也。

【譯文】六五（與上九同在天位，陰承陽近而相得），文飾在

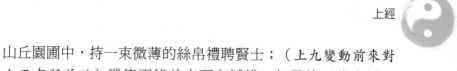

山丘園圃中，持一束微薄的絲帛禮聘賢士；（上九變動前來對六五有所益助）縱使不能前來而有憾惜，但最終可獲吉祥。〈爻象〉傳說：六五的吉祥，必有喜慶。

【三才六爻演卦】

〔形勢〕☲ 賁卦相對立場的彼、我雙方（上、下卦）勢力均等。六五的作為必須承擔變動風險與有利條件相對持平。如果有競逐對象團體，仍以我方較有優勢。

〔本爻〕六五陰爻沒有主見，欠缺實力。位在決策實權之位，居位不當。攻勢較優之位。

〔現況〕六五與上九同在天位，陰承陽近而相得。「賁于丘園，束帛戔戔」，如果所疑之事已在具體進行中，當前我方內部環境有實質助益。

〔將來〕六五與六四天位比人位，陰乘陰近而不相得。上九變動前來對六五有所益助。「吝，終吉」，有我方內部環境主動相助，可以獲得實質助益。

〔建議〕賁卦六五得力於我方，以不改變現況為原則可以獲益。雖然可以獲益，不可過度樂觀，仍以保守評估為要。不宜投資事業或必須改變現況等風險高的事情。

賁
22

【原文】上九，白賁，无咎。〈象〉曰：「白賁无咎」，上得志也。

【譯文】上九（順勢前來六四），素白無華的文飾，沒有過失。〈爻象〉傳說：「白賁无咎」，上九大遂心志。

【三才六爻演卦】

〔形勢〕☲ 賁卦相對立場的彼、我雙方（上、下卦）勢力均等。上九的作為必須承擔變動風險與有利條件相對持平。如果有競逐對象團體，仍以我方較有優勢。

〔本爻〕上九陽爻有主見，有實力。位在不任實事之位，居位不當。

〔現況〕上九與六五同在天位，陽乘陰近而相得。如果所謀之事已在具體進行中，當前我方內部環境助益不如預期。如果基於情感道義而付出仍要考量能力所及為宜。

〔將來〕上九與六五同在天位，陽乘陰近而相得。上九順勢前來六四。「白賁，无咎」，保守評估，量力而為，投入現有資源，爭取有能力、有條件的人事物支持。

〔建議〕賁卦上九得力於我方，得天之時，得人之助。保守評估，量力而為，可從事投資事業或必須改變現況等風險高的事情。

剝 23

坤下，艮上。（山地　剝23）

立場	卦別	三才	六爻	符號	實力	位置	形勢
我方內部環境相對於（下卦）彼方外在環境	上卦	天1	上九	―	○	×	↓
		天3	六五	--	×	○	○
		人5	六四	--	×	○	○
我方內部環境相對於（上卦）彼方外在環境	下卦	人6	六三	--	×	○	○
		地4	六二	--	×	○	○
		地2	初六	--	×	×	○

【原文】初六，剝牀以足，蔑；貞凶。〈象〉曰：「剝牀以足」，以滅下也。

【譯文】初六，（上九變動前來對初六造成意外損害）剝落牀先剝及牀腳，牀腳侵蝕；守持正固以防凶險。〈爻象〉傳說：「剝牀以足」，最初是侵蝕下部基礎。

【三才六爻演卦】

〔形勢〕剝卦初六位在相對劣勢的我方（下卦），相對優勢在彼方（上卦）。初六在劣勢中的作為必須承擔變動風險相對

提高，有利條件相對降低。如果有競逐對象團體，仍以彼方較有優勢。

〔**本爻**〕初六陰爻沒有主見，欠缺實力。位在基礎之位，居位不當。

〔**現況**〕初六與六二同在地位，陰承陰近而不相得。「剝牀以足」，如果所疑之事已在具體進行中，當前我方內部環境無能為力，沒有助益。

〔**將來**〕初六與六二同在地位，陰承陰近而不相得。上九變動前來對初六造成意外損害。「貞凶」，不但外在環境沒有助緣，會有意外造成損失。維持目前的情況控管損害，不至損失持續擴大。

〔**警告**〕「蔑」，如果貿然投入資源想要獲取更大利益會慘遭挫敗。

〔**建議**〕剝卦初六處於劣勢，不得力於彼我雙方，進退不得。如果是投資事業或必須改變現況等風險高的事情，請暫且擱置，以避免難以預料的損失發生。可延至時序「寒露／霜降」再行占卜；或有再次觸動轉變的契機，意猶未決時進行占卜。

剝 23

【**原文**】六二，剝牀以辨，蔑；貞凶。〈象〉曰：「剝牀以辨」，未有與也。

【**譯文**】六二（與初六同在地位，陰乘陰近而不相得），剝落牀已經到了牀足與牀面的交接處，受到侵蝕；（六二與六三地位比人位，陰承陰近而不相得）守持正固以防凶險。〈爻象〉傳說：「剝牀以辨」，未獲陽爻的相助。

【**三才六爻演卦**】

〔**形勢**〕☷☶ 剝卦六二位在相對劣勢的我方（下卦），相對優勢在彼方（上卦）。六二在劣勢中的作為必須承擔變動風險相對提高，有利條件相對降低。如果有競逐對象團體，仍以彼方較有優勢。

〔**本爻**〕六二陰爻沒有主見，欠缺實力。位在守成之位，居位適當。守勢較優之位。

〔**現況**〕六二與初六同在地位，陰乘陰近而不相得。「剝牀以辨」，如果所疑之事已在具體進行中，當前我方內部環境無能為力，沒有助益。

〔**將來**〕六二與六三地位比人位，陰承陰近而不相得。「貞凶」，我方內部環境無能為力，沒有助益。自我克制，不要受到外在人事物誘惑。維持目前的情況控管損害，不至損失持續擴大。

〔**警告**〕「蔑」，如果貿然投入資源想要獲取更大利益會慘遭挫敗。

〔**建議**〕剝卦六二處於劣勢，不得力於彼我雙方，進退不得。如果是投資事業或必須改變現況等風險高的事情，請暫且擱置，以避免難以預料的損失發生。可延至時序「寒露／霜降」再行占卜；或有再次觸動轉變的契機，意猶未決時進行占卜。

剝
23

【**原文**】六三，剝之，无咎。〈象〉曰：「剝之无咎」，失上下也。

【**譯文**】六三（與六四同在人位，介於兩卦之間不相得），雖處剝落之時，沒有過失。〈爻象〉傳說：「剝之无咎」，不依附上下群陰。

【**三才六爻演卦**】

〔**形勢**〕☶ 剝卦六三位在相對劣勢的我方（下卦），相對優勢在彼方（上卦）。六三在劣勢中的作為必須承擔變動風險相對提高，有利條件相對降低。如果有競逐對象團體，仍以彼方較有優勢。

〔**本爻**〕六三陰爻沒有主見，欠缺實力。位在以守待攻之位，居位不當。

〔**現況**〕六三與六四同在人位，介於兩卦之間不相得。「剝

之」，如果所疑之事已在具體進行中，當前彼方外在環境無能為力，沒有助益。

〔將來〕六三與六二人位比地位，陰乘陰近而不相得。「无咎」，我方內部環境無能為力，沒有助益。維持目前的情況比較有利，至少不會造成損失。

〔建議〕剝卦六三處於劣勢，不得力於彼我雙方，進退不得。如果是投資事業或必須改變現況等風險高的事情，請暫且擱置，以避免難以預料的損失發生。可延至時序「寒露／霜降」再行占卜；或有再次觸動轉變的契機，意猶未決時進行占卜。

【原文】六四，剝牀以膚，凶。〈象〉曰：「剝牀以膚」，切近災也。

【譯文】六四，（上九變動前來對六四造成意外損害）剝落牀已剝至牀面，有凶險。〈爻象〉傳說：「剝牀以膚」，迫近災禍了。

【三才六爻演卦】

〔形勢〕☶ 剝卦六四位在相對優勢的我方（上卦），相對劣勢在彼方（下卦）。六四在優勢中的作為必須承擔變動風險相對降低，有利條件相對提高。如果有競逐對象團體，仍以我方較有優勢。

〔本爻〕六四陰爻沒有主見，欠缺實力。位在守成整合之位，居位適當。

〔現況〕六四與六三同在人位，介於兩卦之間不相得。「剝牀以膚」，如果所疑之事已在具體進行中，當前彼方外在環境無能為力，沒有助益。

〔將來〕六四與六五人位比天位，陰承陰近而不相得。上九變動前來對六四造成意外損害。「凶」，不但外在環境沒有助緣，會有意外造成損失。維持目前的情況控管損害，不至損失持續擴大。

剝
23

〔警告〕「凶」，如果貿然投入資源想要獲取更大利益會慘遭挫敗。

〔建議〕剝卦六四處於優勢，不得力於彼我雙方，進退不得。如果是投資事業或必須改變現況等風險高的事情，請暫且擱置，以避免難以預料的損失發生。可延至時序「寒露／霜降」再行占卜；或有再次觸動轉變的契機，意猶未決時進行占卜。

【原文】六五，貫魚以宮人寵，无不利。〈象〉曰：「以宮人寵」，終无尤也。

【譯文】六五，（上九變動前來對六五有所益助）像魚串起來一樣引領眾宮女承寵於君王，無所不利。〈爻象〉傳說：「以宮人寵」，最終不會有怨尤。

剝 23

【三才六爻演卦】

〔形勢〕☶☷ 剝卦六五位在相對優勢的我方（上卦），相對劣勢在彼方（下卦）。六五在優勢中的作為必須承擔變動風險相對降低，有利條件相對提高。如果有競逐對象團體，仍以我方較有優勢。

〔本爻〕六五陰爻沒有主見，欠缺實力。位在決策實權之位，居位不當。攻勢較優之位。

〔現況〕六五與上九同在天位，陰承陽近而相得。如果所疑之事已在具體進行中，當前我方內部環境有實質助益。

〔將來〕六五與六四天位比人位，陰乘陰近而不相得。上九變動前來對六五有所益助。「貫魚以宮人寵，无不利」，有我方內部環境主動相助，可以獲得實質助益。

〔建議〕剝卦六五處於優勢，得力於我方，以不改變現況為原則可以獲益。雖然可以獲益，不可過度樂觀，仍以保守評估為要。不宜投資事業或必須改變現況等風險高的事情。

【原文】上九，碩果不食，君子得輿，小人剝廬。〈象〉曰：
「君子得輿」，民所載也；「小人剝廬」，終不可用也。

【譯文】上九（順勢前來初六），碩大的果食未被摘食，君子
能驅車濟世，小人剝落家產。〈爻象〉傳說：「君子得輿」，
因為民眾所愛戴；「小人剝廬」，小人最終不可任用。

【三才六爻演卦】

〔形勢〕☶ 剝卦上九位在相對優勢的我方（上卦），相對劣勢
在彼方（下卦）。上九在優勢中的作為必須承擔變動風險相對
降低，有利條件相對提高。如果有競逐對象團體，仍以我方較
有優勢。

〔本爻〕上九陽爻有主見，有實力。位在不任實事之位，居位
不當。

〔現況〕上九與六五同在天位，陽乘陰近而相得。如果所謀之
事已在具體進行中，當前我方內部環境助益不如預期。如果基
於情感道義而付出仍要考量能力所及為宜。

〔將來〕上九與六五同在天位，陽乘陰近而相得。上九順勢前
來初六。「君子得輿」，投入現有資源，爭取有能力、有條件
的人事物支持，獲取更大利益。

〔建議〕剝卦上九處於優勢，得力於彼我雙方，得天之時，得
人之助，得地之宜。可從事投資事業或必須改變現況等風險高
的事情。

剝
23

䷗ 震下，坤上。（地雷　復24）

立場	卦別	三才	六爻	符號	實力	位置	形勢
我方內部環境相對於（下卦）彼方外在環境	上卦	天1	上六	--	✕	○	。
		天3	六五	--	✕	○	。
		人5	六四	--	✕	○	。
我方內部環境相對於（上卦）彼方外在環境	下卦	人6	六三	--	✕	✕	。
		地4	六二	--	✕	○	。
		地2	初九	—	○	○	△

【原文】初九，不遠復，无衹悔，元吉。〈象〉曰：不遠之復，以修身也。

【譯文】初九（與六二同在地位，陽承陰近而相得），剛走不遠就回頭，不會有悔恨，至為吉祥。〈爻象〉傳說：剛走不遠就回頭，能修身自省。

【三才六爻演卦】

〔形勢〕䷗ 復卦相對立場的彼、我雙方（上、下卦）勢力均等。初九的作為必須承擔變動風險與有利條件相對持平。如果有競逐對象團體，仍以彼方較有優勢。

〔本爻〕初九陽爻有主見，有實力。位在基礎之位，居位適當。

〔現況〕初九與六二同在地位，陽承陰近而相得。「不復遠」，如果所謀之事已在具體進行中，當前我方內部環境助益不如預期。如果基於情感道義而付出仍要考量能力所及為宜。

〔將來〕初九與六二同在地位，陽承陰近而相得。「元吉」，維持目前的情況比較有利，至少可以持盈保泰。

〔建議〕復卦初九不得力於彼我雙方，進退不得。如果是投資事業或必須改變現況等風險高的事情，請暫且擱置，以避免難以預料的損失發生。可延至時序「大雪／冬至」再行占卜；或有再次觸動轉變的契機，意猶未決時進行占卜。

復 24

【原文】六二，休復，吉。〈象〉曰：休復之吉，以下仁也。

【譯文】六二（與六三地位比人位，陰承陰近而不相得），美好的回復，吉祥。〈爻象〉傳說：美好的回復可獲吉祥，依附居下位的仁人。

【三才六爻演卦】

〔形勢〕䷗復卦相對立場的彼、我雙方（上、下卦）勢力均等。六二的作為必須承擔變動風險與有利條件相對持平。如果有競逐對象團體，仍以彼方較有優勢。

〔本爻〕六二陰爻沒有主見，欠缺實力。位在守成之位，居位適當。守勢較優之位。

〔現況〕六二與初九同在地位，陰乘陽乘剛。「休復」，如果所疑之事已在具體進行中，當前我方內部環境有所牽制，停滯不前。

〔將來〕六二與六三地位比人位，陰承陰近而不相得。「吉」，我方內部環境無能為力，沒有助益。維持目前的情況比較有利，至少不會造成損失。

〔建議〕復卦六二不得力於彼我雙方，進退不得。如果是投資事業或必須改變現況等風險高的事情，請暫且擱置，以避免難以預料的損失發生。可延至時序「大雪／冬至」再行占卜；或有再次觸動轉變的契機，意猶未決時進行占卜。

【原文】六三，頻復，厲无咎。〈象〉曰：頻復之厲，義无咎也。

【譯文】六三（與六四同在人位，介於兩卦之間不相得），頻頻回頭，雖有危險並沒有過失。〈爻象〉傳說：頻頻回頭而有危險，但沒有過失。

【三才六爻演卦】

〔形勢〕䷗復卦相對立場的彼、我雙方（上、下卦）勢力均等。六三的作為必須承擔變動風險與有利條件相對持平。如果

有競逐對象團體，仍以彼方較有優勢。

〔本爻〕六三陰爻沒有主見，欠缺實力。位在以守待攻之位，居位不當。

〔現況〕六三與六四同在人位，介於兩卦之間不相得。「頻復」，如果所疑之事已在具體進行中，當前彼方外在環境無能為力，沒有助益。

〔將來〕六三與六二人位比地位，陰乘陰近而不相得。「无咎」，我方內部環境無能為力，沒有助益。維持目前的情況比較有利，至少不會造成損失。

〔警告〕「厲」，如果貿然投入資源想要獲取更大利益會慘遭挫敗。

〔建議〕復卦六三不得力於彼我雙方，進退不得。如果是投資事業或必須改變現況等風險高的事情，請暫且擱置，以避免難以預料的損失發生。可延至時序「大雪／冬至」再行占卜；或有再次觸動轉變的契機，意猶未決時進行占卜。

復 24

【原文】六四，中行獨復。〈象〉曰：「中行獨復」，以從道也。

【譯文】六四（與六三同在人位，介於兩卦之間不相得），居中行正專心回復。〈爻象〉傳說：「中行獨復」，遵行正道的行為。

【三才六爻演卦】

〔形勢〕☷☳ 復卦相對立場的彼、我雙方（上、下卦）勢力均等。六四的作為必須承擔變動風險與有利條件相對持平。如果有競逐對象團體，仍以我方較有優勢。

〔本爻〕六四陰爻沒有主見，欠缺實力。位在守成整合之位，居位適當。

〔現況〕六四與六三同在人位，介於兩卦之間不相得。「中行獨復」，如果所疑之事已在具體進行中，當前彼方外在環境無

能為力，沒有助益。

〔**將來**〕六四與六五人位比天位，陰承陰近而不相得。我方內部環境無能為力，沒有助益。維持目前的情況比較有利，至少不會造成損失。

〔**建議**〕復卦六四不得力於彼我雙方，進退不得。如果是投資事業或必須改變現況等風險高的事情，請暫且擱置，以避免難以預料的損失發生。可延至時序「大雪／冬至」再行占卜；或有再次觸動轉變的契機，意猶未決時進行占卜。

【原文】六五，敦復，无悔。〈象〉曰：「敦復无悔」，中以自考也。

【譯文】六五（與上六同在天位，陰承陰近而不相得），敦厚的回復，無所悔恨。〈爻象〉傳說：「敦復无悔」，居中並能自我省察。

【三才六爻演卦】

〔**形勢**〕☷ 復卦相對立場的彼、我雙方（上、下卦）勢力均等。六五的作為必須承擔變動風險與有利條件相對持平。如果有競逐對象團體，仍以我方較有優勢。

〔**本爻**〕六五陰爻沒有主見，欠缺實力。位在決策實權之位，居位不當。攻勢較優之位。

〔**現況**〕六五與上六同在天位，陰承陰近而不相得。「敦復」，如果所疑之事已在具體進行中，當前我方內部環境無能為力，沒有助益。

〔**將來**〕六五與六四天位比人位，陰乘陰近而不相得。「无悔」，我方內部環境無能為力，沒有助益。維持目前的情況比較有利，至少不會造成損失。

〔**建議**〕復卦六五不得力於彼我雙方，進退不得。如果是投資事業或必須改變現況等風險高的事情，請暫且擱置，以避免難以預料的損失發生。可延至時序「大雪／冬至」再行占卜；或有再次觸動轉變的契機，意猶未決時進行占卜。

復 24

【原文】上六，迷復，凶，有災眚。用行師，終有大敗；以其國，君凶，至于十年不克征。〈象〉曰：迷復之凶，反君道也。

【譯文】上六（與六五同在天位，陰乘陰近而不相得），迷入歧途不知回復，有凶險，會有災禍。用來帶兵作戰，最終將遭大敗；用以治理國政，會導致國亂君凶，甚至十年的時間也無法征伐。〈爻象〉傳說：迷入歧途不知回復的凶險，違反君主作為。

【三才六爻演卦】

〔形勢〕▤ 復卦相對立場的彼、我雙方（上、下卦）勢力均等。上六的作為必須承擔變動風險與有利條件相對持平。如果有競逐對象團體，仍以我方較有優勢。

〔本爻〕上六陰爻沒有主見，欠缺實力。位在不任實事之位，居位適當。

〔現況〕上六與六五同在天位，陰乘陰近而不相得。「迷復，凶，有災眚」，如果所疑之事已在具體進行中，當前我方內部環境無能為力，沒有助益。

〔將來〕上六與六五同在天位，陰乘陰近而不相得。「以其國，君凶，至于十年不克征」，處境艱難，以靜待變，不要盲從躁動。維持目前的情況控管損害，不至損失持續擴大。

〔警告〕「用行師，終有大敗」，自我克制，不要受到外在人事物誘惑。如果貿然投入資源想要獲取更大利益會慘遭挫敗。

〔建議〕復卦上六不得力於彼我雙方，進退不得。如果是投資事業或必須改變現況等風險高的事情，請暫且擱置，以避免難以預料的損失發生。可延至時序「大雪／冬至」再行占卜；或有再次觸動轉變的契機，意猶未決時進行占卜。

復 24

☰☳ 震下，乾上。（天雷 无妄 25）

立場	卦別	三才	六爻	符號	實力	位置	形勢
我方內部環境相對於（下卦）彼方外在環境	上卦	天1	上九	－	○	╳	▽
		天3	九五	－	○	○	▽
		人5	九四	－	○	╳	▽
我方內部環境相對於（上卦）彼方外在環境	下卦	人6	六三	--	╳	╳	。
		地4	六二	--	╳	○	↑
		地2	初九	－	○	○	↑

【原文】初九，无妄，往吉。〈象〉曰，无妄之往，得志也。

【譯文】初九（順勢前往六三），不妄為，往前可獲吉祥。〈爻象〉傳說：不妄為往前可獲吉祥，遂其心願。

【三才六爻演卦】

〔形勢〕☰☳ 无妄相對立場的彼、我雙方（上、下卦）勢力均等。初九的作為必須承擔變動風險與有利條件相對持平。如果有競逐對象團體，仍以彼方較有優勢。

〔本爻〕初九陽爻有主見，有實力。位在基礎之位，居位適當。

〔現況〕*初九與六二同在地位，陽承陰近而相得。*如果所謀之事已在具體進行中，當前我方內部環境助益不如預期。如果基於情感道義而付出仍要考量能力所及為宜。

〔將來〕*初九與六二同在地位，陽承陰近而相得。*初九順勢前往六三。「往吉」，保守評估，量力而為，投入現有資源，爭取有能力、有條件的人事物支持。

〔建議〕无妄初九得力於我方，得地之宜，得人之助。保守評估，量力而為，可從事投資事業或必須改變現況等風險高的事情。

無
妄
25

【原文】六二，不耕穫，不菑畬，則利有攸往。〈象〉曰：「不耕穫」，未富也。

【譯文】六二（與初九同在地位，陰乘陽乘剛），不事耕耘也不圖收穫，不務開墾也不謀良田，（六二順著初九變動前往）這樣有利於前往。〈爻象〉傳說：「不耕穫」，未曾希求富貴。

【三才六爻演卦】

〔形勢〕☳ 无妄相對立場的彼、我雙方（上、下卦）勢力均等。六二的作為必須承擔變動風險與有利條件相對持平。如果有競逐對象團體，仍以彼方較有優勢。

〔本爻〕六二陰爻沒有主見，欠缺實力。位在守成之位，居位適當。守勢較優之位。

〔現況〕六二與初九同在地位，陰乘陽乘剛。「不耕穫，不菑畬」，如果所疑之事已在具體進行中，當前我方內部環境有所牽制，停滯不前。

〔將來〕六二與六三地位比人位，陰承陰近而不相得。六二順著初九變動前往。「則利有攸往」，有我方內部環境相助，可以獲得實質助益。

〔建議〕无妄六二得力於我方，得地之宜，得人之助。雖然可以從中獲益，不可過度樂觀，仍以保守評估為要。不宜投資事業或必須改變現況等風險高的事情。

【原文】六三，无妄之災，或繫之牛，行人之得，邑人之災。〈象〉曰：行人得牛，邑人災也。

【譯文】六三，（初九變動前往對六三造成意外損害）不妄為卻也遭致災禍，就像有人繫栓著一頭牛，路人順手牽走，邑中無關此事的人家被誣而遭捕。〈爻象〉傳說：路人順手牽走牛，邑中無關此事的人家被誣而遭捕。

【三才六爻演卦】

无妄
25

〔形勢〕☷ 无妄相對立場的彼、我雙方（上、下卦）勢力均等。六三的作為必須承擔變動風險與有利條件相對持平。如果有競逐對象團體，仍以彼方較有優勢。

〔本爻〕六三陰爻沒有主見，欠缺實力。位在以守待攻之位，居位不當。

〔現況〕六三與九四同在人位，介於兩卦之間不相得。如果所疑之事已在具體進行中，當前彼方外在環境看似有利，實而無益。如果基於情感道義而付出仍要考量能力所及為宜。

〔將來〕六三與六二人位比地位，陰乘陰近而不相得。初九變動前往對六三造成意外損害。「无妄之災，或繫之牛」，不但我方內部環境沒有助緣，會有意外造成損失。

〔警告〕「行人之得，邑人之災」，慎防意外之災。如果貿然投入資源想要獲取更大利益會慘遭挫敗。

〔建議〕无妄六三不得力於彼我雙方，進退不得。如果是投資事業或必須改變現況等風險高的事情，請暫且擱置，以避免難以預料的損失發生。可延至時序「寒露／霜降」再行占卜；或有再次觸動轉變的契機，意猶未決時進行占卜。

【原文】九四，可貞，无咎。〈象〉曰：「可貞无咎」，固有之也。

【譯文】九四（與六三同在人位，介於兩卦之間不相得），能夠守持正固，（九四與九五人位比天位，陽承陽近而不相得）不會有過失。〈爻象〉傳說：「可貞无咎」，要牢牢守住所有。

【三才六爻演卦】

〔形勢〕☷ 无妄相對立場的彼、我雙方（上、下卦）勢力均等。九四的作為必須承擔變動風險與有利條件相對持平。如果有競逐對象團體，仍以我方較有優勢。

〔本爻〕九四陽爻有主見，有實力。位在守成整合之位，居位

不當。

〔現況〕九四與六三同在人位，介於兩卦之間不相得。「可貞」，如果所謀之事已在具體進行中，當前彼方外在環境看似有利，實而無益。如果基於情感道義而付出仍要考量能力所及為宜。

〔將來〕九四與九五人位比天位，陽承陽近而不相得。「无咎」，我方內部環境有阻力歧見，沒有助益。維持目前的情況比較有利，至少不會造成損失。

〔建議〕无妄九四不得力於彼我雙方，進退不得。如果是投資事業或必須改變現況等風險高的事情，請暫且擱置，以避免難以預料的損失發生。可延至時序「寒露／霜降」再行占卜；或有再次觸動轉變的契機，意猶未決時進行占卜。

无妄 25

【原文】九五，无妄之疾，勿藥有喜。〈象〉曰：无妄之藥，不可試也。

【譯文】九五（與上九同在天位，陽承陽近而不相得），不妄為卻染恙疾，（九五與九四天位比人位，陽乘陽近而不相得）不用服藥自癒有喜。〈爻象〉傳說：不妄為卻染恙疾不用服藥，藥物是不可胡亂試用的。

【三才六爻演卦】

〔形勢〕无妄相對立場的彼、我雙方（上、下卦）勢力均等。九五的作為必須承擔變動風險與有利條件相對持平。如果有競逐對象團體，仍以我方較有優勢。

〔本爻〕九五陽爻有主見，有實力。位在決策實權之位，居位適當。攻勢較優之位。

〔現況〕九五與上九同在天位，陽承陽近而不相得。「无妄之疾」，如果所謀之事已在具體進行中，當前我方內部環境有阻力歧見，沒有助益。

〔將來〕九五與九四天位比人位，陽乘陽近而不相得。「勿藥

有喜」，我方內部環境有阻力歧見，沒有助益。維持目前的情況比較有利，至少不會造成損失。

〔**警告**〕「勿藥」，如果貿然投入資源想要獲取更大利益會慘遭挫敗。

〔**建議**〕无妄九五不得力於彼我雙方，進退不得。如果是投資事業或必須改變現況等風險高的事情，請暫且擱置，以避免難以預料的損失發生。可延至時序「寒露／霜降」再行占卜；或有再次觸動轉變的契機，意猶未決時進行占卜。

【原文】 上九，无妄，行有眚，无攸利。〈象〉曰：无妄之行，窮之災也。

【譯文】 上九（與九五同在天位，陽乘陽近而不相得），不妄為，前來會有禍患，無所利益。〈爻象〉傳說：不妄為有所行動，這是由於時窮難通前來遭災禍。

【三才六爻演卦】

〔**形勢**〕☰ 无妄相對立場的彼、我雙方（上、下卦）勢力均等。上九的作為必須承擔變動風險與有利條件相對持平。如果有競逐對象團體，仍以我方較有優勢。

〔**本爻**〕上九陽爻有主見，有實力。位在不任實事之位，居位不當。

〔**現況**〕上九與九五同在天位，陽乘陽近而不相得。如果所謀之事已在具體進行中，當前我方內部環境有阻力歧見，沒有助益。

〔**將來**〕上九與九五同在天位，陽乘陽近而不相得。「行有眚，无攸利」，處境艱難，以靜待變，不要盲從躁動。維持目前的情況控管損害，不至損失持續擴大。

〔**警告**〕「行有眚，无攸利」，如果貿然投入資源想要獲取更大利益會慘遭挫敗。

〔**建議**〕无妄上九不得力於彼我雙方，進退不得。如果是投資

无妄
25

事業或必須改變現況等風險高的事情，請暫且擱置，以避免難以預料的損失發生。可延至時序「寒露／霜降」再行占卜；或有再次觸動轉變的契機，意猶未決時進行占卜。

乾下，艮上。（山天 大畜 26）

立場	卦別	三才	六爻	符號	實力	位置	形勢
我方內部環境相對於（下卦）彼方外在環境	上卦	天1	上九	－	○	×	↓
		天3	六五	--	×	○	。
		人5	六四	--	×	○	。
我方內部環境相對於（上卦）彼方外在環境	下卦	人6	九三	－	○	○	△
		地4	九二	－	○	○	△
		地2	初九	－	○	○	△

【原文】初九，有厲，利已。〈象〉曰：「有厲利已」，不犯災也。

【譯文】初九（與九二同在地位，陽承陽近而不相得），有危險！有利的情勢已經結束。〈爻象〉傳說：「有厲利已」，不可冒著災患前往。

【三才六爻演卦】

〔**形勢**〕☶ 大畜相對立場的彼、我雙方（上、下卦）勢力均等。初九的作為必須承擔變動風險與有利條件相對持平。如果有競逐對象團體，仍以彼方較有優勢。

〔**本爻**〕初九陽爻有主見，有實力。位在基礎之位，居位適當。

〔**現況**〕初九與九二同在地位，陽承陽近而不相得。如果所謀之事已在具體進行中，當前我方內部環境有阻力歧見，沒有助益。

大畜
26

〔將來〕初九與九二同在地位，陽承陽近而不相得。「有厲，利已」，處境艱難，以靜待變，不要盲從躁動。維持目前的情況控管損害，不至損失持續擴大。

〔警告〕「有厲，利已」，如果貿然投入資源想要獲取更大利益會慘遭挫敗。

〔建議〕大畜初九不得力於彼我雙方，進退不得。如果是投資事業或必須改變現況等風險高的事情，請暫且擱置，以避免難以預料的損失發生。可延至時序「白露／秋分」再行占卜；或有再次觸動轉變的契機，意猶未決時進行占卜。

【原文】九二，輿說輹。〈象〉曰：「輿說輹」，中无尤也。

【譯文】九二（與初九同在地位，陽乘陽近而不相得），車脫落輪輹不前。〈爻象〉傳說：「輿說（脫）輹」，居中無所過尤。

【三才六爻演卦】

〔形勢〕☲☰ 大畜相對立場的彼、我雙方（上、下卦）勢力均等。九二的作為必須承擔變動風險與有利條件相對持平。如果有競逐對象團體，仍以彼方較有優勢。

〔本爻〕九二陽爻有主見，有實力。位在守成之位，居位不當。守勢較優之位。

〔現況〕九二與初九同在地位，陽乘陽近而不相得。「輿說輹」，如果所謀之事已在具體進行中，當前我方內部環境有阻力歧見，沒有助益。

〔將來〕九二與九三地位比人位，陽承陽近而不相得。「中无尤也」，我方內部環境有阻力歧見，沒有助益。維持目前的情況比較有利，至少不會造成損失。

〔警告〕「輿說輹」，如果貿然投入資源想要獲取更大利益會慘遭挫敗。

〔建議〕大畜九二不得力於彼我雙方，進退不得。如果是投資

大畜 26

事業或必須改變現況等風險高的事情，請暫且擱置，以避免難以預料的損失發生。可延至時序「白露／秋分」再行占卜；或有再次觸動轉變的契機，意猶未決時進行占卜。

【原文】九三，良馬逐；利艱貞，日閑輿衛；利有攸往。〈象〉曰：「利有攸往」，上合志也。

【譯文】九三，良馬奔逐；（九三與九二人位比地位，陽乘陽近而不相得）利於艱守正固，（九三與六四同在人位，介於兩卦之間不相得）能夠每天不斷的練習車馬防衛的技能；有利於前往的準備。〈爻象〉傳說：「利有攸往」，九三與六四的意志相投。

【三才六爻演卦】

〔形勢〕☲ 大畜相對立場的彼、我雙方（上、下卦）勢力均等。九三的作為必須承擔變動風險與有利條件相對持平。如果有競逐對象團體，仍以彼方較有優勢。

〔本爻〕九三陽爻有主見，有實力。位在以守待攻之位，居位適當。

〔現況〕九三與六四同在人位，介於兩卦之間不相得。「日閑輿衛」，如果所謀之事已在具體進行中，當前彼方外在環境助益不如預期。如果基於情感道義而付出仍要考量能力所及為宜。

〔將來〕九三與九二人位比地位，陽乘陽近而不相得。「利艱貞」，我方內部環境有阻力歧見，沒有助益。自我克制，不要受到外在人事物誘惑。維持目前的情況比較有利，至少不會造成損失。

〔警告〕「利有攸往」，雖然後勢看好，還是會有變數。如果此時貿然投入資源想要獲取更大利益會慘遭挫敗。

〔建議〕大畜九三不得力於彼我雙方，進退不得。如果是投資事業或必須改變現況等風險高的事情，請暫且擱置，以避免難

以預料的損失發生。可延至時序「白露／秋分」再行占卜；或有再次觸動轉變的契機，意猶未決時進行占卜。

【原文】六四，童牛之牿，元吉。〈象〉曰：六四元吉，有喜也。

【譯文】六四，（上九變動前來對六四有所益助）在小牛頭上縛木牿，至為吉祥。〈爻象〉傳說：六四至為吉祥，有欣喜。

【三才六爻演卦】

〔形勢〕☶ 大畜相對立場的彼、我雙方（上、下卦）勢力均等。六四的作為必須承擔變動風險與有利條件相對持平。如果有競逐對象團體，仍以我方較有優勢。

〔本爻〕六四陰爻沒有主見，欠缺實力。位在守成整合之位，居位適當。

〔現況〕六四與九三同在人位，介於兩卦之間不相得。如果所疑之事已在具體進行中，當前彼方外在環境看似有利，實而無益。如果基於情感道義而付出仍要考量能力所及為宜。

〔將來〕六四與六五人位比天位，陰承陰近而不相得。上九變動前來對六四有所益助。「童牛之牿，元吉」，有我方內部環境主動相助，可以獲得實質助益。

〔建議〕大畜六四得力於我方，以不改變現況為原則可以獲益。雖然可以獲益，不可過度樂觀，仍以保守評估為要。不宜投資事業或必須改變現況等風險高的事情。

【原文】六五，豶豕之牙，吉。〈象〉曰：六五之吉，有慶也。

【譯文】六五，（上九變動前來對六五有所益助）制約閹豬的尖牙，吉祥。〈爻象〉傳說：六五的吉祥，由於方法適當值得慶賀。

大畜 26

【三才六爻演卦】

〔形勢〕 ☷☰ 大畜相對立場的彼、我雙方（上、下卦）勢力均等。六五的作為必須承擔變動風險與有利條件相對持平。如果有競逐對象團體，仍以我方較有優勢。

〔本爻〕六五陰爻沒有主見，欠缺實力。位在決策實權之位，居位不當。攻勢較優之位。

〔現況〕六五與上九同在天位，陰承陽近而相得。如果所疑之事已在具體進行中，當前我方內部環境有實質助益。

〔將來〕六五與六四天位比人位，陰乘陰近而不相得。上九變動前來對六五有所益助。「豶豕之牙」，有我方內部環境主動相助，可以獲得實質助益。

〔建議〕大畜六五得力於我方，以不改變現況為原則可以獲益。雖然可以獲益，不可過度樂觀，仍以保守評估為要。不宜投資事業或必須改變現況等風險高的事情。

大畜 26

【原文】上九，何天之衢，亨。〈象〉曰：「何天之衢」，道大行也。

【譯文】上九（順勢前來六四），何等通達的大道，亨通。〈爻象〉傳說：「何天之衢」，作為大為通行。

【三才六爻演卦】

〔形勢〕 ☷☰ 大畜相對立場的彼、我雙方（上、下卦）勢力均等。上九的作為必須承擔變動風險與有利條件相對持平。如果有競逐對象團體，仍以我方較有優勢。

〔本爻〕上九陽爻有主見，有實力。位在不任實事之位，居位不當。

〔現況〕上九與六五同在天位，陽乘陰近而相得。如果所謀之事已在具體進行中，當前我方內部環境助益不如預期。如果基於情感道義而付出仍要考量能力所及為宜。

〔將來〕上九與六五同在天位，陽乘陰近而相得。上九順勢前

來六四。「何天之衢，亨」，保守評估，量力而為，投入現有資源，爭取有能力、有條件的人事物支持。

〔建議〕大畜上九得力於我方，得天之時，得人之助。保守評估，量力而為，可從事投資事業或必須改變現況等風險高的事情。

震下，艮上。（山雷　頤 27）

立場	卦別	三才	六爻	符號	實力	位置	形勢
我方內部環境相對於（下卦）彼方外在環境	上卦	天1	上九	―	○	×	↓
		天3	六五	--	×	○	。
		人5	六四	--	×	○	。
我方內部環境相對於（上卦）彼方外在環境	下卦	人6	六三	--	×	×	。
		地4	六二	--	×	○	。
		地2	初九	―	○	○	△

【原文】初九，舍爾靈龜；觀我朵頤，凶。〈象〉曰：「觀我朵頤」，亦不足貴也。

【譯文】初九（與六二同在地位，陽承陰近而相得），捨棄你送來的靈龜；（上九變動前來對初九造成壓制）又來窺看我的食物，必有凶險。〈爻象〉傳說：「觀我朵頤」，只顧求養的行為，也不值得獲得尊重。

【三才六爻演卦】

〔形勢〕䷚ 頤卦初九位在相對劣勢的我方（下卦），相對優勢在彼方（上卦）。初九在劣勢中的作為必須承擔變動風險相對提高，有利條件相對降低。如果有競逐對象團體，仍以彼方較有優勢。

〔本爻〕初九陽爻有主見，有實力。位在基礎之位，居位適

當。

〔現況〕初九與六二同在地位，陽承陰近而相得。「舍爾靈龜」，如果所謀之事已在具體進行中，當前我方內部環境助益不如預期。如果基於情感道義而付出仍要考量能力所及為宜。

〔將來〕初九與六二同在地位，陽承陰近而相得。上九變動前來對初九造成壓制。「觀我朵頤，凶」，維持目前的情況控管損害，不至損失持續擴大。

【警告】「觀我朵頤，凶」，承受外來壓力，以靜待變，切忌盲從躁動。如果貿然投入資源想要獲取更大利益會慘遭挫敗。

〔建議〕頤卦初九處於劣勢，不得力於彼我雙方，進退不得。如果是投資事業或必須改變現況等風險高的事情，請暫且擱置，以避免難以預料的損失發生。可延至時序「大雪／冬至」再行占卜；或有再次觸動轉變的契機，意猶未決時進行占卜。

頤
27

【原文】六二，顛頤，拂經；于丘頤，征凶。〈象〉曰：六二征凶，行失類也。

【譯文】六二（與初九同在地位，陰乘陽乘剛），顛倒過來向下乞求頤養，違背常理；（上九變動前來對六二有所助益）向高丘上的尊者索求頤養，（六二與六三地位比人位，陰承陰近而不相得）往前會有凶險。〈爻象〉傳說：六二前往會有凶險，前往得不到友類。

【三才六爻演卦】

〔形勢〕䷚ 頤卦六二位在相對劣勢的我方（下卦），相對優勢在彼方（上卦）。六二在劣勢中的作為必須承擔變動風險相對提高，有利條件相對降低。如果有競逐對象團體，仍以彼方較有優勢。

〔本爻〕六二陰爻沒有主見，欠缺實力。位在守成之位，居位適當。守勢較優之位。

〔現況〕六二與初九同在地位，陰乘陽乘剛。「顛頤」，如果

所疑之事已在具體進行中，當前我方內部環境有所牽制，停滯不前。

〔將來〕上九變動前來對六二有所助益。「于丘頤」，有彼方外部環境主動相助，可以獲得實質助益。

〔警告〕六二與六三地位比人位，陰承陰近而不相得。「征凶」，如果貿然投入資源想要獲取更大利益會慘遭挫敗。

〔建議〕頤卦六二處於劣勢，得力於彼方，以不改變現況為原則可以獲益。雖然可以獲益，不可過度樂觀，仍以保守評估為要。不宜投資事業或必須改變現況等風險高的事情。

【原文】六三，拂頤，貞凶，十年勿用，无攸利。〈象〉曰：「十年勿用」，道大悖也。

【譯文】六三（與六四同在人位，介於兩卦之間不相得），違背頤養的作為，守持正固以防凶險，十年的時間不能施展才用，如要施展才用無所利益。〈爻象〉傳說：「十年勿用」，違逆頤養的作為。

【三才六爻演卦】

〔形勢〕☶ 頤卦六三位在相對劣勢的我方（下卦），相對優勢在彼方（上卦）。六三在劣勢中的作為必須承擔變動風險相對提高，有利條件相對降低。如果有競逐對象團體，仍以彼方較有優勢。

〔本爻〕六三陰爻沒有主見，欠缺實力。位在以守待攻之位，居位不當。

〔現況〕六三與六四同在人位，介於兩卦之間不相得。「拂頤，貞凶」，如果所疑之事已在具體進行中，當前彼方外在環境無能為力，沒有助益。

〔將來〕六三與六二人位比地位，陰乘陰近而不相得。「无攸利」，我方內部環境無能為力，沒有助益。維持目前的情況比較有利，至少不會造成損失。

頤
27

〔警告〕「十年勿用」，如果貿然投入資源想要獲取更大利益會慘遭挫敗。

〔建議〕頤卦六三處於劣勢，不得力於彼我雙方，進退不得。如果是投資事業或必須改變現況等風險高的事情，請暫且擱置，以避免難以預料的損失發生。可延至時序「大雪／冬至」再行占卜；或有再次觸動轉變的契機，意猶未決時進行占卜。

【原文】六四，顛頤，吉；虎視眈眈，其欲逐逐，无咎。〈象〉曰：顛頤之吉，上施光也。

【譯文】六四，（上九變動前來對六四有所益助）顛倒過來向上九尋求頤養，吉祥；就像猛虎注視獵物，迫切的尋求頤養，不會有過失。〈爻象〉傳說：六四顛倒過來向上九尋求頤養可獲吉祥，上九施予六四光明。

【三才六爻演卦】

〔形勢〕☲ 頤卦六四位在相對優勢的我方（上卦），相對劣勢在彼方（下卦）。六四在優勢中的作為必須承擔變動風險相對降低，有利條件相對提高。如果有競逐對象團體，仍以我方較有優勢。

〔本爻〕六四陰爻沒有主見，欠缺實力。位在守成整合之位，居位適當。

〔現況〕六四與六三同在人位，介於兩卦之間不相得。如果所疑之事已在具體進行中，當前彼方外在環境無能為力，沒有助益。

〔將來〕六四與六五人位比天位，陰承陰近而不相得。上九變動前來對六四有所益助。「顛頤，吉」，有我方內部環境主動相助，可以獲得實質助益。

〔建議〕頤卦六四處於優勢，得力於我方，以不改變現況為原則可以獲益。雖然可以獲益，不可過度樂觀，仍以保守評估為要。不宜投資事業或必須改變現況等風險高的事情。

【原文】六五，拂經；居貞吉，不可涉大川。〈象〉曰：居貞之吉，順以從上也。

【譯文】六五（與六四天位比人位，陰乘陰近而不相得），違背常理；（上九變動前來對六五有所益助）靜居守持正固可獲吉祥，不可涉越大河。〈爻象〉傳說：靜居守持正固可獲吉祥，順從依附上九。

【三才六爻演卦】

〔形勢〕☶ 頤卦六五位在相對優勢的我方（上卦），相對劣勢在彼方（下卦）。六五在優勢中的作為必須承擔變動風險相對降低，有利條件相對提高。如果有競逐對象團體，仍以我方較有優勢。

〔本爻〕六五陰爻沒有主見，欠缺實力。位在決策實權之位，居位不當。攻勢較優之位。

〔現況〕六五與上九同在天位，陰承陽近而相得。如果所疑之事已在具體進行中，當前我方內部環境有實質助益。

〔將來〕六五與六四天位比人位，陰乘陰近而不相得。上九變動前來對六五有所益助。「居貞吉」，有我方內部環境主動相助，可以獲得實質助益。

〔警告〕「不可涉大川」，如果貿然投入資源想要獲取更大利益會慘遭挫敗。

〔建議〕頤卦六五處於優勢，得力於我方，以不改變現況為原則可以獲益。雖然可以獲益，不可過度樂觀，仍以保守評估為要。不宜投資事業或必須改變現況等風險高的事情。

頤 27

【原文】上九，由頤；厲吉，利涉大川。〈象〉曰：「由頤厲吉」，大有慶也。

【譯文】上九（順勢前來六二），群眾依附他獲得頤養，知危能夠謹慎會有吉祥，利於涉越大河。〈爻象〉傳說：「由頤厲吉」，大有吉慶。

【三才六爻演卦】

〔**形勢**〕☷ 頤卦上九位在相對優勢的我方（上卦），相對劣勢在彼方（下卦）。上九在優勢中的作為必須承擔變動風險相對降低，有利條件相對提高。如果有競逐對象團體，仍以我方較有優勢。

〔**本爻**〕上九陽爻有主見，有實力。位在不任實事之位，居位不當。

〔**現況**〕上九與六五同在天位，陽乘陰近而相得。如果所謀之事已在具體進行中，當前我方內部環境助益不如預期。如果基於情感道義而付出仍要考量能力所及為宜。

〔**將來**〕上九與六五同在天位，陽乘陰近而相得。上九順勢前來六二。「由頤；厲吉，利涉大川」，投入現有資源，爭取有能力、有條件的人事物支持，獲取更大利益。

〔**建議**〕頤卦初九處於優勢，得力於彼我雙方，得天之時，得人之助，得地之宜。可從事投資事業或必須改變現況等風險高的事情。

大過 28

〰〰〰〰〰〰〰〰

☱ 巽下，兌上。（澤風 大過 28）

立場	卦別	三才	六爻	符號	實力	位置	形勢
我方內部環境相對於（下卦）彼方外在環境	上卦	天1	上六	--	✕	◯	。
		天3	九五	—	◯	◯	▽
		人5	九四	—	◯	✕	▽
我方內部環境相對於（上卦）彼方外在環境	下卦	人6	九三	—	◯	◯	△
		地4	九二	—	◯	◯	△
		地2	初六	--	✕	✕	。

【原文】初六，藉用白茅，无咎。〈象〉曰：「藉用白茅」，

柔在下也。

【譯文】初六（與九二同在地位，陰承陽近而相得），用潔白的茅草墊底承放祭品，不會有過失。〈爻象〉傳說：「藉用白茅」，柔順處下行為敬慎。

【三才六爻演卦】

〔形勢〕☱☴ 大過相對立場的彼、我雙方（上、下卦）勢力均等。初六的作為必須承擔變動風險與有利條件相對持平。如果有競逐對象團體，仍以彼方較有優勢。

〔本爻〕初六陰爻沒有主見，欠缺實力。位在基礎之位，居位不當。

〔現況〕初六與九二同在地位，陰承陽近而相得。「藉用白茅」，如果所疑之事已在具體進行中，當前我方內部環境有實質助益。

〔將來〕初六與九二同在地位，陰承陽近而相得。「无咎」，維持目前的情況比較有利，至少不會造成損失。

〔建議〕大過初六如果所疑之事已在具體進行中，得力於我方，以不改變現況為原則可以獲益。雖然可以獲益，不可過度樂觀，仍以保守評估為要。不宜投資事業或必須改變現況等風險高的事情。如果所疑之事尚未具體進行中，請暫且擱置，以避免難以預料的損失發生。可延至時序「立冬／小雪」再行占卜；或有再次觸動轉變的契機，意猶未決時進行占卜。

【原文】九二，枯楊生稊，老夫得其女妻；无不利。〈象〉曰：老夫女妻，過以相與也。

【譯文】九二（與初六同在地位，陽乘陰近而相得），枯槁的楊樹生出嫩牙新枝，老漢娶了年少嬌妻；無所不利。〈爻象〉傳說：老漢配年少嬌妻，過盛的陽剛與陰柔親比。

【三才六爻演卦】

〔形勢〕☱☴ 大過相對立場的彼、我雙方（上、下卦）勢力均

等。九二的作為必須承擔變動風險與有利條件相對持平。如果有競逐對象團體，仍以彼方較有優勢。

〔本爻〕九二陽爻有主見，有實力。位在守成之位，居位不當。守勢較優之位。

〔現況〕九二與初六同在地位，陽乘陰近而相得。「枯楊生稊，老夫得其女妻」，如果所謀之事已在具體進行中，當前我方內部環境助益不如預期。如果基於情感道義而付出仍要考量能力所及為宜。

〔將來〕九二與九三地位比人位，陽承陽近而不相得。「无不利」，我方內部環境有阻力歧見，沒有助益。維持目前的情況比較有利，至少可以持盈保泰。

〔建議〕大過九二不得力於彼我雙方，進退不得。如果是投資事業或必須改變現況等風險高的事情，請暫且擱置，以避免難以預料的損失發生。可延至時序「立冬／小雪」再行占卜；或有再次觸動轉變的契機，意猶未決時進行占卜。

【原文】九三，棟橈，凶。〈象〉曰：棟橈之凶，不可以有輔也。

【譯文】九三（與九四同在人位，介於兩卦之間不相得），棟樑扭曲彎橈，有凶險。〈爻象〉傳說：棟樑扭曲彎橈會有凶險，剛勢不能再加以增輔益助。

【三才六爻演卦】

〔形勢〕☰ 大過相對立場的彼、我雙方（上、下卦）勢力均等。九三的作為必須承擔變動風險與有利條件相對持平。如果有競逐對象團體，仍以彼方較有優勢。

〔本爻〕九三陽爻有主見，有實力。位在以守待攻之位，居位適當。

〔現況〕九三與九四同在人位，介於兩卦之間不相得。「棟橈」，如果所謀之事已在具體進行中，當前彼方外在環境有阻

力歧見，沒有助益。

〔**將來**〕九三與九二人位比地位，陽乘陽近而不相得。「凶」，我方內部環境有阻力歧見，沒有助益。維持目前的情況控管損害，不至損失持續擴大。

〔**警告**〕「凶」，如果貿然投入資源想要獲取更大利益會慘遭挫敗。

〔**建議**〕大過九三不得力於彼我雙方，進退不得。如果是投資事業或必須改變現況等風險高的事情，請暫且擱置，以避免難以預料的損失發生。可延至時序「立冬／小雪」再行占卜；或有再次觸動轉變的契機，意猶未決時進行占卜。

【**原文**】九四，棟隆，吉；有它，吝。〈象〉曰：棟隆之吉，不橈乎下也。

【**譯文**】九四（與九三同在人位，介於兩卦之間不相得），棟樑膨脹隆起又平復，吉祥；若應與其他地方，會深感憾惜。〈爻象〉傳說：棟樑膨脹隆起又平復可獲吉祥，棟樑不再往下扭曲彎橈。

【**三才六爻演卦**】

〔**形勢**〕☱☰ 大過相對立場的彼、我雙方（上、下卦）勢力均等。九四的作為必須承擔變動風險與有利條件相對持平。如果有競逐對象團體，仍以我方較有優勢。

〔**本爻**〕九四陽爻有主見，有實力。位在守成整合之位，居位不當。

〔**現況**〕九四與九三同在人位，介於兩卦之間不相得。「棟隆，吉」，如果所謀之事已在具體進行中，當前彼方外在環境有阻力歧見，沒有助益。

〔**將來**〕九四與九五人位比天位，陽承陽近而不相得。「有它，吝」，我方內部環境有阻力歧見，沒有助益。維持目前的情況比較有利，至少不會造成損失。

大過 28

〔警告〕「有它，吝」，如果貿然投入資源想要獲取更大利益會慘遭挫敗。

〔建議〕大過九四不得力於彼我雙方，進退不得。如果是投資事業或必須改變現況等風險高的事情，請暫且擱置，以避免難以預料的損失發生。可延至時序「立冬／小雪」再行占卜；或有再次觸動轉變的契機，意猶未決時進行占卜。

【原文】九五，枯楊生華，老婦得其士夫；无咎无譽。〈象〉曰：「枯楊生華」，何可久也？老婦士夫，亦可醜也。

【譯文】九五（與上六同在天位，陽承陰近而相得），枯槁的楊樹開出了新花，老太婆配個壯男；沒有過失也沒有佳譽。〈爻象〉傳說：「枯楊生華」，何能維持長久？老太婆配個壯男，這樣的情況也太羞醜了。

【三才六爻演卦】

〔形勢〕☷ 大過相對立場的彼、我雙方（上、下卦）勢力均等。九五的作為必須承擔變動風險與有利條件相對持平。如果有競逐對象團體，仍以我方較有優勢。

〔本爻〕九五陽爻有主見，有實力。位在決策實權之位，居位適當。攻勢較優之位。

〔現況〕九五與上六同在天位，陽承陰近而相得。「枯楊生華，老婦得其士夫」，如果所謀之事已在具體進行中，當前我方內部環境助益不如預期。如果基於情感道義而付出仍要考量能力所及為宜。

〔將來〕九五與九四天位比人位，陽乘陽近而不相得。「无咎无譽」，我方內部環境有阻力歧見，沒有助益。維持目前的情況比較有利，至少不會造成損失。

〔建議〕大過九五不得力於彼我雙方，進退不得。如果是投資事業或必須改變現況等風險高的事情，請暫且擱置，以避免難以預料的損失發生。可延至時序「立冬／小雪」再行占卜；或

有再次觸動轉變的契機，意猶未決時進行占卜。

【原文】上六，過涉滅頂，凶；无咎。〈象〉曰：過涉之凶，不可咎也。

【譯文】上六（與九五同在天位，陰乘陽乘剛），涉水過深以致淹沒頭頂，有凶險；沒有過失。〈爻象〉傳說：涉水過深以致淹沒頭頂有凶險，境況不可視為過失。

【三才六爻演卦】

〔**形勢**〕☴ 大過相對立場的彼、我雙方（上、下卦）勢力均等。上六的作為必須承擔變動風險與有利條件相對持平。如果有競逐對象團體，仍以我方較有優勢。

〔**本爻**〕上六陰爻沒有主見，欠缺實力。位在不任實事之位，居位適當。

〔**現況**〕上六與九五同在天位，陰乘陽乘剛。「過涉滅頂」，如果所疑之事已在具體進行中，當前我方內部環境有所牽制，停滯不前。

〔**將來**〕上六與九五同在天位，陰乘陽乘剛。「无咎」，維持目前的情況比較有利，至少不會造成損失。

〔**警告**〕「過涉滅頂，凶」，如果貿然投入資源想要獲取更大利益會慘遭挫敗。

〔**建議**〕大過上六不得力於彼我雙方，進退不得。如果是投資事業或必須改變現況等風險高的事情，請暫且擱置，以避免難以預料的損失發生。可延至時序「立冬／小雪」再行占卜；或有再次觸動轉變的契機，意猶未決時進行占卜。

䷜ 坎下，坎上。（ 坎 為水 29 ）

立場	卦別	三才	六爻	符號	實力	位置	形勢
我方內部環境相對於（下卦）彼方外在環境	上卦	天1	上六	--	✕	○	。
		天3	九五	—	○	○	▽
		人5	六四	--	✕	○	。
我方內部環境相對於（上卦）彼方外在環境	下卦	人6	六三	--	✕	✕	。
		地4	九二	—	○	○	△
		地2	初六	--	✕	✕	。

【原文】初六，習坎，入于坎窞，凶。〈象〉曰：習坎入坎，失道凶也。

【譯文】初六（與九二同在地位，陰承陽近而相得），面臨重重陷阱，落入陷阱深處，會有凶險。〈爻象〉傳說：面臨重重危險並落入陷阱深處，違背履險之道會有凶險。

【三才六爻演卦】

〔形勢〕䷜ 坎卦相對立場的彼、我雙方（上、下卦）勢力均等。初六的作為必須承擔變動風險與有利條件相對持平。如果有競逐對象團體，仍以彼方較有優勢。

〔本爻〕初六陰爻沒有主見，欠缺實力。位在基礎之位，居位不當。

〔現況〕初六與九二同在地位，陰承陽近而相得。「習坎，入于坎窞」，如果所疑之事已在具體進行中，當前我方內部環境有實質助益。

〔將來〕初六與九二同在地位，陰承陽近而相得。「凶」，處境艱難，以靜待變，不要盲從躁動。維持目前的情況控管損害，不至損失持續擴大。

〔警告〕「凶」，如果貿然投入資源想要獲取更大利益會慘遭挫敗。

〔建議〕坎卦初六如果所疑之事已在具體進行中，得力於我

方，以不改變現況為原則可以獲益。雖然可以獲益，不可過度樂觀，仍以保守評估為要。不宜投資事業或必須改變現況等風險高的事情。如果所疑之事尚未具體進行中，請暫且擱置，以避免難以預料的損失發生。可延至時序「大雪／冬至」再行占卜；或有再次觸動轉變的契機，意猶未決時進行占卜。

【原文】九二，坎有險，求小得。〈象〉曰：「求小得」，未出中也。

【譯文】九二（與初六同在地位，陽乘陰近而相得），困在陷阱有危險，（九二與六三地位比人位，陽承陰近而相得）從小處脫險會有所得。〈爻象〉傳說：「求小得」，尚未脫出危險之中。

【三才六爻演卦】

〔**形勢**〕☵ 坎卦相對立場的彼、我雙方（上、下卦）勢力均等。九二的作為必須承擔變動風險與有利條件相對持平。如果有競逐對象團體，仍以彼方較有優勢。

〔**本爻**〕九二陽爻有主見，有實力。位在守成之位，居位不當。守勢較優之位

〔**現況**〕九二與初六同在地位，陽乘陰近而相得。「坎有險」如果所謀之事已在具體進行中，當前我方內部環境助益不如預期。如果基於情感道義而付出仍要考量能力所及為宜。

〔**將來**〕九二與六三地位比人位，陽承陰近而相得。「求小得」，我方內部環境助益不如預期。如果基於情感道義而付出仍要考量能力所及為宜。維持目前的情況比較有利，至少不會造成損失。

〔**建議**〕坎卦九二不得力於彼我雙方，進退不得。如果是投資事業或必須改變現況等風險高的事情，請暫且擱置，以避免難以預料的損失發生。可延至時序「大雪／冬至」再行占卜；或有再次觸動轉變的契機，意猶未決時進行占卜。

坎
29

【原文】六三，來之坎坎，險且枕，入于坎窞；勿用。〈象〉曰：「來之坎坎」，終无功也。

【譯文】六三（與九二人位比地位，陰乘陽乘剛），退來落入更深的陷阱，面臨危險退居難安，落入陷穴深處；切勿施展才用。〈爻象〉傳說：「來之坎坎」，最終難成行險之功。

【三才六爻演卦】

〔形勢〕☵ 坎卦相對立場的彼、我雙方（上、下卦）勢力均等。六三的作為必須承擔變動風險與有利條件相對持平。如果有競逐對象團體，仍以彼方較有優勢。

〔本爻〕六三陰爻沒有主見，欠缺實力。位在以守待攻之位，居位不當。

〔現況〕六三與六四同在人位，介於兩卦之間不相得。如果所疑之事已在具體進行中，當前彼方外在環境無能為力，沒有助益。

〔將來〕六三與九二人位比地位，陰乘陽乘剛。「來之坎坎，險且枕，入于坎窞」，我方內部環境有所牽制，停滯不前。維持目前的情況比較有利，至少不會造成損失。

〔警告〕「勿用」，不要有積極的作為。如果貿然投入資源想要獲取更大利益會慘遭挫敗。

〔建議〕坎卦六三不得力於彼我雙方，進退不得。如果是投資事業或必須改變現況等風險高的事情，請暫且擱置，以避免難以預料的損失發生。可延至時序「大雪／冬至」再行占卜；或有再次觸動轉變的契機，意猶未決時進行占卜。

【原文】六四，樽酒，簋貳，用缶，納約自牖，終无咎。〈象〉曰：「樽酒簋貳」，剛柔際也。

【譯文】六四（與九五人位比天位，陰承陽近而相得），一樽薄酒，兩簋淡食，用簡陋的瓦缶盛物，通過明窗接納信約，最終沒有過失。〈爻象〉傳說：「樽酒簋貳」，陽剛與陰柔相比

附。

【三才六爻演卦】

〔形勢〕☵ 坎卦相對立場的彼、我雙方（上、下卦）勢力均等。六四的作為必須承擔變動風險與有利條件相對持平。如果有競逐對象團體，仍以我方較有優勢。

〔本爻〕六四陰爻沒有主見，欠缺實力。位在守成整合之位，居位適當。

〔現況〕六四與六三同在人位，介於兩卦之間不相得。如果所疑之事已在具體進行中，當前彼方外在環境無能為力，沒有助益。

〔將來〕六四與九五人位比天位，陰承陽近而相得。「樽酒，簋貳，用缶，納約自牖，終无咎」，有我方內部環境相助，可以獲得實質助益。

〔建議〕坎卦六四得力於我方，以不改變現況為原則可以獲益。雖然可以獲益，不可過度樂觀，仍以保守評估為要。不宜投資事業或必須改變現況等風險高的事情。

坎
29

【原文】九五，坎不盈；祗既平，无咎。〈象〉曰：「坎不盈」，中未大也。

【譯文】九五（與上六同在天位，陽承陰近而相得），險陷尚未盈止；（九五與六四天位比人位，陽乘陰近而相得）小丘已被鏟平，沒有過失。〈爻象〉傳：「坎不盈」，雖居中位但平險之功尚未光大。

【三才六爻演卦】

〔形勢〕☵ 坎卦相對立場的彼、我雙方（上、下卦）勢力均等。九五的作為必須承擔變動風險與有利條件相對持平。如果有競逐對象團體，仍以我方較有優勢。

〔本爻〕九五陽爻有主見，有實力。位在決策實權之位，居位適當。攻勢較優之位。

〔現況〕九五與上六同在天位，陽承陰近而相得。「坎不盈」，如果所謀之事已在具體進行中，當前我方內部環境助益不如預期。如果基於情感道義而付出仍要考量能力所及為宜。

〔將來〕九五與六四天位比人位，陽乘陰近而相得。「祗既平，无咎」，我方內部環境助益不如預期。如果基於情感道義而付出仍要考量能力所及為宜。維持目前的情況比較有利，至少不會造成損失。

〔建議〕坎卦九五不得力於彼我雙方，進退不得。如果是投資事業或必須改變現況等風險高的事情，請暫且擱置，以避免難以預料的損失發生。可延至時序「大雪/冬至」再行占卜；或有再次觸動轉變的契機，意猶未決時進行占卜。

坎 29

【原文】上六，係用徽纆，寘于叢棘，三歲不得，凶。〈象〉曰：上六失道，凶三歲也。

【譯文】上六（與九五同在天位，陰乘陽乘剛），被繩索捆縛，囚禁在荊棘叢中，三年不得解脫，有凶險。〈爻象〉傳說：上六違失履險正道，凶險將延續三年之久。

【三才六爻演卦】

〔形勢〕☵ 坎卦相對立場的彼、我雙方（上、下卦）勢力均等。上六的作為必須承擔變動風險與有利條件相對持平。如果有競逐對象團體，仍以我方較有優勢。

〔本爻〕上六陰爻沒有主見，欠缺實力。位在不任實事之位，居位適當。

〔現況〕上六與九五同在天位，陰乘陽乘剛。「係用徽纆，寘于叢棘」，如果所疑之事已在具體進行中，當前我方內部環境有所牽制，停滯不前。

〔將來〕上六與九五同在天位，陰乘陽乘剛。「三歲不得」，維持目前的情況控管損害，不至損失持續擴大。

〔警告〕「凶」，如果貿然投入資源想要獲取更大利益會慘遭

挫敗。

〔建議〕坎卦上六不得力於彼我雙方，進退不得。如果是投資事業或必須改變現況等風險高的事情，請暫且擱置，以避免難以預料的損失發生。可延至時序「大雪／冬至」再行占卜；或有再次觸動轉變的契機，意猶未決時進行占卜。

☲ 離下，離上。（ ☲ 離　為火 30）

立場	卦別	三才	六爻	符號	實力	位置	形勢
我方內部環境相對於（下卦）彼方外在環境	上卦	天1	上九	－	○	✕	↓
		天3	六五	--	✕	○	↓
		人5	九四	－	○	✕	▽
我方內部環境相對於（上卦）彼方外在環境	下卦	人6	九三	－	○	○	△
		地4	六二	--	✕	○	。
		地2	初九	－	○	○	△

（側欄）**離 30**

【原文】初九，履錯然，敬之，无咎。〈象〉曰：履錯之敬，以辟咎也。

【譯文】初九（與六二同在地位，陽承陰近而相得），履行事務小心，恭敬謹慎，不會有過失。〈爻象〉傳說：辦事小心恭敬謹慎，才能避免過失。

【三才六爻演卦】

〔形勢〕☲ 離卦初九位在相對劣勢的我方（下卦），相對優勢在彼方（上卦）。初九在劣勢中的作為必須承擔變動風險相對提高，有利條件相對降低。如果有競逐對象團體，仍以彼方較有優勢。

〔本爻〕初九陽爻有主見，有實力。位在基礎之位，居位適當。

〔現況〕初九與六二同在地位，陽承陰近而相得。「履錯然」，如果所謀之事已在具體進行中，當前我方內部環境助益不如預期。如果基於情感道義而付出仍要考量能力所及為宜。

〔將來〕初九與六二同在地位，陽承陰近而相得。「敬之，无咎」，維持目前的情況比較有利，至少不會造成損失。

〔警告〕「履錯然」，如果貿然投入資源想要獲取更大利益會慘遭挫敗。

〔建議〕離卦初九處於劣勢，不得力於彼我雙方，進退不得。如果是投資事業或必須改變現況等風險高的事情，請暫且擱置，以避免難以預料的損失發生。可延至時序「芒種／夏至」再行占卜；或有再次觸動轉變的契機，意猶未決時進行占卜。

離 30

【原文】六二，黃離，元吉。〈象〉曰：「黃離元吉」，得中道也。

【譯文】六二（與九三地位比人位，陰承陽近而相得），黃色附著於物，至為吉祥。〈爻象〉傳說：「黃離元吉」，得中不偏之道。

【三才六爻演卦】

〔形勢〕☲ 離卦六二位在相對劣勢的我方（下卦），相對優勢在彼方（上卦）。六二在劣勢中的作為必須承擔變動風險相對提高，有利條件相對降低。如果有競逐對象團體，仍以彼方較有優勢。

〔本爻〕六二陰爻沒有主見，欠缺實力。位在守成之位，居位適當。守勢較優之位。

〔現況〕六二與初九同在地位，陰乘陽乘剛。如果所疑之事已在具體進行中，當前我方內部環境有所牽制，停滯不前。

〔將來〕六二與九三地位比人位，陰承陽近而相得。「黃離，元吉」，有我方內部環境相助，可以獲得實質助益。

〔建議〕離卦六二處於劣勢，得力於我方，以不改變現況為原

上經

則可以獲益。雖然可以獲益，不可過度樂觀，仍以保守評估為要。不宜投資事業或必須改變現況等風險高的事情。

【原文】九三，日昃之離，不鼓缶而歌，則大耋之嗟，凶。〈象〉曰：「日昃之離」，何可久也？

【譯文】九三（與六二人位比地位，陽乘陰近而相得），太陽將落附著於西方，（九三與九四同在人位，介於兩卦之間不相得）不能敲起缶器作歌前往，以致會有老暮窮衰的嗟嘆，有凶險。〈爻象〉傳說：「日昃之離」，怎能保持長久呢？

【三才六爻演卦】

〔**形勢**〕☲ 離卦九三位在相對劣勢的我方（下卦），相對優勢在彼方（上卦）。九三在劣勢中的作為必須承擔變動風險相對提高，有利條件相對降低。如果有競逐對象團體，仍以彼方較有優勢。

〔**本爻**〕九三陽爻有主見，有實力。位在以守待攻之位，居位適當。

〔**現況**〕九三與九四同在人位，介於兩卦之間不相得。「不鼓缶而歌，則大耋之嗟」，如果所謀之事已在具體進行中，當前彼方外在環境有阻力歧見，沒有助益。

〔**將來**〕九三與六二人位比地位，陽乘陰近而相得。「日昃之離」，我方內部環境助益不如預期。如果基於情感道義而付出仍要考量能力所及為宜。自我克制，以靜待變，不要外在人事物誘惑。維持目前的情況控管損害，不至損失持續擴大。

〔**警告**〕「凶」，如果貿然投入資源想要獲取更大利益會慘遭挫敗。

〔**建議**〕離卦九三處於劣勢，不得力於彼我雙方，進退不得。如果是投資事業或必須改變現況等風險高的事情，請暫且擱置，以避免難以預料的損失發生。可延至時序「芒種／夏至」再行占卜；或有再次觸動轉變的契機，意猶未決時進行占卜。

離
30

【原文】九四，突如其來如，焚如，死如，棄如。〈象〉曰：「突如其來如」，无所容也。

【譯文】九四，（上九變動前來對九四造成壓制）突然升起火紅的晚霞，就像烈燄在焚燒，但頃刻間消散，滅亡，被遺棄。〈爻象〉傳說：「突如其來如」，無處附著。

【三才六爻演卦】

〔形勢〕☲ 離卦九四位在相對優勢的我方（上卦），相對劣勢在彼方（下卦）。九四在優勢中的作為必須承擔變動風險相對降低，有利條件相對提高。如果有競逐對象團體，仍以我方較有優勢。

〔本爻〕九四陽爻有主見，有實力。位在守成整合之位，居位不當。

〔現況〕九四與九三同在人位，介於兩卦之間不相得。如果所謀之事已在具體進行中，當前彼方外在環境有阻力歧見，沒有助益。

〔將來〕九四與六五人位比天位，陽承陰近而相得。上九變動前來對九四造成壓制。「突如其來如，焚如，死如，棄如」，不但我方內部環境沒有助緣，會有意外造成損失。維持目前的情況控管損害，不至損失持續擴大。

〔警告〕「焚如，死如，棄如」，如果貿然投入資源想要獲取更大利益會慘遭挫敗。

〔建議〕離卦九四處於優勢，不得力於彼我雙方，進退不得。如果是投資事業或必須改變現況等風險高的事情，請暫且擱置，以避免難以預料的損失發生。可延至時序「芒種／夏至」再行占卜；或有再次觸動轉變的契機，意猶未決時進行占卜。

【原文】六五，出涕沱若，戚嗟若；吉。〈象〉曰：六五之吉，離王公也。

【譯文】六五（順著九四、九三與六二比附之勢前來），流出

的淚滂沱不絕，憂戚嗟傷悲切，可獲吉祥。〈爻象〉傳說：六五的吉祥，附著在王公的尊位。

【三才六爻演卦】

〔形勢〕☲ 離卦六五位在相對優勢的我方（上卦），相對劣勢在彼方（下卦）。六五在優勢中的作為必須承擔變動風險相對降低，有利條件相對提高。如果有競逐對象團體，仍以我方較有優勢。

〔本爻〕六五陰爻沒有主見，欠缺實力。位在決策實權之位，居位不當。攻勢較優之位。

〔現況〕六五與上九同在天位，陰承陽近而相得。如果所疑之事已在具體進行中，當前我方內部環境有實質助益。

〔將來〕六五與九四天位比人位，陰乘陽乘剛。六五順著九四、九三與六二比附之勢前來。「出涕沱若，戚嗟若；吉」，投入現有資源，獲取更大利益。化解阻力歧見，建立共識，爭取有能力、有條件的人事物支持，群策群力共圖事業。優勢在我方，順勢而為。

〔建議〕離卦六五處於優勢，得力於彼我雙方，得天之時，得人之助，得地之宜。可從事投資事業或必須改變現況等風險高的事情。

離 30

【原文】上九，王用出征，有嘉折首，獲匪其醜，无咎。
〈象〉曰：「王用出征」，以正邦也。

【譯文】上九（順著六五變動之勢前來），君王出師征伐，可獲豐碩戰果且斬折敵首，又俘獲不願親附的異己，不會有咎害。〈爻象〉傳說：「王用出征」，征戰是為了端正邦國。

【三才六爻演卦】

〔形勢〕☲ 離卦上九位在相對優勢的我方（上卦），相對劣勢在彼方（下卦）。上九在優勢中的作為必須承擔變動風險相對降低，有利條件相對提高。如果有競逐對象團體，仍以我方較

有優勢。

〔**本爻**〕上九陽爻有主見，有實力。位在不任實事之位，居位不當。

〔**現況**〕上九與六五同在天位，陽乘陰近而相得。如果所謀之事已在具體進行中，當前我方內部環境助益不如預期。如果基於情感道義而付出仍要考量能力所及為宜。

〔**將來**〕上九與六五同在天位，陽乘陰近而相得。上九順著六五變動之勢前來。「王用出征，有嘉折首，獲匪其醜，无咎」，投入現有資源，獲取更大利益。化解阻力歧見，建立共識，爭取有能力、有條件的人事物支持，群策群力共圖事業。優勢在我方，順勢而為。

〔**建議**〕離卦上九處於優勢，得力於彼我雙方，得天之時，得人之助，得地之宜。可從事投資事業或必須改變現況等風險高的事情。

離 30

下經

䷞ 艮下，兌上。（澤山　咸 31）

立場	卦別	三才	六爻	符號	實力	位置	形勢
我方內部環境相對於（下卦）彼方外在環境	上卦	天1	上六	--	✕	○	。
		天3	九五	―	○	○	▽
		人5	九四	―	○	✕	▽
我方內部環境相對於（上卦）彼方外在環境	下卦	人6	九三	―	○	✕	△
		地4	六二	--	✕	○	。
		地2	初六	--	✕	✕	。

【原文】初六，咸其拇。〈象〉曰：「咸其拇」，志在外也。

【譯文】初六（與六二同在地位，陰承陰近而不相得），交感相應在腳拇指。〈爻象〉傳說：「咸其拇」，志向是往外發展。

【三才六爻演卦】

〔**形勢**〕䷞咸卦相對立場的彼、我雙方（上、下卦）勢力均等。初六的作為必須承擔變動風險與有利條件相對持平。如果有競逐對象團體，仍以彼方較有優勢。

〔**本爻**〕初六陰爻沒有主見，欠缺實力。位在基礎之位，居位不當。

〔**現況**〕初六與六二同在地位，陰承陰近而不相得。如果所疑之事已在具體進行中，當前我方內部環境無能為力，沒有助益。

〔**將來**〕初六與六二同在地位，陰承陰近而不相得。「咸其拇」，維持目前的情況比較有利，至少不會造成損失。

〔**建議**〕咸卦初六不得力於彼我雙方，進退不得。如果是投資事業或必須改變現況等風險高的事情，請暫且擱置，以避免難以預料的損失發生。可延至時序「芒種／夏至」再行占卜；或有再次觸動轉變的契機，意猶未決時進行占卜。

咸
31

【原文】六二，咸其腓，凶；居吉。〈象〉曰：雖凶居吉，順不害也。

【譯文】六二（與初六同在地位，陰乘陰近而不相得），交感相應在小腿肚，有凶險；（六二與九三地位比人位，陰承陽近而相得）安居守靜可獲吉祥。〈爻象〉傳說：雖然有凶險，但安居守靜可獲吉祥，柔順不會有禍害。

【三才六爻演卦】

〔形勢〕☷☶ 咸卦相對立場的彼、我雙方（上、下卦）勢力均等。六二的作為必須承擔變動風險與有利條件相對持平。如果有競逐對象團體，仍以彼方較有優勢。

〔本爻〕六二陰爻沒有主見，欠缺實力。位在守成之位，居位適當。守勢較優之位。

〔現況〕六二與初六同在地位，陰乘陰近而不相得。「咸其腓」，如果所疑之事已在具體進行中，當前我方內部環境無能為力，沒有助益。

〔將來〕六二與九三地位比人位，陰承陽近而相得。「居吉」，我方內部環境相助，可以獲得實質助益。

〔警告〕「凶」，如果貿然投入資源想要獲取更大利益會慘遭挫敗。

〔建議〕咸卦六二得力於我方，以不改變現況為原則可以獲益。雖然可以獲益，不可過度樂觀，仍以保守評估為要。不宜投資事業或必須改變現況等風險高的事情。

咸
31

【原文】九三，咸其股；執其隨，往吝。〈象〉曰：「咸其股」，亦不處也；志在隨人，所執下也。

【譯文】九三（與九四同在人位，介於兩卦之間不相得），交感相應在大腿；執意盲從附隨於人，如此往前會有憾惜。〈爻象〉傳說：「咸其股」，不安居處；心執意順從附隨於人，執著於卑下。

【三才六爻演卦】

〔形勢〕☶ 咸卦相對立場的彼、我雙方（上、下卦）勢力均等。九三的作為必須承擔變動風險與有利條件相對持平。如果有競逐對象團體，仍以彼方較有優勢。

〔本爻〕九三陽爻有主見，有實力。位在以守待攻之位，居位適當。

〔現況〕九三與九四同在人位，介於兩卦之間不相得。「咸其股；執其隨，往吝」，如果所謀之事已在具體進行中，當前彼方外在環境有阻力歧見，沒有助益。

〔將來〕九三與六二人位比地位，陽乘陰近而相得。我方內部環境助益不如預期。如果基於情感道義而付出仍要考量能力所及為宜。維持目前的情況比較有利，至少不會造成損失。

〔警告〕「執其隨，往吝」，如果貿然投入資源想要獲取更大利益會慘遭挫敗。

〔建議〕咸卦九三不得力於彼我雙方，進退不得。如果是投資事業或必須改變現況等風險高的事情，請暫且擱置，以避免難以預料的損失發生。可延至時序「芒種／夏至」再行占卜；或有再次觸動轉變的契機，意猶未決時進行占卜。

【原文】九四，貞吉，悔亡；憧憧往來，朋從爾思。〈象〉曰：「貞吉悔亡」，未感害也；「憧憧往來」，未光大也。

【譯文】九四（與九五人位比天位，陽承陽近而不相得），守持貞固可獲吉祥，悔恨就會消亡；（九四與九三同在人位，介於兩卦之間不相得）心意不定的頻頻往來，朋友最終只好順從你的思念。〈爻象〉傳說：「貞吉悔亡」，未曾因交感不正而遭害；「憧憧往來」，交感之道尚未光大。

【三才六爻演卦】

〔形勢〕☶ 咸卦相對立場的彼、我雙方（上、下卦）勢力均等。九四的作為必須承擔變動風險與有利條件相對持平。如果

有競逐對象團體，仍以我方較有優勢。

〔**本爻**〕九四陽爻有主見，有實力。位在守成整合之位，居位不當。

〔**現況**〕九四與九三同在人位，介於兩卦之間不相得。「憧憧往來，朋從爾思」，如果所謀之事已在具體進行中，當前彼方外在環境有阻力歧見，沒有助益。

〔**將來**〕九四與九五人位比天位，陽承陽近而不相得。「貞吉，悔亡」，我方內部環境有阻力歧見，沒有助益。維持目前的情況比較有利，至少不會造成損失。

〔**警告**〕「憧憧往來」，如果貿然投入資源想要獲取更大利益會慘遭挫敗。

〔**建議**〕咸卦九四居位不當，不得力於彼我雙方，進退不得。如果是投資事業或必須改變現況等風險高的事情，請暫且擱置，以避免難以預料的損失發生。可延至時序「芒種／夏至」再行占卜；或有再次觸動轉變的契機，意猶未決時進行占卜。

咸
31

【**原文**】九五，咸其脢，无悔。〈象〉曰：「咸其脢」，志末也。

【**譯文**】九五（與九四天位比人位，陽乘陽近而不相得），交感相應在背脊肉上，不致悔恨。〈爻象〉傳說：「咸其脢」，志向淺微。

【**三才六爻演卦**】

〔**形勢**〕 咸卦相對立場的彼、我雙方（上、下卦）勢力均等。九五的作為必須承擔變動風險與有利條件相對持平。如果有競逐對象團體，仍以我方較有優勢。

〔**本爻**〕九五陽爻有主見，有實力。位在決策實權之位，居位適當。攻勢較優之位。

〔**現況**〕九五與上六同在天位，陽承陰近而相得。如果所謀之事已在具體進行中，當前我方內部環境助益不如預期。如果基

於情感道義而付出仍要考量能力所及為宜。

〔將來〕九五與九四天位比人位,陽乘陽近而不相得。「咸其脢,无悔」,我方內部有阻力歧見,沒有助益。維持目前的情況比較有利,至少不會造成損失。

〔建議〕咸卦九五不得力於彼我雙方,進退不得。如果是投資事業或必須改變現況等風險高的事情,請暫且擱置,以避免難以預料的損失發生。可延至時序「芒種/夏至」再行占卜;或有再次觸動轉變的契機,意猶未決時進行占卜。

咸 31

【原文】上六,咸其輔頰舌。〈象〉曰:「咸其輔頰舌」,滕口說也。

【譯文】上六(與九五同在天位,陰乘陽乘剛),交感相應在口頭上。〈爻象〉傳說:「咸其輔頰舌」,不過空言罷了。

【三才六爻演卦】

〔形勢〕咸卦相對立場的彼、我雙方(上、下卦)勢力均等。上六的作為必須承擔變動風險與有利條件相對持平。如果有競逐對象團體,仍以我方較有優勢。

〔本爻〕上六陰爻沒有主見,欠缺實力。位在不任實事之位,居位適當。

〔現況〕上六與九五同在天位,陰乘陽乘剛。如果所疑之事已在具體進行中,當前我方內部環境有所牽制,停滯不前。

〔將來〕上六與九五同在天位,陰乘陽乘剛。「咸其輔頰舌」,維持目前的情況比較有利,至少不會造成損失。

〔建議〕咸卦上六不得力於彼我雙方,進退不得。如果是投資事業或必須改變現況等風險高的事情,請暫且擱置,以避免難以預料的損失發生。可延至時序「芒種/夏至」再行占卜;或有再次觸動轉變的契機,意猶未決時進行占卜。

䷟ 巽下，震上。（雷風　恆 32）

立場	卦別	三才	六爻	符號	實力	位置	形勢
我方內部環境相對於（下卦）彼方外在環境	上卦	天1	上六	--	✕	○	。
		天3	六五	--	✕	○	。
		人5	九四	—	○	✕	▽
我方內部環境相對於（上卦）彼方外在環境	下卦	人6	九三	—	○	○	△
		地4	九二	—	○	○	△
		地2	初六	--	✕	✕	。

【原文】初六，浚恆，貞凶，无攸利。〈象〉曰：浚恆之凶，始求深也。

【譯文】初六（與九二同在地位，陰承陽近而相得），急於恆久深求之道，要守持貞固以防凶險，無所利益。〈爻象〉傳說：恆久深求之道的凶險，剛開始就求之過深。

【三才六爻演卦】

〔形勢〕䷟ 恆卦相對立場的彼、我雙方（上、下卦）勢力均等。初六的作為必須承擔變動風險與有利條件相對持平。如果有競逐對象團體，仍以彼方較有優勢。

〔本爻〕初六陰爻沒有主見，欠缺實力。位在基礎之位，居位不當。

〔現況〕初六與九二同在地位，陰承陽近而相得。如果所疑之事已在具體進行中，當前我方內部環境有實質助益。

〔將來〕初六與九二同在地位，陰承陽近而相得。「无攸利」，維持目前的情況比較有利，至少不會造成損失。

〔警告〕「浚恆，貞凶」，如果貿然投入資源想要獲取更大利益會慘遭挫敗。

〔建議〕恆卦初六如果所疑之事已在具體進行中，得力於我方，以不改變現況為原則可以獲益。雖然可以獲益，不可過度樂觀，仍以保守評估為要。不宜投資事業或必須改變現況等風

險高的事情。如果所疑之事尚未具體進行中，請暫且擱置，以避免難以預料的損失發生。可延至時序「立秋／處暑」再行占卜；或有再次觸動轉變的契機，意猶未決時進行占卜。

【原文】九二，悔亡。〈象〉曰：九二悔亡，能久中也。

【譯文】九二（與九三地位比人位，陽承陽近而不相得），悔恨消亡。〈爻象〉傳說：九二悔恨消亡，能恆久守中不偏。

【三才六爻演卦】

〔形勢〕☷ 恆卦相對立場的彼、我雙方（上、下卦）勢力均等。九二的作為必須承擔變動風險與有利條件相對持平。如果有競逐對象團體，仍以彼方較有優勢。

〔本爻〕九二陽爻有主見，有實力。位在守成之位，居位不當。守勢較優之位。

〔現況〕九二與初六同在地位，陽乘陰近而相得。如果所謀之事已在具體進行中，當前我方內部環境助益不如預期。如果基於情感道義而付出仍要考量能力所及為宜。

〔將來〕九二與九三地位比人位，陽承陽近而不相得。「悔亡」，我方內部環境有阻力歧見，沒有助益。維持目前的情況比較有利，至少不會造成損失。

〔建議〕恆卦九二不得力於彼我雙方，進退不得。如果是投資事業或必須改變現況等風險高的事情，請暫且擱置，以避免難以預料的損失發生。可延至時序「立秋／處暑」再行占卜；或有再次觸動轉變的契機，意猶未決時進行占卜。

【原文】九三，不恆其德，或承之羞；貞吝。〈象〉曰：「不恆其德」，无所容也。

【譯文】九三（與九四同在人位，介於兩卦之間不相得），不能恆久保持美德，或將承受上級施加羞辱；要守持正固以防憾

惜。〈爻象〉傳說：「不恆其德」，無處容身。

【三才六爻演卦】

〔**形勢**〕䷟ 恆卦相對立場的彼、我雙方（上、下卦）勢力均等。九三的作為必須承擔變動風險與有利條件相對持平。如果有競逐對象團體，仍以彼方較有優勢。

〔**本爻**〕九三陽爻有主見，有實力。位在以守待攻之位，居位適當。

〔**現況**〕九三與九四同在人位，介於兩卦之間不相得。「不恆其德，或承之羞」，如果所謀之事已在具體進行中，當前彼方外在環境有阻力歧見，沒有助益。

〔**將來**〕九三與九二人位比地位，陽乘陽近而不相得。「貞吝」，我方內部在環境有阻力歧見，沒有助益。維持目前的情況比較有利，至少不會造成損失。

〔**警告**〕「不恆其德，或承之羞」，如果貿然投入資源想要獲取更大利益會慘遭挫敗。

〔**建議**〕恆卦九三不得力於彼我雙方，進退不得。如果是投資事業或必須改變現況等風險高的事情，請暫且擱置，以避免難以預料的損失發生。可延至時序「立秋／處暑」再行占卜；或有再次觸動轉變的契機，意猶未決時進行占卜。

恆 32

【**原文**】九四，田无禽。〈象〉曰：久非其位，安得禽也？

【**譯文**】九四（與九三同在人位，介於兩卦之間不相得），田獵獲不到禽獸。〈爻象〉傳說：久居不當之位，田獵那能獲得禽獸呢？

【三才六爻演卦】

〔**形勢**〕䷟ 恆卦相對立場的彼、我雙方（上、下卦）勢力均等。九四的作為必須承擔變動風險與有利條件相對持平。如果有競逐對象團體，仍以我方較有優勢。

〔**本爻**〕九四陽爻有主見，有實力。位在守成整合之位，居位

不當。守勢之位。

〔現況〕九四與九三同在人位，介於兩卦之間不相得。「田无禽」，如果所謀之事已在具體進行中，當前彼方外在環境有阻力歧見，沒有助益。

〔將來〕九四與六五人位比天位，陽承陰近而相得。我方內部環境助益不如預期。如果基於情感道義而付出仍要考量能力所及為宜。維持目前的情況比較有利，至少不會造成損失。

〔建議〕恆卦九四居位不當，不得力於彼我雙方，進退不得。如果是投資事業或必須改變現況等風險高的事情，請暫且擱置，以避免難以預料的損失發生。可延至時序「立秋／處暑」再行占卜；或有再次觸動轉變的契機，意猶未決時進行占卜。

恆 32

【原文】六五，恆其德，貞；婦人吉，夫子凶。〈象〉曰：婦人貞吉，從一而終也；夫子制義，從婦凶也。

【譯文】六五（與上六同在天位，陰承陰近而不相得），恆久保持柔順的美德，守持正固；婦人可獲吉祥，（六五與九四天位比人位，陰乘陽乘剛）如果順從男子則有凶險。〈爻象〉傳說：婦人守持正固可獲吉祥，順從一個丈夫終身不改；男子制定事宜，順從婦人的陰柔而便宜行事會有凶險。

【三才六爻演卦】

〔形勢〕☳ 恆卦相對立場的彼、我雙方（上、下卦）勢力均等。六五的作為必須承擔變動風險與有利條件相對持平。如果有競逐對象團體，仍以我方較有優勢。

〔本爻〕六五陰爻沒有主見，欠缺實力。位在決策實權之位，居位不當。攻勢較優之位。

〔現況〕六五與上六同在天位，陰承陰近而不相得。「恆其德，貞」，如果所疑之事已在具體進行中，當前我方內部環境無能為力，沒有助益。

〔將來〕六五與九四天位比人位，陰乘陽乘剛。「婦人吉」，

我方內部環境有所牽制，停滯不前。維持目前的情況比較有利，至少不會造成損失。

〔**警告**〕「夫子凶」，如果貿然投入資源想要獲取更大利益會慘遭挫敗。

〔**建議**〕恆卦六五居位不當，不得力於彼我雙方，進退不得。如果是投資事業或必須改變現況等風險高的事情，請暫且擱置，以避免難以預料的損失發生。可延至時序「立秋／處暑」再行占卜；或有再次觸動轉變的契機，意猶未決時進行占卜。

【**原文**】上六，振恆，凶。〈象〉曰：振恆在上，大无功也。

【**譯文**】上六（與六五同在天位，陰乘陰近而不相得），振動不安於恆久之道，有凶險。〈爻象〉傳說：振動不安於恆久之道又高居上位，大為無功。

【**三才六爻演卦**】

〔**形勢**〕☲ 恆卦相對立場的彼、我雙方（上、下卦）勢力均等。上六的作為必須承擔變動風險與有利條件相對持平。如果有競逐對象團體，仍以我方較有優勢。

〔**本爻**〕上六陰爻沒有主見，欠缺實力。位在不任實事之位，居位適當。

〔**現況**〕上六與六五同在天位，陰乘陰近而不相得。如果所疑之事已在具體進行中，當前我方內部環境無能為力，沒有助益。

〔**將來**〕上六與六五同在天位，陰乘陰近而不相得。「振恆，凶」，維持目前的情況比較有利，至少不會造成損失。

〔**警告**〕「振恆，凶」，如果貿然投入資源想要獲取更大利益會慘遭挫敗。

〔**建議**〕恆卦上六不得力於彼我雙方，進退不得。如果是投資事業或必須改變現況等風險高的事情，請暫且擱置，以避免難以預料的損失發生。可延至時序「立秋／處暑」再行占卜；或

恆
32

有再次觸動轉變的契機，意猶未決時進行占卜。

⚜ ⚜ ⚜

䷠ 艮下，乾上。（天山　遯 33）

立場	卦別	三才	六爻	符號	實力	位置	形勢
我方內部環境相對於（下卦）彼方外在環境	上卦	天1	上九	－	○	✕	▽
		天3	九五	－	○	○	▽
		人5	九四	－	○	✕	↓
我方內部環境相對於（上卦）彼方外在環境	下卦	人6	九三	－	○	○	↓
		地4	六二	--			○
		地2	初六	--	✕	✕	○

【原文】初六，遯尾；厲，勿用有攸往。〈象〉曰：遯尾之厲，不往何災也？

【譯文】初六（與六二同在地位，陰承陰近而不相得），退避不及而落在末尾；有危險，不宜有所前往。〈爻象〉傳說：退避不及而落在末尾以致危險，不前往又有什麼災禍呢？

【三才六爻演卦】

〔形勢〕䷠ 遯卦初六位在相對劣勢的我方（下卦），相對優勢在彼方（上卦）。初六在劣勢中的作為必須承擔變動風險相對提高，有利條件相對降低。如果有競逐對象團體，仍以彼方較有優勢。

〔本爻〕初六陰爻沒有主見，欠缺實力。位在基礎之位，居位不當。

〔現況〕初六與六二同在地位，陰承陰近而不相得。「遯尾」，如果所疑之事已在具體進行中，當前我方內部環境無能為力，沒有助益。

〔將來〕初六與六二同在地位，陰承陰近而不相得。九三變動

退來對初六有所益助。有我方內部環境主動相助,可以獲得實質助益。

〔警告〕「厲,勿用有攸往」,如果貿然投入資源想要獲取更大利益會慘遭挫敗。

〔建議〕遯卦初六處於劣勢,得力於我方,以不改變現況為原則可以獲益。雖然可以獲益,不可過度樂觀,仍以保守評估為要。不宜投資事業或必須改變現況等風險高的事情。

【原文】六二,執之用黃牛之革,莫之勝說。〈象〉曰:執用黃牛,固志也。

【譯文】六二,(九三變動退來對六二有所益助)被黃牛的皮革捆縛住,沒有人能夠解脫。〈爻象〉傳說:被黃牛的皮革捆縛住,固守消極被動的心志。

【三才六爻演卦】

〔形勢〕☶ 遯卦六二位在相對劣勢的我方(下卦),相對優勢在彼方(上卦)。六二在劣勢中的作為必須承擔變動風險相對提高,有利條件相對降低。如果有競逐對象團體,仍以彼方較有優勢。

〔本爻〕六二陰爻沒有主見,欠缺實力。位在守成之位,居位適當。守勢較優之位。

〔現況〕六二與初六同在地位,陰乘陰近而不相得。如果所疑之事已在具體進行中,我方內部環境無能為力,沒有助益。

〔將來〕六二與九三地位比人位,陰承陽近而相得。九三變動退來對六二有所益助。「執用黃牛之革,莫之勝說」,有我方內部環境相助,可以獲得實質助益。

〔建議〕遯卦六二處於劣勢,得力於我方,以不改變現況為原則可以獲益。雖然可以獲益,不可過度樂觀,仍以保守評估為要。不宜投資事業或必須改變現況等風險高的事情。

遯
33

【原文】九三，係遯，有疾厲；畜臣妾，吉。〈象〉曰：係遯之厲，有疾憊也；「畜臣妾吉」，不可大事也。

【譯文】九三（與九四同在人位，介於兩卦之間不相得），心懷繫戀而不能退避，將有疾患與危險；（九三順勢退來初六）若是畜養臣僕侍妾，可獲吉祥。〈爻象〉傳說：心懷繫戀而不能退避以致有危險，遭疾患而羸困不堪；「畜臣妾吉」，不可用於治國大事。

【三才六爻演卦】

〔形勢〕☶ 遯卦九三位在相對劣勢的我方（下卦），相對優勢在彼方（上卦）。九三在劣勢中的作為必須承擔變動風險相對提高，有利條件相對降低。如果有競逐對象團體，仍以彼方較有優勢。

〔本爻〕九三陽爻有主見，有實力。位在以守待攻之位，居位適當。

〔現況〕九三與九四同在人位，介於兩卦之間不相得。「係遯，有疾厲」，如果所謀之事已在具體進行中，當前彼方外在環境有阻力歧見，沒有助益。

〔將來〕九三與六二人位比地位，陽乘陰近而相得。九三順勢退來初六。「畜臣妾，吉」，爭取有能力、有條件的人事物支持，投入既有資源重新出發。可以考慮另起爐灶。

〔警告〕「係遯，有疾厲」，如果安於現狀，被動等待，錯失變動良機。

〔建議〕遯卦九三處於劣勢，得力於我方，得人之助，得地之宜。保守評估，量力而為，以退為進，可從事投資事業或必須改變現況等風險高的事情。

【原文】九四，好遯，君子吉，小人否。〈象〉曰：君子好遯，小人否也。

【譯文】九四（順著九三變動之勢退來），心情好而身已退

避，君子可獲吉祥，小人就做不到這樣。〈爻象〉傳說：君子心情好而身已退避，小人就做不到這樣。

【三才六爻演卦】

〔形勢〕☶ 遯卦九四位在相對優勢的我方（上卦），相對劣勢在彼方（下卦）。九四在優勢中的作為必須承擔變動風險相對降低，有利條件相對提高。如果有競逐對象團體，仍以我方較有優勢。

〔本爻〕九四陽爻有主見，有實力。位在守成整合之位，居位不當。

〔現況〕九四與九三同在人位，介於兩卦之間不相得。如果所謀之事已在具體進行中，當前彼方外在環境有阻力歧見，沒有助益。

〔將來〕九四與九五人位比天位，陽承陽近而不相得。九四順著九三變動之勢退來。「好遯，君子吉」，化解阻力歧見，爭取有能力、有條件的人事物支持，投入既有資源重新出發。可以考慮另起爐灶。

〔警告〕「小人否」，如果安於現狀，被動等待，錯失變動良機。

〔建議〕遯卦九四處於優勢，得力於彼我雙方，得人之助，得地之宜。保守評估，量力而為，以退為進，可從事投資事業或必須改變現況等風險高的事情。

【原文】九五，嘉遯，貞吉。〈象〉曰：「嘉遯貞吉」，以正志也。

【譯文】九五（與上九同在天位，陽承陽近而不相得），嘉美及時的退避，守持正固可獲吉祥的。〈爻象〉傳說：「嘉遯貞吉」，因為能夠端正心志。

【三才六爻演卦】

〔形勢〕☶ 遯卦九五位在相對優勢的我方（上卦），相對劣勢

遯
33

在彼方（下卦）。九五在優勢中的作為必須承擔變動風險相對
降低，有利條件相對提高。如果有競逐對象團體，仍以我方較
有優勢。

〔**本爻**〕九五陽爻有主見，有實力。位在決策實權之位，居位
適當。攻勢較優之位。

〔**現況**〕九五與上九同在天位，陽承陽近而不相得。「嘉
遯」，如果所謀之事已在具體進行中，當前我方內部環境有阻
力歧見，沒有助益。

〔**將來**〕九五與九四天位比人位，陽乘陽近而不相得。「貞
吉」，我方內部環境有阻力歧見，沒有助益。維持目前的情況
比較有利，至少可以持盈保泰。

〔**建議**〕遯卦九五處於優勢，不得力於彼我雙方，進退不得。
如果是投資事業或必須改變現況等風險高的事情，請暫且擱
置，以避免難以預料的損失發生。可延至時序「小暑／大暑」
再行占卜；或有再次觸動轉變的契機，意猶未決時進行占卜。

【原文】上九，肥遯，无不利。〈象〉曰：「肥遯无不利」，
无所疑也。

【譯文】上九（與九五同在天位，陽乘陽近而不相得），高飛
遠退，無所不利。〈爻象〉傳說：「肥遯无不利」，無所疑
戀。

【三才六爻演卦】

〔**形勢**〕☶ 遯卦上九位在相對優勢的我方（上卦），相對劣勢
在彼方（下卦）。上九在優勢中的作為必須承擔變動風險相對
降低，有利條件相對提高。如果有競逐對象團體，仍以我方較
有優勢。

〔**本爻**〕上九陽爻有主見，有實力。位在不任實事之位，居位
不當。

〔**現況**〕上九與九五同在天位，陽乘陽近而不相得。「肥

遯」，如果所謀之事已在具體進行中，當前我方內部環境有阻力歧見，沒有助益。

〔**將來**〕上九與九五同在天位，陽乘陽近而不相得。「无不利」，維持目前的情況比較有利，至少可以持盈保泰。

〔**建議**〕遯卦上九處於優勢，不得力於彼我雙方，進退不得。如果是投資事業或必須改變現況等風險高的事情，請暫且擱置，以避免難以預料的損失發生。可延至時序「小暑／大暑」再行占卜；或有再次觸動轉變的契機，意猶未決時進行占卜。

☰ 乾下，震上。（雷天 大壯 34）

大壯 34

立場	卦別	三才	六爻	符號	實力	位置	形勢
我方內部環境相對於（下卦）彼方外在環境	上卦	天1	上六	--	✕	○	。
		天3	六五	--	✕	○	。
		人5	九四	―	○	✕	↑
我方內部環境相對於（上卦）彼方外在環境	下卦	人6	九三	―	○	○	△
		地4	九二	―	○	○	△
		地2	初九	―	○	○	△

【**原文**】初九，壯于趾，征凶；有孚。〈象〉曰：「壯于趾」，其孚窮也。

【**譯文**】初九（與九二同在地位，陽承陽近而不相得），足趾強壯，往前必有凶險；應當誠信自守。〈爻象〉傳說：「壯于趾」，初九應當誠信自守善處窮困。

【三才六爻演卦】

〔**形勢**〕☳ 大壯相對立場的彼、我雙方（上、下卦）勢力均等。初九的作為必須承擔變動風險與有利條件相對持平。如果有競逐對象團體，仍以彼方較有優勢。

〔**本爻**〕初九陽爻有主見，有實力。位在基礎之位，居位適當。

〔**現況**〕初九與九二同在地位，陽承陽近而不相得。「壯于趾」，如果所謀之事已在具體進行中，當前我方內部環境有阻力歧見，沒有助益。

〔**將來**〕初九與九二同在地位，陽承陽近而不相得。「有孚」，維持目前的情況比較有利，至少不會造成損失。

〔**警告**〕「征凶」，如果貿然投入資源想要獲取更大利益會慘遭挫敗。

〔**建議**〕大壯初九不得力於彼我雙方，進退不得。如果是投資事業或必須改變現況等風險高的事情，請暫且擱置，以避免難以預料的損失發生。可延至時序「驚蟄／春分」再行占卜；或有再次觸動轉變的契機，意猶未決時進行占卜。

大壯 34

【**原文**】九二，貞吉。〈象〉曰：「九二貞吉」，以中也。

【**譯文**】九二（與九三地位比人位，陽承陽近而不相得），守持正固可獲吉祥。〈爻象〉傳說：「九二貞吉」，是陽剛居中的緣故。

【**三才六爻演卦**】

〔**形勢**〕䷡ 大壯相對立場的彼、我雙方（上、下卦）勢力均等。九二的作為必須承擔變動風險與有利條件相對持平。如果有競逐對象團體，仍以彼方較有優勢。

〔**本爻**〕九二陽爻有主見，有實力。位在守成之位，居位不當。守勢較優之位。

〔**現況**〕九二與初九同在地位，陽乘陽近而不相得。如果所謀之事已在具體進行中，當前我方內部環境有阻力歧見，沒有助益。

〔**將來**〕九二與九三地位比人位，陽承陽近而不相得。「貞吉」，我方內部環境有阻力歧見，沒有助益。維持目前的情況

比較有利，至少可以持盈保泰。

〔建議〕大壯九二不得力於彼我雙方，進退不得。如果是投資事業或必須改變現況等風險高的事情，請暫且擱置，以避免難以預料的損失發生。可延至時序「驚蟄／春分」再行占卜；或有再次觸動轉變的契機，意猶未決時進行占卜。

【原文】九三，小人用壯，君子用罔；貞厲，羝羊觸藩，羸其角。〈象〉曰：「小人用壯」，君子罔也。

【譯文】九三（與九四同在人位，介於兩卦之間不相得），小人妄用強盛，君子雖強不用；（九三與九二人位比地位，陽乘陽近而不相得）守持正固以防危險，就像大羊強觸藩籬，羊角必被拘累纏繞。〈爻象〉傳說：「小人用壯」，君子雖強卻能不妄用。

【三才六爻演卦】

〔形勢〕☳ 大壯相對立場的彼、我雙方（上、下卦）勢力均等。九三的作為必須承擔變動風險與有利條件相對持平。如果有競逐對象團體，仍以彼方較有優勢。

〔本爻〕九三陽爻有主見，有實力。位在以守待攻之位，居位適當。

〔現況〕九三與九四同在人位，介於兩卦之間不相得。「小人用壯，君子用罔」，如果所謀之事已在具體進行中，當前彼方外在環境有阻力歧見，沒有助益。

〔將來〕九三與九二人位比地位，陽乘陽近而不相得。「貞厲」，我方內部環境有阻力歧見，沒有助益。維持目前的情況控管損害，不至損失持續擴大。

〔警告〕「羝羊觸藩，羸其角」，如果貿然投入資源想要獲取更大利益會慘遭挫敗。

〔建議〕大壯九三不得力於彼我雙方，進退不得。如果是投資事業或必須改變現況等風險高的事情，請暫且擱置，以避免難

以預料的損失發生。可延至時序「驚蟄／春分」再行占卜；或有再次觸動轉變的契機，意猶未決時進行占卜。

【原文】九四，貞吉，悔亡；藩決不羸，壯于大輿之輹。〈象〉曰：「藩決不羸」，尚往也。

【譯文】九四（順勢前往上六），占卜結果可獲吉祥，悔恨必將消亡；就像藩籬觸開了缺口而羊角不被拘累纏繞，又像大車的輪輹強盛適用。〈爻象〉傳說：「藩決不羸」，利於前往。

【三才六爻演卦】

〔形勢〕☳ 大壯相對立場的彼、我雙方（上、下卦）勢力均等。九四的作為必須承擔變動風險與有利條件相對持平。如果有競逐對象團體，仍以我方較有優勢。

〔本爻〕九四陽爻有主見，有實力。位在守成整合之位，居位不當。

〔現況〕九四與九三同在人位，介於兩卦之間不相得。如果所謀之事已在具體進行中，當前彼方外在環境有阻力歧見，沒有助益。

〔將來〕九四與六五人位比天位，陽承陰近而相得。九四順勢前往上六。「貞吉，悔亡；藩決不羸，壯于大輿之輹」，保守評估，量力而為，投入現有資源，爭取有能力、有條件的人事物支持。

〔建議〕大壯九四，得力於我方，得人之助，得天之時。保守評估，量力而為，可從事投資事業或必須改變現況等風險高的事情。

【原文】六五，喪羊于易，无悔。〈象〉曰：「喪羊于易」，位不當也。

【譯文】六五，（九四變動前來對六五造成意外損害）在田畔

喪失了羊，無所悔恨。〈爻象〉傳說：「喪羊于易」，居位不適當。

【三才六爻演卦】

〔**形勢**〕䷡ 大壯相對立場的彼、我雙方（上、下卦）勢力均等。六五的作為必須承擔變動風險與有利條件相對持平。如果有競逐對象團體，仍以我方較有優勢。

〔**本爻**〕六五陰爻沒有主見，欠缺實力。位在決策實權之位，居位不當。攻勢較優之位。

〔**現況**〕六五與上六同在天位，陰承陰近而不相得。如果所疑之事已在具體進行中，當前我方內部環境無能為力，沒有助益。

〔**將來**〕六五與九四天位比人位，陰乘陽乘剛。九四變動前來對六五造成意外損害。「喪羊于易，无悔」，不但我方內部環境沒有助緣，會有意外造成損失。維持目前的情況控管損害，不至損失持續擴大。

〔**建議**〕大壯六五居位不當，不得力於彼我雙方，進退不得。如果是投資事業或必須改變現況等風險高的事情，請暫且擱置，以避免難以預料的損失發生。可延至時序「驚蟄／春分」再行占卜；或有再次觸動轉變的契機，意猶未決時進行占卜。

【**原文**】上六，羝羊觸藩，不能退，不能遂，无攸利；艱則吉。〈象〉曰：「不能退，不能遂」，不詳也；「艱則吉」，咎不長也。

【**譯文**】上六，（九四變動前往上六）大羊羝觸藩籬，（上六與六五同在天位，陰乘陰近而不相得）不能退卻，不能前往，無所利益；在艱難中自守可獲吉詳。〈爻象〉傳說：「不能退不能遂」，處事不夠周詳審慎；「艱則吉」，過失不致於久長。

【三才六爻演卦】

〔形勢〕☳ 大壯相對立場的彼、我雙方（上、下卦）勢力均等。上六的作為必須承擔變動風險與有利條件相對持平。如果有競逐對象團體，仍以我方較有優勢。

〔本爻〕上六陰爻沒有主見，欠缺實力。位在不任實事之位，居位適當。

〔現況〕上六與六五同在天位，陰乘陰近而不相得。「不能退，不能遂，无攸利」，如果所疑之事已在具體進行中，當前我方內部環境無能為力，沒有助益。

〔將來〕上六與六五同在天位，陰乘陰近而不相得。九四變動前往對上六造成意外損害。「羝羊觸藩」、「艱則吉」，不但我方內部環境沒有助緣，會有意外造成損失。維持目前的情況控管損害，不至損失持續擴大。

〔警告〕「不能退，不能遂，无攸利」，如果貿然投入資源想要獲取更大利益會慘遭挫敗。

〔建議〕大壯上六不得力於彼我雙方，進退不得。如果是投資事業或必須改變現況等風險高的事情，請暫且擱置，以避免難以預料的損失發生。可延至時序「驚蟄／春分」再行占卜；或有再次觸動轉變的契機，意猶未決時進行占卜。

晉 35

☷☲ 坤下，離上。（火地　晉 35）

立場	卦別	三才	六爻	符號	實力	位置	形勢
我方內部環境相對於（下卦）彼方外在環境	上卦	天1	上九	―	○	×	↓
		天3	六五	--	×	○	↓
		人5	九四	―	○	×	▽
我方內部環境相對於（上卦）彼方外在環境	下卦	人6	六三	--	×	×	°
		地4	六二	--	×	○	°
		地2	初六	--	×	×	°

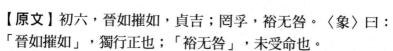

【原文】初六，晉如摧如，貞吉；罔孚，裕无咎。〈象〉曰：「晉如摧如」，獨行正也；「裕无咎」，未受命也。

【譯文】初六（與六二同在地位，陰承陰近而不相得），晉長之初就受到摧折抑退，守持貞固可獲吉祥；不能見信於人，暫且寬裕待時則無過失。〈爻象〉傳說：「晉如摧如」，獨自踐行正道；「裕无咎」，尚未受到任命。

【三才六爻演卦】

〔形勢〕晉卦初六位在相對劣勢的我方（下卦），相對優勢在彼方（上卦）。初六在劣勢中的作為必須承擔變動風險相對提高，有利條件相對降低。如果有競逐對象團體，仍以彼方較有優勢。

〔本爻〕初六陰爻沒有主見，欠缺實力。位在基礎之位，居位不當。

〔現況〕初六與六二同在地位，陰承陰近而不相得。「晉如摧如，貞吉」，如果所疑之事已在具體進行中，當前我方內部環境無能為力，沒有助益。

〔將來〕初六與六二同在地位，陰承陰近而不相得。「罔孚，裕无咎」，維持目前的情況比較有利，至少不會造成損失。

〔建議〕晉卦初六處於劣勢，不得力於彼我雙方，進退不得。如果是投資事業或必須改變現況等風險高的事情，請暫且擱置，以避免難以預料的損失發生。可延至時序「驚蟄／春分」再行占卜；或有再次觸動轉變的契機，意猶未決時進行占卜。

【原文】六二，晉如愁如，貞吉；受茲介福，于其王母。〈象〉曰：「受茲介福」，以中正也。

【譯文】六二（與六三地位比人位，陰承陰近而不相得），晉長之時滿面愁容，守持正固可獲吉祥；（六五變動前來對六二有所益助）承受弘大的福澤，來自尊貴的王母。〈爻象〉傳說：「受茲介福」，居中守正。

晉 35

【三才六爻演卦】

〔形勢〕☷ 晉卦六二位在相對劣勢的我方（下卦），相對優勢在彼方（上卦）。六二在劣勢中的作為必須承擔變動風險相對提高，有利條件相對降低。如果有競逐對象團體，仍以彼方較有優勢。

〔本爻〕六二陰爻沒有主見，欠缺實力。位在守成之位，居位適當。守勢較優之位。

〔現況〕六二與初六同在地位，陰乘陰近而不相得。如果所疑之事已在具體進行中，當前我方內部環境無能為力，沒有助益。

〔將來〕六二與六三地位比人位，陰承陰近而不相得。「晉如愁如，貞吉」，維持目前的情況比較有利，至少可以持盈保泰。六五變動前來對六二有所益助。「受茲介福，于其王母」，有彼方外在環境相助，可以獲得實質助益。

〔建議〕晉卦六二處於劣勢，得力於彼方，在不改變現況的原則下可獲益。雖然可以從中獲益，不可過度樂觀，仍以保守評估為要。不宜投資事業或必須改變現況等風險高的事情。

【原文】六三，眾允，悔亡。〈象〉曰：眾允之志，上行也。

【譯文】六三（與九四同在人位，介於兩卦之間不相得），獲得眾人信允，悔恨消亡。〈爻象〉傳說：獲得眾人信允的心志，意欲向上行進。

【三才六爻演卦】

〔形勢〕☷ 晉卦六三位在相對劣勢的我方（下卦），相對優勢在彼方（上卦）。六三在劣勢中的作為必須承擔變動風險相對提高，有利條件相對降低。如果有競逐對象團體，仍以彼方較有優勢。

〔本爻〕六三陽爻沒有主見，欠缺實力。位在以守待攻之位，居位不當。

晉
35

〔現況〕六三與九四同在人位，介於兩卦之間不相得。「眾允」，如果所疑之事已在具體進行中，當前彼方外在環境看似有利，實而無益。如果基於情感道義而付出仍要考量能力所及為宜。

〔將來〕六三與六二人位比地位，陰乘陰近而不相得。「悔亡」，我方內部環境無能為力，沒有助益。維持目前的情況比較有利，至少不會造成損失。

〔警告〕「眾允」，自我克制，不要受到外在人事物誘惑。如果貿然投入資源想要獲取更大利益會慘遭挫敗。

〔建議〕晉卦六三處於劣勢，不得力於彼我雙方，進退不得。如果是投資事業或必須改變現況等風險高的事情，請暫且擱置，以避免難以預料的損失發生。可延至時序「驚蟄／春分」再行占卜；或有再次觸動轉變的契機，意猶未決時進行占卜。

晉 35

【原文】九四，晉如鼫鼠，貞厲。〈象〉曰：「鼫鼠貞厲」，位不當也。

【譯文】九四（與六三同在人位，介於兩卦之間不相得），晉長之時卻像身無專技的鼫鼠，守持貞固以防危險。〈爻象〉傳說：「鼫鼠貞厲」，居位不適當。

【三才六爻演卦】

〔形勢〕☲☷ 晉卦九四位在相對優勢的我方（上卦），相對劣勢在彼方（下卦）。九四在優勢中的作為必須承擔變動風險相對降低，有利條件相對提高。如果有競逐對象團體，仍以我方較有優勢。

〔本爻〕九四陽爻有主見，有實力。位在守成整合之位，居位不當。

〔現況〕九四與六三同在人位，介於兩卦之間不相得。「晉如鼫鼠」，如果所謀之事已在具體進行中，當前彼方外在環境看似有利，實而無益。如果基於情感道義而付出仍要考量能力所

及為宜。

〔將來〕九四與六五人位比天位，陽承陰近而相得。「貞厲」，我方內部環境助益不如預期。如果基於情感道義而付出仍要考量能力所及為宜。自我克制，不要受到我方內部人事物誘惑。維持目前的情況比較有利，至少不會造成損失。

〔警告〕「晉如鼫鼠」，如果貿然投入資源想要獲取更大利益會慘遭挫敗。

〔建議〕晉卦九四處於優勢，不得力於彼我雙方，進退不得。如果是投資事業或必須改變現況等風險高的事情，請暫且擱置，以避免難以預料的損失發生。可延至時序「驚蟄／春分」再行占卜；或有再次觸動轉變的契機，意猶未決時進行占卜。

晉 35

【原文】六五，悔亡，得失勿恤；往吉，无不利。〈象〉曰：「失得勿恤」，往有慶也。

【譯文】六五（與上九同在天位，陰承陽近而相得），悔恨消亡，得失不須憂慮；（六五順著九四與六三比附之勢前來）前往可獲吉祥，無所不利。〈爻象〉傳說：「失得勿恤」，前往必有福慶。

【三才六爻演卦】

〔形勢〕䷢ 晉卦六五位在相對優勢的我方（上卦），相對劣勢在彼方（下卦）。六五在優勢中的作為必須承擔變動風險相對降低，有利條件相對提高。如果有競逐對象團體，仍以我方較有優勢。

〔本爻〕六五陰爻沒有主見，欠缺實力。位在決策實權之位，居位不當。攻勢較優之位。

〔現況〕六五與上九同在天位，陰承陽近而相得。「悔亡，得失勿恤」，如果所疑之事已在具體進行中，當前我方內部環境有實質助益。

〔將來〕六五與九四天位比人位，陰乘陽乘剛。六五順著九四

與六三比附之勢前來。「往吉，无不利」，投入現有資源，獲取更大利益。爭取有能力、有條件的人事物支持，群策群力共圖事業。優勢在我方，順勢而為。

〔建議〕晉卦六五處於優勢，得力於彼我雙方，得天之時，得人之助。可從事投資事業或必須改變現況等風險高的事情。

【原文】上九，晉其角，維用伐邑，厲吉，无咎；貞吝。
〈象〉曰：「維用伐邑」，道未光也。

【譯文】上九（與六五同在天位，陽乘陰近而相得），晉長發展到動物頭上的角尖，（上九順著六五變動前來）宜於征伐邑國，雖處險境可獲吉祥，沒有過失；謹守貞固有所憾惜。〈爻象〉傳說：「維用伐邑」，晉長之道未能光大。

【三才六爻演卦】

〔形勢〕☷☲ 晉卦上九位在相對優勢的我方（上卦），相對劣勢在彼方（下卦）。上九在優勢中的作為必須承擔變動風險相對降低，有利條件相對提高。如果有競逐對象團體，仍以我方較有優勢。

〔本爻〕上九陽爻有主見，有實力。位在不任實事之位，居位不當。

〔現況〕上九與六五同在天位，陽乘陰近而相得。「晉其角」，如果所謀之事已在具體進行中，當前我方內部環境助益不如預期。如果基於情感道義而付出仍要考量能力所及為宜。

〔將來〕上九與六五同在天位，陽乘陰近而相得。上九順著六五變動前來。「維用伐邑，厲吉，无咎」，投入現有資源，獲取更大利益。化解阻力歧見，建立共識，爭取有能力、有條件的人事物支持，群策群力共圖事業。優勢在我方，順勢而為。

〔警告〕「貞吝」，如果安於現狀，被動等待，錯失變動良機。

〔**建議**〕晉卦上九處於優勢，得力於彼我雙方，得天之時，得人之助。可從事投資事業或必須改變現況等風險高的事情。

☷☲ 離下，坤上。（地火　明夷 36）

立場	卦別	三才	六爻	符號	實力	位置	形勢
我方內部環境相對於（下卦）彼方外在環境	上卦	天1	上六	--	✕	○	。
		天3	六五	--	✕	○	。
		人5	六四	--	✕	○	↓
我方內部環境相對於（上卦）彼方外在環境	下卦	人6	九三	—	○	○	△
		地4	六二	--	✕	○	。
		地2	初九	—	○	○	△

【原文】初九，明夷于飛，垂其翼；君子于行，三日不食。有攸往，主人有言。〈象〉曰：「君子于行」，義不食也。

【譯文】初九，光明漸漸隱入地中，就像垂下翅膀的鳥直墮地面；（初九與六二同在地位，陽承陰近而相得）君子避走不前往，有三天得不到飲食。如果這時再有所前往，主人有責難。〈爻象〉傳說：「君子于行」，守持正理不求祿食。

【三才六爻演卦】

〔**形勢**〕☷☲ 明夷初九位在相對劣勢的我方（下卦），相對優勢在彼方（上卦）。初九在劣勢中的作為必須承擔變動風險相對提高，有利條件相對降低。如果有競逐對象團體，仍以彼方較有優勢。

〔**本爻**〕初九陽爻有主見，有實力。位在基礎之位，居位適當。

〔**現況**〕初九與六二同在地位，陽承陰近而相得。如果所謀之事已在具體進行中，當前我方內部環境助益不如預期。如果基

於情感道義而付出仍要考量能力所及為宜。

〔將來〕初九與六二同在地位，陽承陰近而相得。「君子于行，三日不食」，維持目前的情況比較有利，至少不會造成損失。

〔警告〕「有攸往，主人有言」，如果貿然投入資源想要獲取更大利益會慘遭挫敗。

〔建議〕明夷初九處於劣勢，不得力於彼我雙方，進退不得。如果是投資事業或必須改變現況等風險高的事情，請暫且擱置，以避免難以預料的損失發生。可延至時序「寒露／霜降」再行占卜；或有再次觸動轉變的契機，意猶未決時進行占卜。

明夷 36

【原文】六二，明夷；夷于左股，用拯馬壯，吉。〈象〉曰：六二之吉，順以則也。

【譯文】六二（與初九同在地位，陰乘陽乘剛），光明殞傷，損傷左大腿，（六二與九三地位比人位，陰承陽近而相得）借助良馬的拯濟恢復強壯，可獲吉祥。〈爻象〉傳說：六二的吉祥，柔順又能堅守自晦的法則。

【三才六爻演卦】

〔形勢〕☷ 明夷六二位在相對劣勢的我方（下卦），相對優勢在彼方（上卦）。六二在劣勢中的作為必須承擔變動風險相對提高，有利條件相對降低。如果有競逐對象團體，仍以彼方較有優勢。

〔本爻〕六二陰爻沒有主見，欠缺實力。位在守成之位，居位適當。守勢較優之位。

〔現況〕六二與初九同在地位，陰乘陽乘剛。「夷于左股」，如果所疑之事已在具體進行中，當前我方內部環境有所牽制，停滯不前。

〔將來〕六二與九三地位比人位，陰承陽近而相得。「用拯馬壯吉」，有我方內部環境相助，可以獲得實質助益。

〔建議〕明夷六二處於劣勢，得力於我方，以不改變現況為原則可以獲益。雖然可以獲益，不可過度樂觀，仍以保守評估為要。不宜投資事業或必須改變現況等風險高的事情。

【原文】九三，明夷于南狩，得其大首；不可疾，貞。〈象〉曰：南狩之志，乃大得也。

【譯文】九三（與六二人位比地位，陽乘陰近而相得），光明殞傷在南方狩獵征伐，俘獲元凶首惡；（九三與六四同在人位，介於兩卦之間不相得）不可操之過急，應當守持正固。〈爻象〉傳說：南方狩獵征伐的志向，有這樣的志向就能大有所得。

【三才六爻演卦】

〔形勢〕☷☲ 明夷九三位在相對劣勢的我方（下卦），相對優勢在彼方（上卦）。九三在劣勢中的作為必須承擔變動風險相對提高，有利條件相對降低。如果有競逐對象團體，仍以彼方較有優勢。

〔本爻〕九三陽爻有主見，有實力。位在以守待攻之位，居位適當。

〔現況〕九三與六四同在人位，介於兩卦之間不相得。「不可疾，貞」，如果所謀之事已在具體進行中，當前彼方外在環境看似有利，實而無益。如果基於情感道義而付出仍要考量能力所及為宜。

〔將來〕九三與六二人位比地位，陽乘陰近而相得。「明夷于南狩，得其大首」，雖然後勢看好，還是會有變數。我方內部環境助益不如預期。如果基於情感道義而付出仍要考量能力所及為宜。維持目前的情況比較有利，至少可以持盈保泰。

〔警告〕「不可疾，貞」，如果貿然投入資源想要獲取更大利益會慘遭挫敗。

〔建議〕明夷九三處於劣勢，不得力於彼我雙方，進退不得。

明夷 36

如果是投資事業或必須改變現況等風險高的事情,請暫且擱置,以避免難以預料的損失發生。可延至時序「寒露／霜降」再行占卜;或有再次觸動轉變的契機,意猶未決時進行占卜。

【原文】六四,入于左腹,獲明夷之心,于出門庭。〈象〉曰:「入于左腹」,獲心意也。

【譯文】六四(順著九三與六二比附之勢退來),順入退處在左方腹部地位,深刻了解光明殞傷時的內中情狀,毅然跨出門庭遠去。〈爻象〉傳說:「入于左腹」,獲知光明殞傷的內中情狀。

【三才六爻演卦】

〔形勢〕☷☲ 明夷六四位在相對優勢的我方(上卦),相對劣勢在彼方(下卦)。六四在優勢中的作為必須承擔變動風險相對降低,有利條件相對提高。如果有競逐對象團體,仍以我方較有優勢。

〔本爻〕六四陰爻沒有主見,欠缺實力。位在守成整合之位,居位適當。

〔現況〕六四與九三同在人位,介於兩卦之間不相得。如果所疑之事已在具體進行中,當前彼方外在環境看似有利,實而無益。如果基於情感道義而付出仍要考量能力所及為宜。

〔將來〕六四與六五人位比天位,陰承陰近而不相得。六四順著九三與六二比附之勢退來。「入于左腹,獲明夷之心,于出門庭」,爭取有能力、有條件的人事物支持,投入既有資源重新出發。可以考慮另起爐灶。

〔建議〕明夷六四處於優勢,得力於彼方,得人之助,得地之宜。保守評估,量力而為,以退為進,可從事投資事業或必須改變現況等風險高的事情。

明夷 36

【原文】六五，箕子之明夷，利貞。〈象〉曰：箕子之貞，明不可息也。

【譯文】六五（與上六同在天位，陰承陰近而不相得），殷朝箕子身處光明殞傷之時，（六五與六四天位比人位，陰乘陰近而不相得）利於守持正固。〈爻象〉傳說：殷朝箕子守持正固，內心的光明不可熄滅。

【三才六爻演卦】

〔形勢〕☷ 明夷六五位在相對優勢的我方（上卦），相對劣勢在彼方（下卦）。六五在優勢中的作為必須承擔變動風險相對降低，有利條件相對提高。如果有競逐對象團體，仍以我方較有優勢。

〔本爻〕六五陰爻沒有主見，欠缺實力。位在決策實權之位，居位不當。攻勢較優之位。

〔現況〕六五與上六同在天位，陰承陰近而不相得。「箕子之明夷」，如果所疑之事已在具體進行中，當前我方內部環境無能為力，沒有助益。

〔將來〕六五與六四天位比人位，陰乘陰近而不相得。「利貞」，我方內部環境無能為力，沒有助益。自我克制，不要受到外在人事物誘惑。維持目前的情況比較有利，至少不會造成損失。

〔建議〕明夷六五處於優勢，不得力於彼我雙方，進退不得。如果是投資事業或必須改變現況等風險高的事情，請暫且擱置，以避免難以預料的損失發生。可延至時序「寒露／霜降」再行占卜；或有再次觸動轉變的契機，意猶未決時進行占卜。

【原文】上六，不明晦；初登于天，後入于地。〈象〉曰：「初登于天」，照四國也；「後入于地」，失則也。

【譯文】上六（與六五同在天位，陰乘陰近而不相得），不發出光明卻帶來昏暗；起初登臨天上，最終墮入地下。〈爻象〉

傳說：「初登于天」，照耀四方諸國；「後入于地」，違背正確的立身法則。

【三才六爻演卦】

〔**形勢**〕䷣ 明夷上六位在相對優勢的我方（上卦），相對劣勢在彼方（下卦）。上六在優勢中的作為必須承擔變動風險相對降低，有利條件相對提高。如果有競逐對象團體，仍以我方較有優勢。

〔**本爻**〕上六陰爻沒有主見，欠缺實力。位在不任實事之位，居位適當。

〔**現況**〕上六與六五同在天位，陰乘陰近而不相得。「不明晦」，如果所疑之事已在具體進行中，當前我方內部環境無能為力，沒有助益。

〔**將來**〕上六與六五同在天位，陰乘陰近而不相得。「初登于天」，維持目前的情況比較有利，至少不會造成損失。

〔**警告**〕「後入于地」，如果貿然投入資源想要獲取更大利益會慘遭挫敗。

〔**建議**〕明夷上六處於優勢，不得力於彼我雙方，進退不得。如果是投資事業或必須改變現況等風險高的事情，請暫且擱置，以避免難以預料的損失發生。可延至時序「寒露／霜降」再行占卜；或有再次觸動轉變的契機，意猶未決時進行占卜。

明夷
36

䷤ 離下，巽上。（風火 家人 37）

立場	卦別	三才	六爻	符號	實力	位置	形勢
我方內部環境相對於（下卦）彼方外在環境	上卦	天1	上九	－	○	×	▽
		天3	九五	－	○	○	▽
		人5	六四	--	×	○	。
我方內部環境相對於（上卦）彼方外在環境	下卦	人6	九三	－	○	○	△
		地4	六二	--	×	○	。
		地2	初九	－	○	○	△

【原文】初九，閑有家，悔亡。〈象〉曰：「閑有家」，志未變也。

【譯文】初九（與六二同在地位，陽承陰近而相得），防止邪僻保有其家，悔恨就會消亡。〈爻象〉傳說：「閑有家」，端正家的心志未改轉。

【三才六爻演卦】

〔形勢〕䷤ 家人相對立場的彼、我雙方（上、下卦）勢力均等。初九的作為必須承擔變動風險與有利條件相對持平。如果有競逐對象團體，仍以彼方較有優勢。

〔本爻〕初九陽爻有主見，有實力。位在基礎之位，居位適當。

〔現況〕初九與六二同在地位，陽承陰近而相得。「閑有家」，如果所謀之事已在具體進行中，當前我方內部環境助益不如預期。如果基於情感道義而付出仍要考量能力所及為宜。

〔將來〕初九與六二同在地位，陽承陰近而相得。「悔亡」，維持目前的情況比較有利，至少不會造成損失。

〔建議〕家人初九不得力於彼我雙方，進退不得。如果是投資事業或必須改變現況等風險高的事情，請暫且擱置，以避免難以預料的損失發生。可延至時序「芒種／夏至」再行占卜；或有再次觸動轉變的契機，意猶未決時進行占卜。

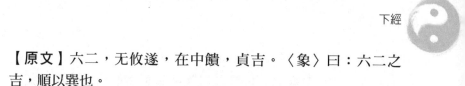

【原文】六二，无攸遂，在中饋，貞吉。〈象〉曰：六二之吉，順以巽也。

【譯文】六二，無所成就，（六二與九三地位比人位，陰承陽近而相得）掌管家中飲食事宜，守持正固可獲吉祥。〈爻象〉傳說：六二的吉祥，是由於柔順溫遜所致。

【三才六爻演卦】

〔形勢〕☲☴ 家人相對立場的彼、我雙方（上、下卦）勢力均等。六二的作為必須承擔變動風險與有利條件相對持平。如果有競逐對象團體，仍以彼方較有優勢。

〔本爻〕六二陰爻沒有主見，欠缺實力。位在守成之位，居位適當。守勢較優之位。

〔現況〕六二與初九同在地位，陰乘陽乘剛。如果所疑之事已在具體進行中，當前我方內部環境有所牽制，停滯不前。

〔將來〕六二與九三地位比人位，陰承陽近而相得。「在中饋，貞吉」，有我方內部環境相助，可以獲得實質助益。

〔警告〕「无攸遂」，如果貿然投入資源想要獲取更大利益會慘遭挫敗。

〔建議〕家人六二得力於我方，以不改變現況為原則可以獲益。雖然可以獲益，不可過度樂觀，仍以保守評估為要。不宜投資事業或必須改變現況等風險高的事情。

家人 37

【原文】九三，家人嗃嗃，悔厲，吉；婦子嘻嘻，終吝。〈象〉曰：「家人嗃嗃」，未失也；「婦子嘻嘻」，失家節也。

【譯文】九三（與六四同在人位，介於兩卦之間不相得），一家人傷怨嗷嗷，有悔恨及危險，但可獲吉祥；讓婦人孩童笑嘻嘻，終致憾惜。〈爻象〉傳說：「家人嗃嗃」，家人尚未失警戒；「婦子嘻嘻」，有失家中禮節。

【三才六爻演卦】

〔**形勢**〕☲☶ 家人相對立場的彼、我雙方（上、下卦）勢力均等。九三的作為必須承擔變動風險與有利條件相對持平。如果有競逐對象團體，仍以彼方較有優勢。

〔**本爻**〕九三陽爻有主見，有實力。位在以守待攻之位，居位適當。

〔**現況**〕九三與六四同在人位，介於兩卦之間不相得。「婦子嘻嘻，終吝」，如果所謀之事已在具體進行中，當前彼方外在環境看似有利，實而無益。如果基於情感道義而付出仍要考量能力所及為宜。

〔**將來**〕九三與六二人位比地位，陽乘陰近而相得。「家人嗃嗃，悔厲，吉」，我方內部助益不如預期。如果基於情感道義而付出仍要考量能力所及為宜。維持目前的情況比較有利，至少不會造成損失。

〔**警告**〕「婦子嘻嘻，終吝」，如果貿然投入資源想要獲取更大利益會慘遭挫敗。

〔**建議**〕家人九三不得力於彼我雙方，進退不得。如果是投資事業或必須改變現況等風險高的事情，請暫且擱置，以避免難以預料的損失發生。可延至時序「芒種／夏至」再行占卜；或有再次觸動轉變的契機，意猶未決時進行占卜。

【原文】六四，富家，大吉。〈象〉曰：「富家大吉」，順在位也。

【譯文】六四（與九五人位比天位，陰承陽近而相得），增富其家，大為吉祥。〈爻象〉傳說：「富家大吉」，承順陽剛的位置。

【三才六爻演卦】

〔**形勢**〕☲☶ 家人相對立場的彼、我雙方（上、下卦）勢力均等。六四的作為必須承擔變動風險與有利條件相對持平。如果有競逐對象團體，仍以我方較有優勢。

家人
37

〔**本爻**〕六四陰爻沒有主見，欠缺實力。位在守成整合之位，居位適當。

〔**現況**〕六四與九三同在人位，介於兩卦之間不相得。如果所疑之事已在具體進行中，當前彼方外在環境看似有利，實而無益。如果基於情感道義而付出仍要考量能力所及為宜。

〔**將來**〕六四與九五人位比天位，陰承陽近而相得。「富家大吉」，有我方內部環境相助，可以獲得實質助益。

〔**建議**〕家人六四得力於我方，以不改變現況為原則可以獲益。雖然可以獲益，不可過度樂觀，仍以保守評估為要。不宜投資事業或必須改變現況等風險高的事情。

【**原文**】九五，王假有家，勿恤，吉。〈象〉曰：「王假有家」，交相愛也。

【**譯文**】九五（與六四天位比人位，陽乘陰近而相得），君王以臣民為家人，無須憂慮，可獲吉祥。〈爻象〉傳說：「王假有家」，人人交相親愛和睦。

【**三才六爻演卦**】

〔**形勢**〕☴ 家人相對立場的彼、我雙方（上、下卦）勢力均等。九五的作為必須承擔變動風險與有利條件相對持平。如果有競逐對象團體，仍以我方較有優勢。

〔**本爻**〕九五陽爻有主見，有實力。位在決策實權之位，居位適當。攻勢較優之位。

〔**現況**〕九五與上九同在天位，陽承陽近而不相得。如果所謀之事已在具體進行中，當前我方內部環境有阻力歧見，沒有助益。

〔**將來**〕九五與六四天位比人位，陽乘陰近而相得。「王假有家，勿恤，吉」，我方內部環境助益不如預期。如果基於情感道義而付出仍要考量能力所及為宜。維持目前的情況比較有利，至少可以持盈保泰。

家人

37

〔建議〕家人九五不得力於彼我雙方，進退不得。如果是投資事業或必須改變現況等風險高的事情，請暫且擱置，以避免難以預料的損失發生。可延至時序「芒種／夏至」再行占卜；或有再次觸動轉變的契機，意猶未決時進行占卜。

【原文】上九，有孚，威如。終吉。〈象〉曰：威如之吉，反身之謂也。

【譯文】上九（與九五同在天位，陽乘陽近而不相得），心存誠信，威嚴治家，終獲吉祥。〈爻象〉傳說：威嚴治家的吉祥，要先反身嚴格要求自己。

【三才六爻演卦】

〔形勢〕☲☶ 家人相對立場的彼、我雙方（上、下卦）勢力均等。上九的作為必須承擔變動風險與有利條件相對持平。如果有競逐對象團體，仍以我方較有優勢。

〔本爻〕上九陽爻有主見，有實力。位在不任實事之位，居位不當。

〔現況〕上九與九五同在天位，陽乘陽近而不相得。「有孚，威如」，如果所謀之事已在具體進行中，當前我方內部環境有阻力歧見，沒有助益。

〔將來〕上九與九五同在天位，陽乘陽近而不相得。「終吉」，維持目前的情況比較有利，至少可以持盈保泰。

〔建議〕家人上九不得力於彼我雙方，進退不得。如果是投資事業或必須改變現況等風險高的事情，請暫且擱置，以避免難以預料的損失發生。可延至時序「芒種／夏至」再行占卜；或有再次觸動轉變的契機，意猶未決時進行占卜。

䷥ 兌下，離上。（火澤　睽 38）

立場	卦別	三才	六爻	符號	實力	位置	形勢
我方內部環境相對於（下卦）彼方外在環境	上卦	天1	上九	−	○	✕	↓
		天3	六五	--	✕	○	↓
		人5	九四	−	○	✕	▽
我方內部環境相對於（上卦）彼方外在環境	下卦	人6	六三	--	✕	✕	。
		地4	九二	−	○	○	△
		地2	初九	−	○	○	△

【原文】初九，悔亡；喪馬，勿逐自復；見惡人，无咎。
〈象〉曰：「見惡人」，以辟咎也。

【譯文】初九（與九二同在地位，陽承陽近而不相得），悔恨消亡；馬匹走失，不用追逐靜等自行歸來；接待相對立的惡人，沒有過失。〈爻象〉傳說：「見惡人」，是為了避免過失。

【三才六爻演卦】

〔形勢〕䷥ 睽卦初九位在相對劣勢的我方（下卦），相對優勢在彼方（上卦）。初九在劣勢中的作為必須承擔變動風險相對提高，有利條件相對降低。如果有競逐對象團體，仍以彼方較有優勢。

〔本爻〕初九陽爻有主見，有實力。位在基礎之位，居位適當。

〔現況〕初九與九二同在地位，陽承陽近而不相得。「喪馬」、「見惡人」，如果所謀之事已在具體進行中，當前我方內部環境有阻力歧見，沒有助益。

〔將來〕初九與九二同在地位，陽承陽近而不相得。「悔亡」、「无咎」，維持目前的情況比較有利，至少不會造成損失。

〔警告〕「勿逐自復」，如果貿然投入資源想要獲取更大利益

睽
38

會慘遭挫敗。

〔建議〕睽卦初九處於劣勢，不得力於彼我雙方，進退不得。如果是投資事業或必須改變現況等風險高的事情，請暫且擱置，以避免難以預料的損失發生。可延至時序「小寒／大寒」再行占卜；或有再次觸動轉變的契機，意猶未決時進行占卜。

【原文】九二，遇主于巷，无咎。〈象〉曰：「遇主于巷」，未失道也。

【譯文】九二（與六三地位比人位，陽承陰近而相得），在巷道中遇見主人，沒有過失。〈爻象〉傳說：「遇主于巷」，未曾違失處睽之道。

【三才六爻演卦】

〔形勢〕☲ 睽卦九二位在相對劣勢的我方（下卦），相對優勢在彼方（上卦）。九二在劣勢中的作為必須承擔變動風險相對提高，有利條件相對降低。如果有競逐對象團體，仍以彼方較有優勢。

〔本爻〕九二陽爻有主見，有實力。位在守成之位，居位不當。守勢較優之位。

〔現況〕九二與初九同在地位，陽乘陽近而不相得。如果所謀之事已在具體進行中，當前我方內部環境有阻力歧見，沒有助益。

〔將來〕九二與六三地位比人位，陽承陰近而相得。「遇主于巷，无咎」，我方內部環境助益不如預期。如果基於情感道義而付出仍要考量能力所及為宜。維持目前的情況比較有利，至少不會造成損失。

〔建議〕睽卦九二處於劣勢，不得力於彼我雙方，進退不得。如果是投資事業或必須改變現況等風險高的事情，請暫且擱置，以避免難以預料的損失發生。可延至時序「小寒／大寒」再行占卜；或有再次觸動轉變的契機，意猶未決時進行占卜。

睽
38

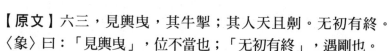

【原文】六三，見輿曳，其牛掣；其人天且劓。无初有終。
〈象〉曰：「見輿曳」，位不當也；「无初有終」，遇剛也。

【譯文】六三（與九二人位比地位，陰乘陽乘剛），見大車被拖曳難行，駕車的牛受牽制不進；（六三與九四同在人位，介於兩卦之間不相得）這個人受削髮刺額截鼻的酷刑。起初乖睽，（六五順著九四與六三比附之勢前來）最終歡合。〈爻象〉傳說：「見輿曳」，居位不妥當所致；「无初有終」，六三遇合陽剛的九四。

【三才六爻演卦】

〔形勢〕䷥ 睽卦六三位在相對劣勢的我方（下卦），相對優勢在彼方（上卦）。六三在劣勢中的作為必須承擔變動風險相對提高，有利條件相對降低。如果有競逐對象團體，仍以彼方較有優勢。

〔本爻〕六三陰爻沒有主見，欠缺實力。位在以守待攻之位，居位不當。

〔現況〕六三與九四同在人位，介於兩卦之間不相得。「其人天且劓」，如果所疑之事已在具體進行中，當前彼方外在環境看似有利，實而無益。如果基於情感道義而付出仍要考量能力所及為宜。

〔將來〕六三與九二人位比地位，陰乘陽乘剛。「見輿曳，其牛掣」，我方內部環境有所牽制，停滯不前。維持目前的情況比較有利，至少不會造成損失。

〔將來〕六五順著九四與六三比附之勢前來。「无初有終」，有彼方外在環境相助，可以獲得實質助益。

〔警告〕「其人天且劓」，如果貿然投入資源想要獲取更大利益會慘遭挫敗。

〔建議〕睽卦六三處於劣勢，得力於彼方，在不改變現況的原則下可獲益。雖然可以從中獲益，不可過度樂觀，仍以保守評估為要。不宜投資事業或必須改變現況等風險高的事情。

睽
38

【原文】九四，睽孤；遇元夫，交孚，厲无咎。〈象〉曰：交孚无咎，志行也。

【譯文】九四（與六三同在人位，介於兩卦之間不相得），乖背睽違而孑然孤立；（九四與六五人位比天位，陽承陰近而相得）遇見陽剛的大丈夫爭合，交相誠信，雖有危險卻不會有過失。〈爻象〉傳說：「交孚无咎」，志向在於踐行濟睽。

【三才六爻演卦】

〔形勢〕䷥ 睽卦九四位在相對優勢的我方（上卦），相對劣勢在彼方（下卦）。九四在優勢中的作為必須承擔變動風險相對降低，有利條件相對提高。如果有競逐對象團體，仍以我方較有優勢。

〔本爻〕九四陽爻有主見，有實力。位在守成整合之位，居位不當。

〔現況〕九四與六三同在人位，介於兩卦之間不相得。「睽孤」，如果所謀之事已在具體進行中，當前彼方外在環境看似有利，實而無益。如果基於情感道義而付出仍要考量能力所及為宜。

〔將來〕九四與六五人位比天位，陽承陰近而相得。「遇元夫，交孚，厲无咎」，我方內部環境助益不如預期。如果基於情感道義而付出仍要考量能力所及為宜。維持目前的情況比較有利，至少不會造成損失。

〔警告〕「厲」，如果貿然投入資源想要獲取更大利益會慘遭挫敗。

〔建議〕睽卦九四處於優勢，不得力於彼我雙方，進退不得。如果是投資事業或必須改變現況等風險高的事情，請暫且擱置，以避免難以預料的損失發生。可延至時序「小寒／大寒」再行占卜；或有再次觸動轉變的契機，意猶未決時進行占卜。

【原文】六五，悔亡，厥宗噬膚，往何咎？〈象〉曰：「厥宗

噬膚」，往有慶也。

【譯文】六五（順著九四與六三比附之勢前來），悔恨消亡，就像宗親者咬嚙柔嫩的皮膚一樣，前往有何咎害？〈爻象〉傳說：「厥宗噬膚」，前往必有喜慶。

【三才六爻演卦】

〔形勢〕䷥ 睽卦六五位在相對優勢的我方（上卦），相對劣勢在彼方（下卦）。六五在優勢中的作為必須承擔變動風險相對降低，有利條件相對提高。如果有競逐對象團體，仍以我方較有優勢。

〔本爻〕六五陰爻沒有主見，欠缺實力。位在決策實權之位，居位不當。攻勢較優之位。

〔現況〕六五與上九同在天位，陰承陽近而相得。如果所疑之事已在具體進行中，當前我方內部環境有實質助益。

〔將來〕六五與九四天位比人位，陰乘陽乘剛。六五順著九四與六三比附之勢前來。「往何咎」，投入現有資源，爭取有能力、有條件的人事物支持，獲取更大利益。

〔建議〕睽卦六五處於優勢，得力於彼我雙方，得天之時，得人之助。可從事投資事業或必須改變現況等風險高的事情。

【原文】上九，睽孤，見豕負塗，載鬼一車，先張之弧，後說之弧；匪寇婚媾；往遇雨則吉。〈象〉曰：遇雨之吉，群疑亡也。

【譯文】上九，睽違至極而孤獨狐疑，好像見到（六五）醜豬背負污泥，又像見到一輛車載滿鬼怪在奔馳，先張弓欲射，後又放下弓箭；原來不是強寇而是已婚配的佳偶；（上九順著六五變動之勢前來）前往遇到陰陽合和的甘雨可獲吉祥。〈爻象〉傳說：遇到陰陽合和的甘雨可獲吉祥，種種猜疑都已經消失。

【三才六爻演卦】

〔形勢〕☳ 睽卦上九位在相對優勢的我方（上卦），相對劣勢在彼方（下卦）。上九在優勢中的作為必須承擔變動風險相對降低，有利條件相對提高。如果有競逐對象團體，仍以我方較有優勢。

〔本爻〕上九陽爻有主見，有實力。位在不任實事之位，居位不當。

〔現況〕上九與六五同在天位，陽乘陰近而相得。「睽孤，見豕負塗」，如果所謀之事已在具體進行中，當前我方內部環境助益不如預期。如果基於情感道義而付出仍要考量能力所及為宜。

〔將來〕上九與六五同在天位，陽乘陰近而相得。上九順著六五變動之勢前來。「匪寇婚媾」、「往遇雨則吉」，投入現有資源，獲取更大利益。化解阻力歧見，建立共識，爭取有能力、有條件的人事物支持，群策群力共圖事業。優勢在我方，順勢而為。

〔警告〕「見豕負塗，載鬼一車」，撲朔迷離，曖昧不明，幾番波折，諸多考驗，主動出擊。「先張之弧，後說之弧」，如果安於現狀，被動等待，錯失變動良機。

〔建議〕睽卦上九處於優勢，得力於彼我雙方，得天之時，得人之助。可從事投資事業或必須改變現況等風險高的事情。

☵☶ 艮下，坎上。（水山　蹇 39）

立場	卦別	三才	六爻	符號	實力	位置	形勢
我方內部環境相對於（下卦）彼方外在環境	上卦	天1	上六	--	✕	○	↓
		天3	九五	—	○	○	▽
		人5	六四	--	✕	○	。
我方內部環境相對於（上卦）彼方外在環境	下卦	人6	九三	—	○	○	↓
		地4	六二	--	✕	○	。
		地2	初六	--	✕	✕	。

【原文】初六，往蹇，來譽。〈象〉曰：「往蹇來譽」，宜待也。

【譯文】初六（與六二同在地位，陰承陰近而不相得），往前遇蹇難，（九三變動退來對初六有所益助）歸來可獲美譽。〈爻象〉傳說：「往蹇來譽」，應當等待時機以濟蹇。

【三才六爻演卦】

〔形勢〕☶ 蹇卦初六位在相對劣勢的我方（下卦），相對優勢在彼方（上卦）。初六在劣勢中的作為必須承擔變動風險相對提高，有利條件相對降低。如果有競逐對象團體，仍以彼方較有優勢。

〔本爻〕初六陰爻沒有主見，欠缺實力。位在基礎之位，居位不當。

〔現況〕初六與六二同在地位，陰承陰近而不相得。「往蹇」，如果所疑之事已在具體進行中，當前我方內部環境無能為力，沒有助益。

〔將來〕初六與六二同在地位，陰承陰近而不相得。九三變動退來對初六有所益助。「來譽」，有我方內部環境主動相助，可以獲得實質助益。

〔警告〕「往蹇」，如果貿然投入資源想要獲取更大利益會慘遭挫敗。

蹇
39

〔建議〕蹇卦初六處於劣勢，得力於我方，以不改變現況為原則可以獲益。雖然可以獲益，不可過度樂觀，仍以保守評估為要。不宜投資事業或必須改變現況等風險高的事情。

【原文】六二，王臣蹇蹇，匪躬之故。〈象〉曰：「王臣蹇蹇」，終无尤也。

【譯文】六二（與九三地位比人位，陰承陽近而相得），君王的臣子艱辛奔走匡濟蹇難，不是為了自身私事。〈爻象〉傳說：「王臣蹇蹇」，最終無所怨尤。

【三才六爻演卦】

〔形勢〕 蹇卦六二位在相對劣勢的我方（下卦），相對優勢在彼方（上卦）。六二在劣勢中的作為必須承擔變動風險相對提高，有利條件相對降低。如果有競逐對象團體，仍以彼方較有優勢。

〔本爻〕六二陰爻沒有主見，欠缺實力。位在守成之位，居位適當。守勢較優之位。

〔現況〕六二與初六同在地位，陰乘陰近而不相得。如果所疑之事已在具體進行中，當前我方內部環境無能為力，沒有助益。

〔將來〕六二與九三地位比人位，陰承陽近而相得。九三變動前來對六二有所益助。「王臣蹇蹇，匪躬之故」，有我方內部環境主動相助，可以獲得實質助益。

〔建議〕蹇卦六二處於劣勢，得力於我方，以不改變現況為原則可以獲益。雖然可以獲益，不可過度樂觀，仍以保守評估為要。不宜投資事業或必須改變現況等風險高的事情。

【原文】九三，往蹇，來反。〈象〉曰：「往蹇來反」，內喜之也。

蹇
39

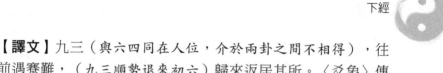

【譯文】九三（與六四同在人位，介於兩卦之間不相得），往前遇蹇難，（九三順勢退來初六）歸來返居其所。〈爻象〉傳說：「往蹇來反」，內部陰柔都欣喜九三陽剛歸返。

【三才六爻演卦】

〔**形勢**〕☷☵ 蹇卦九三位在相對劣勢的我方（下卦），相對優勢在彼方（上卦）。九三在劣勢中的作為必須承擔變動風險相對提高，有利條件相對降低。如果有競逐對象團體，仍以彼方較有優勢。

〔**本爻**〕九三陽爻有主見，有實力。位在以守待攻之位，居位適當。

〔**現況**〕九三與六四同在人位，介於兩卦之間不相得。「往蹇」，如果所謀之事已在具體進行中，當前彼方外在環境看似有利，實而無益。如果基於情感道義而付出仍要考量能力所及為宜。

〔**將來**〕九三與六二人位比地位，陽乘陰近而相得。九三順勢退來初六。「來反」，爭取有能力、有條件的人事物支持，投入既有資源重新出發。可以考慮另起爐灶。

〔**警告**〕「往蹇」，如果貿然投入資源想要獲取更大利益會慘遭挫敗。

〔**建議**〕蹇卦九三處於劣勢，得力於我方，得人之助，得地之宜。保守評估，量力而為，以退為進，可從事投資事業或必須改變現況等風險高的事情。

【原文】六四，往蹇，來連。〈象〉曰：「往蹇來連」，當位實也。

【譯文】六四（與九五人位比天位，陰承陽近而相得），往前將遇蹇難，（六四與九三同在人位，介於兩卦之間不相得）歸來又逢蹇難。〈爻象〉傳說：「往蹇來連」，正當之位態度真實。

蹇
39

【三才六爻演卦】

〔形勢〕☷☶ 蹇卦六四位在相對優勢的我方（上卦），相對劣勢在彼方（下卦）。六四在優勢中的作為必須承擔變動風險相對降低，有利條件相對提高。如果有競逐對象團體，仍以我方較有優勢。

〔本爻〕六四陰爻沒有主見，欠缺實力。位在守成整合之位，居位適當。

〔現況〕六四與九三同在人位，介於兩卦之間不相得。「來連」，如果所疑之事已在具體進行中，當前彼方外在環境看似有利，實而無益。如果基於情感道義而付出仍要考量能力所及為宜。

〔將來〕六四與九五人位比天位，陰承陽近而相得。「往蹇」，有我方內部環境相助，可以獲得實質助益。

〔建議〕蹇卦六四處於優勢，得力於我方，以不改變現況為原則可以獲益。雖然可以獲益，不可過度樂觀，仍以保守評估為要。不宜投資事業或必須改變現況等風險高的事情。

蹇
39

【原文】九五，大蹇，朋來。〈象〉曰：「大蹇朋來」，以中節也。

【譯文】九五（與上六同在天位，陽承陰近而相得），大為蹇難，（九五與六四天位比人位，陽乘陰近而相得）朋友紛紛來依附。〈爻象〉傳說：「大蹇朋來」，維持中正而有節制。

【三才六爻演卦】

〔形勢〕☷☶ 蹇卦九五位在相對優勢的我方（上卦），相對劣勢在彼方（下卦）。九五在優勢中的作為必須承擔變動風險相對降低，有利條件相對提高。如果有競逐對象團體，仍以我方較有優勢。

〔本爻〕九五陽爻有主見，有實力。位在決策實權之位，居位適當。攻勢較優之位。

〔現況〕九五與上六同在天位，陽承陰近而相得。「大蹇」，如果所謀之事已在具體進行中，當前我方內部環境助益不如預期。如果基於情感道義而付出仍要考量能力所及為宜。

〔將來〕九五與六四天位比人位，陽乘陰近而相得。「朋來」，我方內部環境助益不如預期。如果基於情感道義而付出仍要考量能力所及為宜。維持目前的情況比較有利，至少不會造成損失。

〔警告〕「大蹇」，如果貿然投入資源想要獲取更大利益會慘遭挫敗。

〔建議〕蹇卦九五處於優勢，不得力於彼我雙方，進退不得。如果是投資事業或必須改變現況等風險高的事情，請暫且擱置，以避免難以預料的損失發生。可延至時序「大雪／冬至」再行占卜；或有再次觸動轉變的契機，意猶未決時進行占卜。

蹇

39

【原文】上六，往蹇，來碩；吉，利見大人。〈象〉曰：「往蹇來碩」，志在內也；「利見大人」，以從貴也。

【譯文】上六，往前必遇蹇難，（上六順著九五與六四比附之勢前來）前來可建大功；吉祥，利於謁見大人。〈爻象〉傳說：「往蹇來碩」，志向在於聯合內部共同濟蹇；「利見大人」，應當附從尊貴的陽剛君主。

【三才六爻演卦】

〔形勢〕☷☶ 蹇卦上六位在相對優勢的我方（上卦），相對劣勢在彼方（下卦）。上六在優勢中的作為必須承擔變動風險相對降低，有利條件相對提高。如果有競逐對象團體，仍以我方較有優勢。

〔本爻〕上六陰爻沒有主見，欠缺實力。位在不任實事之位，居位適當。

〔現況〕上六與九五同在天位，陰乘陽乘剛。如果所疑之事已在具體進行中，當前我方內部環境有所牽制，停滯不前。

〔將來〕上六與九五同在天位，陰乘陽乘剛。上六順著九五與六四比附之勢前來。「來碩」、「吉，利見大人」，保守評估，量力而為，投入現有資源，爭取有能力、有條件的人事物支持。

〔建議〕蹇卦上六處於優勢，得力於我方，得天之時，得人之助。保守評估，量力而為，可從事投資事業或必須改變現況等風險高的事情。

坎下，震上。（雷水 解 40）

解 40

立場	卦別	三才	六爻	符號	實力	位置	形勢
我方內部環境相對於（下卦）彼方外在環境	上卦	天1	上六	--	✕	○	↓
		天3	六五	--	✕	○	↓
		人5	九四	—	○	✕	▽
我方內部環境相對於（上卦）彼方外在環境	下卦	人6	六三	--	✕	✕	。
		地4	九二	—	○	○	△
		地2	初六	--	✕	✕	。

【原文】初六，无咎。〈象〉曰：剛柔之際，義无咎也。

【譯文】初六（與九二同在地位，陰承陽近而相得），沒有過失。〈爻象〉傳說：剛柔互為交際，舒解險難的意義沒有過失。

【三才六爻演卦】

〔形勢〕䷧解卦初六位在相對劣勢的我方（下卦），相對優勢在彼方（上卦）。初六在劣勢中的作為必須承擔變動風險相對提高，有利條件相對降低。如果有競逐對象團體，仍以彼方較有優勢。

〔本爻〕初六陰爻沒有主見，欠缺實力。位在基礎之位，居位

不當。

〔現況〕初六與九二同在地位，陰承陽近而相得。如果所疑之事已在具體進行中，當前我方內部環境有實質助益。

〔將來〕初六與九二同在地位，陰承陽近而相得。「无咎」，維持目前的情況比較有利，至少不會造成損失。

〔建議〕解卦初六如果所疑之事已在具體進行中，處於劣勢，得力於我方，以不改變現況為原則可以獲益。雖然可以獲益，不可過度樂觀，仍以保守評估為要。不宜投資事業或必須改變現況等風險高的事情。如果所疑之事尚未具體進行中，請暫且擱置，以避免難以預料的損失發生。可延至時序「驚蟄／春分」再行占卜；或有再次觸動轉變的契機，意猶未決時進行占卜。

解 40

【原文】九二，田獲三狐，得黃矢；貞吉。〈象〉曰：九二貞吉，得中道也。

【譯文】九二（與初六同在地位，陽乘陰近而相得），田獵捕獲三隻隱伏的狐狸，擁有黃色箭矢般的剛直中和美德；（九二與六三地位比人位，陽承陰近而相得）守持正固可獲吉祥。〈爻象〉傳說：九二守持正固可獲吉祥，得居中位不偏之道。

【三才六爻演卦】

〔形勢〕䷧解卦九二位在相對劣勢的我方（下卦），相對優勢在彼方（上卦）。九二在劣勢中的作為必須承擔變動風險相對提高，有利條件相對降低。如果有競逐對象團體，仍以彼方較有優勢。

〔本爻〕九二陽爻有主見，有實力。位在守成之位，居位不當。守勢較優之位。

〔現況〕九二與初六同在地位，陽乘陰近而相得。「田獲三狐，得黃矢」，如果所謀之事已在具體進行中，當前我方內部環境助益不如預期。如果基於情感道義而付出仍要考量能力所

及為宜。

〔將來〕九二與六三地位比人位，陽承陰近而相得。「貞吉」，我方內部環境助益不如預期。如果基於情感道義而付出仍要考量能力所及為宜。維持目前的情況比較有利，至少可以持盈保泰。

〔建議〕解卦九二處於劣勢，不得力於彼我雙方，進退不得。如果是投資事業或必須改變現況等風險高的事情，請暫且擱置，以避免難以預料的損失發生。可延至時序「驚蟄／春分」再行占卜；或有再次觸動轉變的契機，意猶未決時進行占卜。

解 40

【原文】六三，負且乘，致寇至；貞吝。〈象〉曰：「負且乘」，亦可醜也；自我致戎，又誰咎也？

【譯文】六三（與九四同在人位，介於兩卦之間不相得），承負重物而且身乘大車，自招致強寇前來奪取；（六三與九二人位比地位，陰乘陽乘剛）守持正固以防憾惜。〈爻象〉傳說：「負且乘」，行為也太醜惡了；自我招致兵戎之難，又該歸咎於誰呢？

【三才六爻演卦】

〔形勢〕解卦六三位在相對劣勢的我方（下卦），相對優勢在彼方（上卦）。六三在劣勢中的作為必須承擔變動風險相對提高，有利條件相對降低。如果有競逐對象團體，仍以彼方較有優勢。

〔本爻〕六三陰爻沒有主見，欠缺實力。位在以守待攻之位，居位不當。

〔現況〕六三與九四同在人位，介於兩卦之間不相得。「負」，如果所疑之事已在具體進行中，當前彼方外在環境看似有利，實而無益。如果基於情感道義而付出仍要考量能力所及為宜。

〔將來〕六三與九二人位比地位，陰乘陽乘剛。「乘」、「貞

吝」，我方內部環境有所牽制，停滯不前。維持目前的情況比較有利，至少不會造成損失。

〔**警告**〕「致寇至」，如果貿然投入資源想要獲取更大利益會慘遭挫敗。

〔**建議**〕解卦六三處於劣勢，不得力於彼我雙方，進退不得。如果是投資事業或必須改變現況等風險高的事情，請暫且擱置，以避免難以預料的損失發生。可延至時序「驚蟄／春分」再行占卜；或有再次觸動轉變的契機，意猶未決時進行占卜。

【**原文**】九四，解而拇，朋至斯孚。〈象〉曰：「解而拇」，未當位也。

【**譯文**】九四（與六三同在人位，介於兩卦之間不相得），像舒解足大趾的隱患一樣擺脫小人的糾纏，（九四與六五人位比天位，陽承陰近而相得）朋友就到來以誠信之心依附。〈爻象〉傳說：「解而拇」，居位尚未妥當。

【**三才六爻演卦**】

〔**形勢**〕䷧ 解卦九四位在相對優勢的我方（上卦），相對劣勢在彼方（下卦）。九四在優勢中的作為必須承擔變動風險相對降低，有利條件相對提高。如果有競逐對象團體，仍以我方較有優勢。

〔**本爻**〕九四陽爻有主見，有實力。位在守成整合之位，居位不當。

〔**現況**〕九四與六三同在人位，介於兩卦之間不相得。「解而拇」，如果所謀之事已在具體進行中，當前彼方外在環境看似有利，實而無益。如果基於情感道義而付出仍要考量能力所及為宜。

〔**將來**〕九四與六五人位比天位，陽承陰近而相得。「朋至斯孚」，我方內部環境助益不如預期。如果基於情感道義而付出仍要考量能力所及為宜。維持目前的情況比較有利，至少不會

解
40

造成損失。

〔建議〕解卦九四處於優勢，不得力於彼我雙方，進退不得。如果是投資事業或必須改變現況等風險高的事情，請暫且擱置，以避免難以預料的損失發生。可延至時序「驚蟄／春分」再行占卜；或有再次觸動轉變的契機，意猶未決時進行占卜。

【原文】六五，君子維有解，吉，有孚于小人。〈象〉曰：君子有解，小人退也。

【譯文】六五（順著九四與六三比附之勢前來），君子能夠舒解險難，可獲吉祥，以誠信感化小人。〈爻象〉傳說：君子能夠舒解險難，小人必將畏服退縮。

【三才六爻演卦】

〔形勢〕☷ 解卦六五位在相對優勢的我方（上卦），相對劣勢在彼方（下卦）。六五在優勢中的作為必須承擔變動風險相對降低，有利條件相對提高。如果有競逐對象團體，仍以我方較有優勢。

〔本爻〕六五陰爻沒有主見，欠缺實力。位在決策實權之位，居位不當。攻勢較優之位。

〔現況〕六五與上六同在天位，陰承陰近而不相得。如果所疑之事已在具體進行中，當前我方內部環境無能為力，沒有助益。

〔將來〕六五與九四天位比人位，陰乘陽乘剛。六五順著九四與六三比附之勢前來。「君子維有解，吉，有孚于小人」，投入現有資源，爭取有能力、有條件的人事物支持，獲取更大利益。

〔建議〕解卦六五處於優勢，得力於彼我雙方，得天之時，得人之助。可從事投資事業或必須改變現況等風險高的事情。

解 40

【原文】上六，公用射隼于高墉之上，獲之，无不利。〈象〉曰：「公用射隼」，以解悖也。

【譯文】上六（順著六五變動之勢前來），王公發矢射擊高城之上的惡隼，一舉射獲，無所不利。〈爻象〉傳說：「公用射隼」，以舒解悖逆者所造成的險難。

【三才六爻演卦】

〔形勢〕䷧ 解卦上六位在相對優勢的我方（上卦），相對劣勢在彼方（下卦）。上六在優勢中的作為必須承擔變動風險相對降低，有利條件相對提高。如果有競逐對象團體，仍以我方較有優勢。

〔本爻〕上六陰爻沒有主見，欠缺實力。位在不任實事之位，居位適當。

〔現況〕上六與六五同在天位，陰乘陰近而不相得。如果所疑之事已在具體進行中，當前我方內部環境無能為力，沒有助益。

〔將來〕上六與六五同在天位，陰乘陰近而不相得。上六順著六五變動之勢前來。「公用射隼于高墉之上，獲之，无不利」，投入現有資源，獲取更大利益。化解阻力歧見，建立共識，爭取有能力、有條件的人事物支持，群策群力共圖事業。優勢在我方，順勢而為。

〔建議〕解卦上六處於優勢，得力於彼我雙方，得天之時，得人之助。可從事投資事業或必須改變現況等風險高的事情。

解
40

䷨ 兌下，艮上。（山澤　損 41）

立場	卦別	三才	六爻	符號	實力	位置	形勢
我方內部環境相對於（下卦）彼方外在環境	上卦	天1	上九	—	○	×	↓
		天3	六五	--	×	○	○
		人5	六四	--	×	○	○
我方內部環境相對於（上卦）彼方外在環境	下卦	人6	六三	--	×	×	○
		地4	九二	—	○	○	△
		地2	初九	—	○	○	↑

【原文】初九，已事遄往，无咎；酌損之。〈象〉曰：「已事遄往」，尚合志也。

【譯文】初九（與九二同在地位，陽承陽近而不相得），終止自己的事，（初九順著九二動能前往六五）迅速前往輔佐君上，不會有過失；斟酌減損自己的剛強之質。〈爻象〉傳說：「已事遄往」，的意志相合。

【三才六爻演卦】

〔**形勢**〕䷨ 損卦相對立場的彼、我雙方（上、下卦）勢力互有往來。初九的作為必須承擔變動風險與有利條件相對持平。如果有競逐對象團體，仍以彼方較有優勢。

〔**本爻**〕初九陽爻有主見，有實力。位在基礎之位，居位適當。

〔**現況**〕初九與九二同在地位，陽承陽近而不相得。如果所謀之事已在具體進行中，當前我方內部環境有阻力歧見，沒有助益。

〔**將來**〕初九與九二同在地位，陽承陽近而不相得。初九順著九二之勢前往六五。「已事遄往，无咎」，投入現有資源，獲取更大利益。化解阻力歧見，建立共識，爭取有能力、有條件的人事物支持，群策群力共圖事業。

〔**警告**〕「酌損之」，如果安於現狀，被動等待，錯失變動良機。

〔**建議**〕損卦初九，得力於彼我雙方，得地之宜，得人之助，

得天之時。可從事投資事業或必須改變現況等風險高的事情。

【原文】九二，利貞，征凶；弗損益之。〈象〉曰：九二利貞，中以為志也。

【譯文】九二（與六三地位比人位，陽承陰近而相得），利於守持正固，急躁前往有凶險；不必自我減損就可以施益於上。〈爻象〉傳說：九二利於守持正固，堅守中道作為自己的志向。

【三才六爻演卦】

〔形勢〕☶ 損卦相對立場的彼、我雙方（上、下卦）勢力互有往來。九二的作為必須承擔變動風險與有利條件相對持平。如果有競逐對象團體，仍以彼方較有優勢。

〔本爻〕九二陽爻有主見，有實力。位在守成之位，居位不當。守勢較優之位。

〔現況〕九二與初九同在地位，陽乘陽近而不相得。如果所謀之事已在具體進行中，當前我方內部環境有阻力歧見，沒有助益。

〔將來〕九二與六三地位比人位，陽承陰近而相得。「利貞」、「弗損益之」，我方內部環境助益不如預期。如果基於情感道義而付出仍要考量能力所及為宜。持目前的情況比較有利，至少不會造成損失。

〔警告〕「征凶」，如果貿然投入資源想要獲取更大利益會慘遭挫敗。

〔建議〕損卦九二不得力於彼我雙方，進退不得。如果是投資事業或必須改變現況等風險高的事情，請暫且擱置，以避免難以預料的損失發生。可延至時序「立秋／處暑」再行占卜；或有再次觸動轉變的契機，意猶未決時進行占卜。

損
41

【原文】六三，三人行，則損一人；一人行，則得其友。〈象〉曰：「一人行」，三則疑也。

【譯文】六三（與六四同在人位，介於兩卦之間不相得），三人同行欲求一陽，必將損陽剛一人；（上九變動前來對六三有所益助）一人獨行專心求合，就能得其強健朋友。〈爻象〉傳說：「一人行」，三人同行將使對方疑惑。

【三才六爻演卦】

〔形勢〕☲ 損卦相對立場的彼、我雙方（上、下卦）勢力互有往來。六三的作為必須承擔變動風險與有利條件相對持平。如果有競逐對象團體，仍以彼方較有優勢。

〔本爻〕六三陰爻沒有主見，欠缺實力。位在以守待攻之位，居位不當。

〔現況〕六三與六四同在人位，介於兩卦之間不相得。「三人行，則損一人」，如果所疑之事已在具體進行中，當前彼方外在環境無能為力，沒有助益。

〔將來〕六三與九二人位比地位，陰乘陽乘剛。上九變動前來對六三有所益助。「一人行，則得其友」，有彼方外在環境主動相助，可以獲得實質助益。

〔警告〕「三人行，則損一人」，如果貿然投入資源想要獲取更大利益會慘遭挫敗。

〔建議〕損卦六三得力於彼方，在不改變現況的原則下可獲益。雖然可以從中獲益，不可過度樂觀，仍以保守評估為要。不宜投資事業或必須改變現況等風險高的事情。

【原文】六四，損其疾，使遄有喜，无咎。〈象〉曰：「損其疾」，亦可喜也。

【譯文】六四（與六三同在人位，介於兩卦之間不相得），自我減損思戀的疾患，（上九變動前來對六四有所益助）能夠迅速獲有喜慶，沒有過失。〈爻象〉傳說：「損其疾」，也頗為

可喜。

【三才六爻演卦】

〔形勢〕☲ 損卦相對立場的彼、我雙方（上、下卦）勢力互有往來。六四的作為必須承擔變動風險與有利條件相對持平。如果有競逐對象團體，仍以我方較有優勢。

〔本爻〕六四陰爻沒有主見，欠缺實力。位在守成整合之位，居位適當。

〔現況〕六四與六三同在人位，介於兩卦之間不相得。「損其疾」，如果所疑之事已在具體進行中，當前彼方外在環境無能為力，沒有助益。

〔將來〕六四與六五人位比天位，陰承陰近而不相得。上九變動前來對六四有所益助。「使遄有喜，无咎」，有我方內部環境主動相助，可以獲得實質助益。

〔建議〕損卦六四得力於我方，以不改變現況為原則可以獲益。雖然可以獲益，不可過度樂觀，仍以保守評估為要。不宜投資事業或必須改變現況等風險高的事情。

損
41

【原文】六五，或益之十朋之龜，弗克違，元吉。〈象〉曰：六五元吉，自上祐也。

【譯文】六五，（上九變動前來對六五有所益助）有人進獻價值昂貴十朋的大寶龜，無法辭謝，至為吉祥。〈爻象〉傳說：六五至為吉祥，來自上天施予的祐助。

【三才六爻演卦】

〔形勢〕☲ 損卦相對立場的彼、我雙方（上、下卦）勢力互有往來。六五的作為必須承擔變動風險與有利條件相對持平。如果有競逐對象團體，仍以我方較有優勢。

〔本爻〕六五陰爻沒有主見，欠缺實力。位在決策實權之位，居位不當。攻勢較優之位。

〔現況〕六五與上九同在天位，陰承陽近而相得。如果所疑之事已在具體進行中，當前我方內部環境有實質助益。

〔將來〕六五與六四天位比人位，陰乘陰近而不相得。上九變動前來對六五有所益助。「或益之十朋之龜，弗克違，元吉」，有我方內部環境主動相助，可以獲得實質助益。

〔建議〕損卦六五得力於我方，以不改變現況為原則可以獲益。雖然可以獲益，不可過度樂觀，仍以保守評估為要。不宜投資事業或必須改變現況等風險高的事情。

【原文】上九，弗損益之；无咎，貞吉，利有攸往，得臣无家。〈象〉曰：「弗損益之」，大得志也。

【譯文】上九（順勢前來六三），不用自我減損即可施益於人；沒有過失，占卜的結果可獲吉祥，利於有所前往，得到廣大臣民的擁護而無自私家有的觀念。〈爻象〉傳說：「弗損益之」，大得施惠天下的志行。

損 41

【三才六爻演卦】

〔形勢〕☲ 損卦相對立場的彼、我雙方（上、下卦）勢力互有往來。上九的作為必須承擔變動風險與有利條件相對持平。如果有競逐對象團體，仍以我方較有優勢。

〔本爻〕上九陽爻有主見，有實力。位在不任實事之位，居位不當。

〔現況〕上九與六五同在天位，陽乘陰近而相得。如果所謀之事已在具體進行中，當前我方內部環境助益不如預期。如果基於情感道義而付出仍要考量能力所及為宜。

〔將來〕上九與六五同在天位，陽乘陰近而相得。上九順勢前來六三。「弗損益之；无咎，貞吉，利有攸往，得臣无家」，投入現有資源，爭取有能力、有條件的人事物支持，獲取更大利益。

〔建議〕損卦上九，得力於彼我雙方，得天之時，得人之助。可從事投資事業或必須改變現況等風險高的事情。

䷩ 震下，巽上。（風雷　益 42）

立場	卦別	三才	六爻	符號	實力	位置	形勢
我方內部環境相對於（下卦）彼方外在環境	上卦	天1	上九	－	○	×	↓
		天3	九五	－	○	○	↓
		人5	六四	--	×	○	。
我方內部環境相對於（上卦）彼方外在環境	下卦	人6	六三	--	×	×	。
		地4	六二	--	×	○	。
		地2	初九	－	○	○	↑

【原文】初九，利用為大作，元吉，无咎。〈象〉曰：「元吉无咎」，下不厚事也。

【譯文】初九（順勢前往六四），有利於大有作為，至獲吉祥，不會有過失。〈爻象〉傳說：「元吉无咎」，在地位之下原本不能勝任大事。

【三才六爻演卦】

〔形勢〕䷩ 益卦相對立場的彼、我雙方（上、下卦）勢力互有往來。初九的作為必須承擔變動風險與有利條件相對持平。如果有競逐對象團體，仍以彼方較有優勢。

〔本爻〕初九陽爻有主見，有實力。位在基礎之位，居位適當。

〔現況〕初九與六二同在地位，陽承陰近而相得。如果所謀之事已在具體進行中，當前我方內部環境助益不如預期。如果基於情感道義而付出仍要考量能力所及為宜。

〔將來〕初九與六二同在地位，陽承陰近而相得。初九順勢前往六四。「利用為大作，元吉，无咎」，投入現有資源，爭取有能力、有條件的人事物支持，獲取更大利益。

〔建議〕益卦初九，得力於彼我雙方，得地之宜，得人之助。可從事投資事業或必須改變現況等風險高的事情。

益 42

【原文】六二，或益之十朋之龜，弗克違，永貞吉；王用享于帝，吉。〈象〉曰：「或益之」，自外來也。

【譯文】六二，（九五變動前來對六二有所益助）有人賜下價值十朋的大寶龜，無法辭謝，永久保持正固可獲吉祥；君王正在獻祭天帝祈求降福，吉祥。〈爻象〉傳說：「或益之」，從外來的增益。

【三才六爻演卦】

〔形勢〕☶ 益卦相對立場的彼、我雙方（上、下卦）勢力互有往來。六二的作為必須承擔變動風險與有利條件相對持平。如果有競逐對象團體，仍以彼方較有優勢。

〔本爻〕六二陰爻沒有主見，欠缺實力。位在守成之位，居位適當。守勢較優之位。

〔現況〕六二與初九同在地位，陰乘陽乘剛。如果所疑之事已在具體進行中，當前我方內部環境有所牽制，停滯不前。

〔將來〕六二與六三地位比人位，陰承陰近而不相得。九五變動前來對六二有所益助。「或益之十朋之龜，弗克違，永貞吉；王用享于帝，吉」，有彼方外在環境主動相助，可以獲得實質助益。

〔建議〕益卦六二得力於彼方，在不改變現況的原則下可獲益。雖然可以從中獲益，不可過度樂觀，仍以保守評估為要。不宜投資事業或必須改變現況等風險高的事情。

益
42

【原文】六三，益之用凶事，无咎；有孚中行，告公用圭。〈象〉曰：「益用凶事」，固有之也。

【譯文】六三，（九五變動前來可解初九變動前往對六三造成意外損害）有益用於救凶平險的事務上，沒有過失；（六三與六四同在人位，介於兩卦之間不相得）要心存誠信持中慎行，就像手執圭器稟告王公一樣恭敬虔心。〈爻象〉傳說：「益用凶事」，牢固保有所獲之益。

【三才六爻演卦】

〔形勢〕☲☳ 益卦相對立場的彼、我雙方（上、下卦）勢力互有往來。六三的作為必須承擔變動風險與有利條件相對持平。如果有競逐對象團體，仍以彼方較有優勢。

〔本爻〕六三陰爻沒有主見，欠缺實力。位在以守待攻之位，居位不當。

〔現況〕六三與六四同在人位，介於兩卦之間不相得。「有孚中行，告公用圭」，如果所疑之事已在具體進行中，當前彼方外在環境無能為力，沒有助益。

〔將來〕六三與六二人位比地位，陰乘陰近而不相得。九五變動前來可解初九變動前往對六三造成意外損害。「益之用凶事，无咎」，維持目前的情況比較有利，至少不會造成損失。

〔警告〕「益之用凶事」，如果貿然投入資源想要獲取更大利益會慘遭挫敗。

〔建議〕益卦六三不得力於彼我雙方，進退不得。如果是投資事業或必須改變現況等風險高的事情，請暫且擱置，以避免難以預料的損失發生。可延至時序「立春／雨水」再行占卜；或有再次觸動轉變的契機，意猶未決時進行占卜。

益
42

【原文】六四，中行告公從，利用為依遷國。〈象〉曰：「告公從」，以益志也。

【譯文】六四（與九五人位比天位，陰承陽近而相得），持中慎行致敬於王公言聽計從，利於依附君上遷國益民。〈爻象〉傳說：「告公從」，以增益天下的心志輔助王公。

【三才六爻演卦】

〔形勢〕☴☳ 益卦相對立場的彼、我雙方（上、下卦）勢力互有往來。六四的作為必須承擔變動風險與有利條件相對持平。如果有競逐對象團體，仍以我方較有優勢。

〔本爻〕六四陰爻沒有主見，欠缺實力。位在守成整合之位，

居位適當。

〔現況〕六四與六三同在人位，介於兩卦之間不相得。如果所疑之事已在具體進行中，當前彼方外在環境無能為力，沒有助益。

〔將來〕六四與九五人位比天位，陰承陽近而相得。「中行告公從，利用為依遷國」，有我方內部環境相助，可以獲得實質助益。

〔建議〕益卦六四得力於我方，以不改變現況為原則可以獲益。雖然可以獲益，不可過度樂觀，仍以保守評估為要。不宜投資事業或必須改變現況等風險高的事情。

益 42

【原文】九五，有孚惠心，勿問元吉；有孚惠我德。〈象〉曰：「有孚惠心」，勿問之矣；「惠我德」，大得志也。

【譯文】九五（順勢前來六二），真誠信實施惠天下的心願，毫無疑問的至為吉祥；四方群眾也真誠信實報答我的恩德。〈爻象〉傳說：「有孚惠心」，吉祥是毫無疑問的；「惠我德」，大遂心志。

【三才六爻演卦】

〔形勢〕益卦相對立場的彼、我雙方（上、下卦）勢力互有往來。九五的作為必須承擔變動風險與有利條件相對持平。如果有競逐對象團體，仍以我方較有優勢。

〔本爻〕九五陽爻有主見，有實力。位在決策實權之位，居位適當。攻勢較優之位。

〔現況〕九五與上九同在天位，陽承陽近而不相得。如果所謀之事已在具體進行中，當前我方內部環境有阻力歧見，沒有助益。

〔將來〕九五與六四天位比人位，陽乘陰近而相得。九五順勢前來六二。「有孚惠心，勿問元吉」、「有孚惠我德」，投入現有資源，爭取有能力、有條件的人事物支持，獲取更大利

益。

〔建議〕益卦九五得力於彼我雙方，得天之時，得人之助，得地之宜。可從事投資事業或必須改變現況等風險高的事情。

【原文】上九，莫益之，或擊之；立心勿恆，凶。〈象〉曰：「莫益之」，偏辭也；「或擊之」，自外來也。

【譯文】上九（與九五同在天位，陽乘陽近而不相得），沒有人增益他，或有人攻擊他；（上九順著九五變動前來）居心不要貪求常安於現狀，有凶險。〈爻象〉傳說：「莫益之」，增益只是片面的言辭；「或擊之」，從外來的凶險。

【三才六爻演卦】

〔形勢〕☲ 益卦相對立場的彼、我雙方（上、下卦）勢力互有往來。上九的作為必須承擔變動風險與有利條件相對持平。如果有競逐對象團體，仍以我方較有優勢。

〔本爻〕上九陽爻有主見，有實力。位在不任實事之位，居位不當。

〔現況〕上九與九五同在天位，陽乘陽近而不相得。「莫益之，或擊之」，如果所謀之事已在具體進行中，當前我方內部環境有阻力歧見，沒有助益。

〔將來〕上九與九五同在天位，陽乘陽近而不相得。上九順著九五變動前來。「立心勿恆，凶」，投入現有資源，獲取更大利益。化解阻力歧見，建立共識，爭取有能力、有條件的人事物支持，群策群力共圖事業。

〔警告〕「立心勿恆，凶」，如果安於現狀，被動等待，錯失變動良機。

〔建議〕益卦上九得力於彼我雙方，得天之時，得人之助，得地之宜。可從事投資事業或必須改變現況等風險高的事情。

䷪ 乾下，兌上。（澤天　夬 43）

立場	卦別	三才	六爻	符號	實力	位置	形勢
我方內部環境相對於（下卦）彼方外在環境	上卦	天1	上六	--	×	○	。
		天3	九五	—	○	○	▽
		人5	九四	—	○	×	↑
我方內部環境相對於（上卦）彼方外在環境	下卦	人6	九三	—	○	○	↑
		地4	九二	—	○	○	△
		地2	初九	—	○	○	△

夬
43

【原文】初九，壯于前趾，往不勝為咎。〈象〉曰：不勝而往，咎也。

【譯文】初九（與九二同在地位，陽承陽近而不相得），強盛在足趾前端，前往難取勝反致過失。〈爻象〉傳說：不能取勝而急於前往，必有過失。

【三才六爻演卦】

〔形勢〕䷪ 夬卦初九位在相對優勢的我方（下卦），相對劣勢在彼方（上卦）。初九在優勢中的作為必須承擔變動風險相對降低，有利條件相對提高。如果有競逐對象團體，仍以我方較有優勢。

〔本爻〕初九陽爻有主見，有實力。位在基礎之位，居位適當。

〔現況〕初九與九二同在地位，陽承陽近而不相得。「壯于前趾」，如果所謀之事已在具體進行中，當前我方內部環境有阻力歧見，沒有助益。

〔將來〕初九與九二同在地位，陽承陽近而不相得。「往不勝為咎」，維持目前的情況比較有利，至少不會造成損失。

〔警告〕「往不勝為咎」，如果貿然投入資源想要獲取更大利益會慘遭挫敗。

〔建議〕夬卦初九處於優勢，不得力於彼我雙方，進退不得。

如果是投資事業或必須改變現況等風險高的事情，請暫且擱置，以避免難以預料的損失發生。可延至時序「清明／穀雨」再行占卜；或有再次觸動轉變的契機，意猶未決時進行占卜。

【原文】九二，惕號，莫夜有戎，勿恤。〈象〉曰：「有戎勿恤」，得中道也。

【譯文】九二（與初九同在地位，陽乘陽近而不相得），警惕呼號，深夜出現戰事，也不必憂慮。〈爻象〉傳說：「有戎勿恤」，深得居中慎行之道。

【三才六爻演卦】

〔形勢〕☰ 夬卦九二位在相對優勢的我方（下卦），相對劣勢在彼方（上卦）。九二在優勢中的作為必須承擔變動風險相對降低，有利條件相對提高。如果有競逐對象團體，仍以我方較有優勢。

〔本爻〕九二陽爻有主見，有實力。位在守成之位，居位不當。守勢較優之位。

〔現況〕九二與初九同在地位，陽乘陽近而不相得。「莫夜有戎」，如果所謀之事已在具體進行中，當前我方內部環境有阻力歧見，沒有助益。

〔將來〕九二與九三地位比人位，陽承陽近而不相得。「勿恤」，我方內部環境有阻力歧見，沒有助益。維持目前的情況比較有利，至少不會造成損失。

〔警告〕「惕號」，自我克制，不要受到外在人事物誘惑。如果貿然投入資源想要獲取更大利益會慘遭挫敗。

〔建議〕夬卦九二處於優勢，不得力於彼我雙方，進退不得。如果是投資事業或必須改變現況等風險高的事情，請暫且擱置，以避免難以預料的損失發生。可延至時序「清明／穀雨」再行占卜；或有再次觸動轉變的契機，意猶未決時進行占卜。

夬
43

【原文】九三，壯于頄，有凶；君子夬夬獨行，遇雨若濡，有慍，无咎。〈象〉曰：「君子夬夬」，終无咎也。

【譯文】九三（與九四同在人位，介於兩卦之間不相得），強盛在臉部顴骨上，怒氣形於色必有凶險；（九三順著九四變動前往）君子剛毅果斷獨自前行，遇到陰陽和合的雨並被沾濕身體，甚至惹人慍怒，但沒有過失。〈爻象〉傳說：「君子夬夬」，前往最終沒有過失。

【三才六爻演卦】

〔形勢〕☰ 夬卦九三位在相對優勢的我方（下卦），相對劣勢在彼方（上卦）。九三在優勢中的作為必須承擔變動風險相對降低，有利條件相對提高。如果有競逐對象團體，仍以我方較有優勢。

〔本爻〕九三陽爻有主見，有實力。位在以守待攻之位，居位適當。

〔現況〕九三與九四同在人位，介於兩卦之間不相得。「壯於頄」，如果所謀之事已在具體進行中，當前彼方外在環境有阻力歧見，沒有助益。

〔將來〕九三與九二人位比地位，陽乘陽近而不相得。九三順著九四變動前往。「君子夬夬獨行，遇雨若濡，有慍，无咎」，投入現有資源，獲取更大利益。化解阻力歧見，建立共識，爭取有能力、有條件的人事物支持，群策群力共圖事業。優勢在我方，順勢而為。

〔警告〕「壯於頄，有凶」，如果安於現狀，被動等待，損失會持續擴大。

〔建議〕夬卦九三處於優勢，得力於彼方，得人之助，得天之時。可從事投資事業或必須改變現況等風險高的事情。

【原文】九四，臀无膚，其行次且；牽羊悔亡，聞言不信。〈象〉曰：「其行次且」，位不當也；「聞言不信」，聰不明

也。

【譯文】九四（與九三同在人位，介於兩卦之間不相得），臀部失去皮膚，行動難進；（九四順著九五與上六比附之勢前往）要是有像羊一般陽剛實健的尊者牽引則悔恨必將消亡，如果聽了這個建言不能信從就太不聰明了。〈爻象〉傳說：「其行次且」，居位不妥當；「聞言不信」，太不聰明了。

【三才六爻演卦】

〔形勢〕☱ 夬卦九四位在相對劣勢的我方（上卦），相對優勢在彼方（下卦）。九四在劣勢中的作為必須承擔變動風險相對提高，有利條件相對降低。如果有競逐對象團體，仍以彼方較有優勢。

〔本爻〕九四陽爻有主見，有實力。位在守成整合之位，居位不當。

〔現況〕九四與九三同在人位，介於兩卦之間不相得。「臀无膚，其行次且」，如果所謀之事已在具體進行中，當前彼方外在環境有阻力歧見，沒有助益。

〔將來〕九四與九五人位比天位，陽承陽近而不相得。九四順著九五與上六比附之勢前往。「牽羊悔亡」，保守評估，量力而為，投入現有資源，獲取更大利益。化解阻力歧見，建立共識，爭取有能力、有條件的人事物支持，群策群力共圖事業。

〔警告〕「聞言不信」，如果安於現狀，被動等待，錯失變動良機。

〔建議〕夬卦九四處於劣勢，得力於我方，得人之助，得天之時。可從事投資事業或必須改變現況等風險高的事情

夬
43

【原文】九五，莧陸夬夬，中行无咎。〈象〉曰：「中行无咎」，中未光也。

【譯文】九五（與上六同在天位，陽承陰近而相得），像斬除柔脆的莧陸草一樣剛毅果斷地清除小人，居中行正沒有過失。

〈爻象〉傳說：「中行无咎」，中正之道尚未光大。

【三才六爻演卦】

〔**形勢**〕☱☰ 夬卦九五位在相對劣勢的我方（上卦），相對優勢在彼方（下卦）。九五在劣勢中的作為必須承擔變動風險相對提高，有利條件相對降低。如果有競逐對象團體，仍以彼方較有優勢。

〔**本爻**〕九五陽爻有主見，有實力。位在決策實權之位，居位適當。攻勢較優之位。

〔**現況**〕九五與上六同在天位，陽承陰近而相得。「莧陸夬夬」，如果所謀之事已在具體進行中，當前我方內部環境助益不如預期。如果基於情感道義而付出仍要考量能力所及為宜。

〔**將來**〕九五與九四天位比人位，陽乘陽近而不相得。「中行无咎」，我方內部環境有阻力歧見，沒有助益。承受外來的壓力，以靜待變，不要盲從躁動。自我克制，不要受到外在人事物誘惑。維持目前的情況比較有利，至少不會造成損失。

〔**建議**〕夬卦九五處於劣勢，不得力於彼我雙方，進退不得。如果是投資事業或必須改變現況等風險高的事情，請暫且擱置，以避免難以預料的損失發生。可延至時序「清明／穀雨」再行占卜；或有再次觸動轉變的契機，意猶未決時進行占卜。

【原文】上六，无號，終有凶。〈象〉曰：无號之凶，終不可長也。

【譯文】上六（與九五同在天位，陰遇陽乘剛），不要痛哭號啕，最終難逃凶險。〈爻象〉傳說：不要痛哭號啕難逃凶險，陰氣最終不能久常。

【三才六爻演卦】

〔**形勢**〕☱☰ 夬卦上六位在相對劣勢的我方（上卦），相對優勢在彼方（下卦）。上六在劣勢中的作為必須承擔變動風險相對提高，有利條件相對降低。如果有競逐對象團體，仍以彼方較

有優勢。

〔**本爻**〕上六陰爻沒有主見，欠缺實力。位在不任實事之位，居位適當。

〔**現況**〕上六與九五同在天位，陰乘陽乘剛。如果所疑之事已在具體進行中，當前我方內部環境有所牽制，停滯不前。

〔**將來**〕上六與九五同在天位，陰乘陽乘剛。「无號，終有凶」，處境艱難，以靜待變，不要盲從躁動，維持目前情況控管損害，不至損失持續擴大。

〔**警告**〕「終有凶」，如果貿然投入資源想要獲取更大利益會慘遭挫敗。

〔**建議**〕夬卦上六處於劣勢，不得力於彼我雙方，進退不得。如果是投資事業或必須改變現況等風險高的事情，請暫且擱置，以避免難以預料的損失發生。可延至時序「清明／穀雨」再行占卜；或有再次觸動轉變的契機，意猶未決時進行占卜。

巽下，乾上。（天風　姤 44）

立場	卦別	三才	六爻	符號	實力	位置	形勢
我方內部環境相對於（下卦）彼方外在環境	上卦	天1	上九	－	○	×	▽
		天3	九五	－	○	○	↓
		人5	九四	－	○	×	▽
我方內部環境相對於（上卦）彼方外在環境	下卦	人6	九三	－	○	○	△
		地4	九二	－	○	○	△
		地2	初六	--	×	×	。

【**原文**】初六，繫于金柅，貞吉；有攸往見凶，羸豕孚蹢躅。

〈象〉曰：「繫于金柅」，柔道牽也。

【**譯文**】初六（與九二同在地位，陰承陽近而相得），緊緊繫

結在車輛的金屬煞車器上，守持正固可以獲吉祥；要是急於前往將會出現凶險，就像瘦弱的母豬躁動難以安靜。〈爻象〉傳說：「繫于金柅」，守持柔順之道接受牽制。

【三才六爻演卦】

〔形勢〕☴ 姤卦初六位在相對劣勢的我方（下卦），相對優勢在彼方（上卦）。初六在劣勢中的作為必須承擔變動風險相對提高，有利條件相對降低。如果有競逐對象團體，仍以彼方較有優勢。

〔本爻〕初六陰爻沒有主見，欠缺實力。位在基礎之位，居位不當。

〔現況〕初六與九二同在地位，陰承陽近而相得。「繫于金柅」，如果所疑之事已在具體進行中，當前我方內部環境有實質助益。

〔將來〕初六與九二同在地位，陰承陽近而相得。「貞吉」，維持目前的情況比較有利，至少可以持盈保泰。

〔警告〕「有攸往見凶，羸豕孚蹢躅」，承受外來的壓力，以靜待變，不要盲從躁動。自我克制，不要受到外在人事物誘惑。如果貿然投入資源想要獲取更大利益會慘遭挫敗。

〔建議〕姤卦初六如果所疑之事已在具體進行中，處於劣勢，得力於我方，以不改變現況為原則可以獲益。雖然可以獲益，不可過度樂觀，仍以保守評估為要。不宜投資事業或必須改變現況等風險高的事情。如果所疑之事尚未具體進行中，請暫且擱置，以避免難以預料的損失發生。可延至時序「芒種／夏至」再行占卜；或有再次觸動轉變的契機，意猶未決時進行占卜。

【原文】九二，包有魚，无咎；不利賓。〈象〉曰：「包有魚」，義不及賓也。

【譯文】九二（與初六同在地位，陽乘陰近而相得），廚房裡

有一條魚，沒有過失；（九二與九三地位比人位，陽承陽近而不相得）但不利於宴享賓客。〈爻象〉傳說：「包有魚」，意義不利於宴享賓客。

【三才六爻演卦】

〔**形勢**〕☰ 姤卦九二位在相對劣勢的我方（下卦），相對優勢在彼方（上卦）。九二在劣勢中的作為必須承擔變動風險相對提高，有利條件相對降低。如果有競逐對象團體，仍以彼方較有優勢。

〔**本爻**〕九二陽爻有主見，有實力。位在守成之位，居位不當。守勢較優之位。

〔**現況**〕九二與初六同在地位，陽乘陰近而相得。「包有魚，无咎」，如果所謀之事已在具體進行中，當前我方內部環境助益不如預期。如果基於情感道義而付出仍要考量能力所及為宜。

〔**將來**〕九二與九三地位比人位，陽承陽近而不相得。「不利賓」，我方內部環境有阻力歧見，沒有助益。維持目前的情況比較有利，至少不會造成損失。

〔**警告**〕「不利賓」，如果貿然投入資源想要獲取更大利益會慘遭挫敗。

〔**建議**〕姤卦九二處於劣勢，不得力於彼我雙方，進退不得。如果是投資事業或必須改變現況等風險高的事情，請暫且擱置，以避免難以預料的損失發生。可延至時序「芒種／夏至」再行占卜；或有再次觸動轉變的契機，意猶未決時進行占卜。

【**原文**】九三，臀无膚，其行次且；厲，无大咎。〈象〉曰：「其行次且」，行未牽也。

【**譯文**】九三（與九四同在人位，介於兩卦之間不相得），臀部失去皮膚，難以行動；有危險，（九三與九二人位比地位，陽乘陽近而不相得）但沒有重大過失。〈爻象〉傳說：「其行

次且」，行為未曾攀牽外物。

【三才六爻演卦】

〔形勢〕☰☴ 姤卦九三位在相對劣勢的我方（下卦），相對優勢在彼方（上卦）。九三在劣勢中的作為必須承擔變動風險相對提高，有利條件相對降低。如果有競逐對象團體，仍以彼方較有優勢。

〔本爻〕九三陽爻有主見，有實力。位在以守待攻之位，居位適當。

〔現況〕九三與九四同在人位，介於兩卦之間不相得。「臀无膚，其行次且」，如果所謀之事已在具體進行中，當前彼方外在環境有阻力歧見，沒有助益，阻力來自彼方。

〔將來〕九三與九二人位比地位，陽乘陽近而不相得。「无大咎」，我方內部環境有阻力歧見，沒有助益，阻力來自我方。處境艱難，以靜待變，不要盲從躁動。維持目前的情況控管損害，不至損失持續擴大。

〔警告〕「厲」，如果貿然投入資源想要獲取更大利益會慘遭挫敗。

〔建議〕姤卦九三處於劣勢，不得力於彼我雙方，進退不得。如果是投資事業或必須改變現況等風險高的事情，請暫且擱置，以避免難以預料的損失發生。可延至時序「芒種／夏至」再行占卜；或有再次觸動轉變的契機，意猶未決時進行占卜。

【原文】九四，包无魚，起凶。〈象〉曰：无魚之凶，遠民也。

【譯文】九四（與九三同在人位，介於兩卦之間不相得），廚房中沒有魚，興起爭執有凶險。〈爻象〉傳說：無魚的凶險，遠離下民。

【三才六爻演卦】

〔形勢〕☰☴ 姤卦九四位在相對優勢的我方（上卦），相對劣勢

姤
44

在彼方（下卦）。九四在優勢中的作為必須承擔變動風險相對降低，有利條件相對提高。如果有競逐對象團體，仍以我方較有優勢。

〔本爻〕九四陽爻有主見，有實力。位在守成整合之位，居位不當。

〔現況〕九四與九三同在人位，介於兩卦之間不相得。「包无魚」，如果所謀之事已在具體進行中，當前彼方外在環境有阻力歧見，沒有助益，阻力來自彼方。

〔將來〕九四與九五人位比天位，陽承陽近而不相得。「起凶」，我方內部環境有阻力歧見，沒有助益，阻力來自我方。處境艱難，以靜待變，不要盲從躁動。維持目前的情況控管損害，不至損失持續擴大。

〔警告〕「起凶」，如果貿然投入資源想要獲取更大利益會慘遭挫敗。

〔建議〕姤卦九四處於優勢，不得力於彼我雙方，進退不得。如果是投資事業或必須改變現況等風險高的事情，請暫且擱置，以避免難以預料的損失發生。可延至時序「芒種／夏至」再行占卜；或有再次觸動轉變的契機，意猶未決時進行占卜。

【原文】九五，以杞包瓜；含章，有隕自天。〈象〉曰：九五含章，中正也；「有隕自天」，志不舍命也。

【譯文】九五（與上九同在天位，陽承陽近而不相得），用杞樹枝葉蔽護樹下的甜瓜；（九五順著九四、九三、九二與初六比附之勢前來）內心含藏章美，有從天而降。〈爻象〉傳說：九五內心含藏章美，是居中守正；「有隕自天」，心志不違背天命。

【三才六爻演卦】

〔形勢〕☰ 姤卦九五位在相對優勢的我方（上卦），相對劣勢在彼方（下卦）。九五在優勢中的作為必須承擔變動風險相對

降低，有利條件相對提高。如果有競逐對象團體，仍以我方較有優勢。

〔本爻〕九五陽爻有主見，有實力。位在決策實權之位，居位適當。攻勢較優之位。

〔現況〕九五與上九同在天位，陽承陽近而不相得。「以杞包瓜」，如果所謀之事已在具體進行中，當前我方內部環境有阻力歧見，沒有助益。

〔將來〕九五與九四天位比人位，陽乘陽近而不相得。九五順著九四、九三、九二與初六比附之勢前來。「含章，有隕自天」，投入現有資源，獲取更大利益。化解阻力歧見，建立共識，爭取有能力、有條件的人事物支持，群策群力共圖事業。優勢在我方，順勢而為。

〔建議〕姤卦九五處於優勢，得力於彼我雙方，得天之時，得人之助，得地之宜。可從事投資事業或必須改變現況等風險高的事情。

姤
44

【原文】上九，姤其角；吝，无咎。〈象〉曰：「姤其角」，上窮吝也。

【譯文】上九（與九五同在天位，陽乘陽近而不相得），相遇的道理已經到窮極頂端的銳角；心有憾惜，但沒有過失。〈爻象〉傳說：「姤其角」，居位窮高極上相遇無人深感憾惜。

【三才六爻演卦】

〔形勢〕☰ 姤卦上九位在相對優勢的我方（上卦），相對劣勢在彼方（下卦）。上九在優勢中的作為必須承擔變動風險相對降低，有利條件相對提高。如果有競逐對象團體，仍以我方較有優勢。

〔本爻〕上九陽爻有主見，有實力。位在不任實事之位，居位不當。

〔現況〕上九與九五同在天位，陽乘陽近而不相得。「姤其

角」，如果所謀之事已在具體進行中，當前我方內部環境有阻力歧見，沒有助益。

〔將來〕上九與九五同在天位，陽乘陽近而不相得。「吝，无咎」，處境艱難，以靜待變，不要盲從躁動。維持目前的情況控管損害，不至損失持續擴大。

〔建議〕姤卦上九處於優勢，不得力於彼我雙方，進退不得。如果是投資事業或必須改變現況等風險高的事情，請暫且擱置，以避免難以預料的損失發生。可延至時序「芒種／夏至」再行占卜；或有再次觸動轉變的契機，意猶未決時進行占卜。

坤下，兌上。（澤地　萃 45）

萃 45

立場	卦別	三才	六爻	符號	實力	位置	形勢
我方內部環境相對於（下卦）彼方外在環境	上卦	天1	上六	--	✕	○	。
		天3	九五	─	○	○	▽
		人5	九四	─	○	✕	↑
我方內部環境相對於（上卦）彼方外在環境	下卦	人6	六三	--	✕	✕	↑
		地4	六二	--	✕	○	↑
		地2	初六	--	✕	✕	↑

【原文】初六，有孚不終，乃亂乃萃；若號，一握為笑；勿恤，往无咎。〈象〉曰：「乃亂乃萃」，其志亂也。

【譯文】初六（與六二同在地位，陰承陰近而不相得），內心有誠信但不能始終保持，就會導致行動紊亂並與人妄聚；（初六順著六二、六三、九四變動之勢前往）若呼應陽剛的呼號，就能與陽剛朋友一握手間重見歡笑；不須憂慮，前往沒有過失。〈爻象〉傳說：「乃亂乃萃」，初六的心志產生迷亂。

【三才六爻演卦】

〔形勢〕䷬ 萃卦初六位在相對優勢的我方（下卦），相對劣勢在彼方（上卦）。初六在優勢中的作為必須承擔變動風險相對降低，有利條件相對提高。如果有競逐對象團體，仍以我方較有優勢。

〔本爻〕初六陰爻沒有主見，欠缺實力。位在基礎之位，居位不當。

〔現況〕初六與六二同在地位，陰承陰近而不相得。「有孚不終，乃亂乃萃」，如果所疑之事已在具體進行中，當前我方內部環境無能為力，沒有助益。

〔將來〕初六與六二同在地位，陰承陰近而不相得。初六順著六二、六三、九四變動之勢前往。「若號，一握為笑」、「往无咎」，投入現有資源，獲取更大利益。化解阻力歧見，建立共識，爭取有能力、有條件的人事物支持，群策群力共圖事業。優勢在我方，順勢而為。

〔警告〕「乃亂乃萃」，如果安於現狀，被動等待，錯失變動良機。

〔建議〕萃卦初六處於優勢，得力於彼我雙方，得地之宜，得人之助，得天之時。可從事投資事業或必須改變現況等風險高的事情。

萃
45

【原文】六二，引吉，无咎；孚乃利用禴。〈象〉曰：「引吉无咎」，中未變也。

【譯文】六二（順著六三、九四變動之勢前往），受人牽引相聚可獲吉祥，沒有過失；（六二與初六同在地位，陰乘陰近而不相得）只要心存誠信雖然微薄的禴祭也利於獻享神靈。〈爻象〉傳說：「引吉无咎」，居中守正的心志未曾改變。

【三才六爻演卦】

〔形勢〕䷬ 萃卦六二位在相對優勢的我方（下卦），相對劣勢在彼方（上卦）。六二在優勢中的作為必須承擔變動風險相對

降低，有利條件相對提高。如果有競逐對象團體，仍以我方較有優勢。

〔**本爻**〕六二陰爻沒有主見，欠缺實力。位在守成之位，居位適當。守勢較優之位。

〔**現況**〕六二與初六同在地位，陰乘陰近而不相得。「孚乃利用禴」，如果所疑之事已在具體進行中，當前我方內部環境無能為力，沒有助益。

〔**將來**〕六二與六三地位比人位，陰承陰近而不相得。六二順著六三、九四變動之勢前往。「引吉，无咎」，投入現有資源，獲取更大利益。化解阻力歧見，建立共識，爭取有能力、有條件的人事物支持，群策群力共圖事業。優勢在我方，順勢而為。

〔**建議**〕萃卦六二處於優勢，得力於彼我雙方，得地之宜，得人之助，得天之時。可從事投資事業或必須改變現況等風險高的事情。

萃
45

【**原文**】六三，萃如嗟如，无攸利；往无咎，小吝。〈象〉曰：「往无咎」，上巽也。

【**譯文**】六三（與六二人位比地位，陰乘陰近而不相得），相聚無人以致嗟嘆不已，無所利益；（六三順著九四變動之勢前往）前往進取沒有過失，小有憾惜。〈爻象〉傳說：「往无咎」，能順從尊上陽剛。

【**三才六爻演卦**】

〔**形勢**〕萃卦六三位在相對優勢的我方（下卦），相對劣勢在彼方（上卦）。六三在優勢中的作為必須承擔變動風險相對降低，有利條件相對提高。如果有競逐對象團體，仍以我方較有優勢。

〔**本爻**〕六三陰爻沒有主見，欠缺實力。位在以守待攻之位，居位不當。

〔現況〕六三與九四同在人位，介於兩卦之間不相得。如果所疑之事已在具體進行中，當前彼方外在環境看似有利，實而無益。如果基於情感道義而付出仍要考量能力所及為宜。六三與六二人位比地位，陰乘陰近而不相得。「萃如嗟如，无攸利」，當前我方內部環境無能為力，沒有助益。

〔將來〕六三順著九四變動之勢前往。「往无咎，小吝」，投入現有資源，獲取更大利益。化解阻力歧見，建立共識，爭取有能力、有條件的人事物支持，群策群力共圖事業。優勢在我方，順勢而為。

〔警告〕「萃如嗟如，无攸利」，如果安於現狀，被動等待，錯失變動良機。

〔建議〕萃卦六三處於優勢，得力於彼我雙方，得人之助，得天之時。可從事投資事業或必須改變現況等風險高的事情。

萃 45

【原文】九四，大吉，无咎。〈象〉曰：「大吉无咎」，位不當也。

【譯文】九四（順著九五與上六比附之勢前往），大為吉祥，沒有過失。〈爻象〉傳說：「大吉无咎」，居位不夠妥當。

【三才六爻演卦】

〔形勢〕萃卦九四位在相對劣勢的我方（上卦），相對優勢在彼方（下卦）。九四在劣勢中的作為必須承擔變動風險相對提高，有利條件相對降低。如果有競逐對象團體，仍以彼方較有優勢。

〔本爻〕九四陽爻有主見，有實力。位在守成整合之位，居位不當。

〔現況〕九四與六三同在人位，介於兩卦之間不相得。如果所謀之事已在具體進行中，當前彼方外在環境助益不如預期。如果基於情感道義而付出仍要考量能力所及為宜。

〔將來〕九四與六五人位比天位，陽承陰近而相得。九四順著

九五與上六比附之勢前往。「大吉无咎」，投入現有資源，獲取更大利益。化解阻力歧見，建立共識，爭取有能力、有條件的人事物支持，群策群力共圖事業。

〔建議〕萃卦九四處於劣勢，得力於彼我雙方，得人之助，得天之時。保守評估，量力而為，可從事投資事業或必須改變現況等風險高的事情。

【原文】九五，萃有位，无咎，匪孚；元永貞，悔亡。〈象〉曰：「萃有位」，志未光也。

【譯文】九五（與上六同在天位，陽承陰近而相得），會聚之時高居尊位，沒有過失，但未能廣泛取信於眾；（九五與九四天位比人位，陽乘陽近而不相得）永久不渝的守持正固，悔恨必將消亡。〈爻象〉傳說：「萃有位」，會聚的心志尚未光大。

【三才六爻演卦】

〔形勢〕萃卦九五位在相對劣勢的我方（上卦），相對優勢在彼方（下卦）。九五在劣勢中的作為必須承擔變動風險相對提高，有利條件相對降低。如果有競逐對象團體，仍以彼方較有優勢。

〔本爻〕九五陽爻有主見，有實力。位在決策實權之位，居位適當。攻勢較優之位。

〔現況〕九五與上六同在天位，陽承陰近而相得。「萃有位，无咎，匪孚」，如果所謀之事已在具體進行中，當前我方內部環境助益不如預期。如果基於情感道義而付出仍要考量能力所及為宜。

〔將來〕九五與九四天位比人位，陽乘陽近而不相得。「元永貞，悔亡」，我方內部環境有阻力歧見，沒有助益。維持目前的情況比較有利，至少不會造成損失。

〔建議〕萃卦九五處於劣勢，不得力於彼我雙方，進退不得。

如果是投資事業或必須改變現況等風險高的事情，請暫且擱置，以避免難以預料的損失發生。可延至時序「白露／秋分」再行占卜；或有再次觸動轉變的契機，意猶未決時進行占卜。

【原文】上六，齎咨涕洟，无咎。〈象〉曰：「齎咨涕洟」，未安上也。

【譯文】上六（與九五同在天位，陰乘陽乘剛），咨嗟哀嘆而又痛哭流涕，沒有過失。〈爻象〉傳說：「齎咨涕洟」，求聚不得未能安居於窮上之位。

【三才六爻演卦】

〔形勢〕☷ 萃卦上六位在相對劣勢的我方（上卦），相對優勢在彼方（下卦）。上六在劣勢中的作為必須承擔變動風險相對提高，有利條件相對降低。如果有競逐對象團體，仍以彼方較有優勢。

〔本爻〕上六陰爻沒有主見，欠缺實力。位在不任實事之位，居位適當。

〔現況〕上六與九五同在天位，陰乘陽乘剛。「齎咨涕洟」，如果所疑之事已在具體進行中，當前我方內部環境有所牽制，停滯不前。

〔將來〕上六與九五同在天位，陰乘陽乘剛。「無咎」，處境艱難，以靜待變，不要盲從躁動。維持目前的情況控管損害，不至損失持續擴大。

〔建議〕萃卦上六處於劣勢，不得力於彼我雙方，進退不得。如果是投資事業或必須改變現況等風險高的事情，請暫且擱置，以避免難以預料的損失發生。可延至時序「白露／秋分」再行占卜；或有再次觸動轉變的契機，意猶未決時進行占卜。

萃
45

䷭ 巽下，坤上。（地風　升 46）

立場	卦別	三才	六爻	符號	實力	位置	形勢
我方內部環境相對於（下卦）彼方外在環境	上卦	天1	上六	--	✕	○	。
		天3	六五	--	✕	○	。
		人5	六四	--	✕	○	。
我方內部環境相對於（上卦）彼方外在環境	下卦	人6	九三	—	○	○	△
		地4	九二	—	○	○	△
		地2	初六	--	✕	✕	↑

【原文】初六，允升，大吉。〈象〉曰：「允升大吉」，上合志也。

【譯文】初六（順著九二、九三動能向上之勢前往），順從依附陽剛上升，大為吉祥。〈爻象〉傳說：「允升大吉」，順合尊上剛陽的心志。

【三才六爻演卦】

〔形勢〕䷭升卦初六位在相對優勢的我方（下卦），相對劣勢在彼方（上卦）。初六在優勢中的作為必須承擔變動風險相對降低，有利條件相對提高。如果有競逐對象團體，仍以我方較有優勢。

〔本爻〕初六陰爻沒有主見，欠缺實力。位在基礎之位，居位不當。

〔現況〕初六與九二同在地位，陰承陽近而相得。如果所疑之事已在具體進行中，當前我方內部環境有實質助益。

〔將來〕初六與九二同在地位，陰承陽近而相得。初六順著九二、九三動能向上之勢前往。「允升大吉」，爭取有能力、有條件的人事物支持，群策群力共圖事業。

〔建議〕升卦初六處於優勢，得力於彼我雙方，得地之宜，得人之助。可從事投資事業或必須改變現況等風險高的事情。

升
46

【原文】九二，孚乃利用禴，无咎。〈象〉曰：九二之孚，有喜也。

【譯文】九二（與初六同在地位，陽乘陰近而相得），只要心存誠信雖然微薄的禴祭也利於獻享神靈，沒有過失。〈爻象〉傳說：九二的誠信美德，將有喜慶。

【三才六爻演卦】

〔形勢〕☷ 升卦九二位在相對優勢的我方（下卦），相對劣勢在彼方（上卦）。九二在優勢中的作為必須承擔變動風險相對降低，有利條件相對提高。如果有競逐對象團體，仍以我方較有優勢。

〔本爻〕九二陽爻有主見，有實力。位在守成之位，居位不當。守勢較優之位。

〔現況〕九二與初六同在地位，陽乘陰近而相得。「孚乃利用禴」，如果所謀之事已在具體進行中，當前我方內部環境助益不如預期。如果基於情感道義而付出仍要考量能力所及為宜。

〔將來〕九二與九三地位比人位，陽承陽近而不相得。「无咎」，我方內部環境有阻力歧見，沒有助益。維持目前的情況比較有利，至少不會造成損失。

〔建議〕升卦九二處於優勢，不得力於彼我雙方，進退不得。如果是投資事業或必須改變現況等風險高的事情，請暫且擱置，以避免難以預料的損失發生。可延至時序「小寒／大寒」再行占卜；或有再次觸動轉變的契機，意猶未決時進行占卜。

【原文】九三，升虛邑。〈象〉曰：「升虛邑」，无所疑也。

【譯文】九三（與六四同在人位，介於兩卦之間不相得），繼續上升猶如直入空虛無實的城邑。〈爻象〉傳說：「升虛邑」，無所疑慮。

【三才六爻演卦】

〔形勢〕☷ 升卦九三位在相對優勢的我方（下卦），相對劣勢

在彼方（上卦）。九三在優勢中的作為必須承擔變動風險相對降低，有利條件相對提高。如果有競逐對象團體，仍以我方較有優勢。

〔**本爻**〕九三陽爻有主見，有實力。位在以守待攻之位，居位適當。

〔**現況**〕九三與六四同在人位，介於兩卦之間不相得。「升虛邑」，如果所謀之事已在具體進行中，當前彼方外在環境看似有利，實而無益。如果基於情感道義而付出仍要考量能力所及為宜。

〔**將來**〕九三與九二人位比地位，陽乘陽近而不相得。「无所疑也」，我方內部環境有阻力歧見，沒有助益。維持目前的情況比較有利，至少不會造成損失。

〔**警告**〕「升虛邑」，如果貿然投入資源想要獲取更大利益會慘遭挫敗。

〔**建議**〕升卦九三處於優勢，不得力於彼我雙方，進退不得。如果是投資事業或必須改變現況等風險高的事情，請暫且擱置，以避免難以預料的損失發生。可延至時序「小寒／大寒」再行占卜；或有再次觸動轉變的契機，意猶未決時進行占卜。

【**原文**】六四，王用亨于岐山，吉，无咎。〈象〉曰：「王用亨于岐山」，順事也。

【**譯文**】六四（與六五人位比天位，陰承陰近而不相得），君王讓他來到岐山代行設祭神靈，吉祥，沒有過失。〈爻象〉傳說：「王用亨于岐山」，六四順從服事君王。

【**三才六爻演卦**】

〔**形勢**〕䷭ 升卦六四位在相對劣勢的我方（上卦），相對優勢在彼方（下卦）。在劣勢中的作為必須承擔變動風險相對提高，有利條件相對降低。如果有競逐對象團體，仍以彼方較有優勢。

〔本爻〕六四陰爻沒有主見，欠缺實力。位在守成整合之位，居位適當。

〔現況〕六四與九三同在人位，介於兩卦之間不相得。「王用亨于岐山」，如果所疑之事已在具體進行中，當前彼方外在環境看似有利，實而無益。如果基於情感道義而付出仍要考量能力所及為。

〔將來〕六四與六五人位比天位，陰承陰近而不相得。「吉，无咎」，我方內部環境無能為力，沒有助益。維持目前的情況比較有利，至少不會造成損失。

〔建議〕升卦六四處於劣勢，不得力於彼我雙方，進退不得。如果是投資事業或必須改變現況等風險高的事情，請暫且擱置，以避免難以預料的損失發生。可延至時序「小寒／大寒」再行占卜；或有再次觸動轉變的契機，意猶未決時進行占卜。

**升
46**

【原文】六五，貞吉，升階。〈象〉曰：「貞吉升階」，大得志也。

【譯文】六五（與六四天位比人位，陰乘陰近而不相得），守持正固可獲吉祥，（六五與上六同在天位，陰承陰近而不相得）就像升階用的梯子閒置著。〈爻象〉傳說：「貞吉升階」，大遂心志。

【三才六爻演卦】

〔形勢〕升卦六五位在相對劣勢的我方（上卦），相對優勢在彼方（下卦）。六五在劣勢中的作為必須承擔變動風險相對提高，有利條件相對降低。如果有競逐對象團體，仍以彼方較有優勢。

〔本爻〕六五陰爻沒有主見，欠缺實力。位在決策實權之位，居位不當。攻勢較優之位。

〔現況〕六五與上六同在天位，陰承陰近而不相得。「升階」，如果所疑之事已在具體進行中，當前我方內部環境無能

為力，沒有助益。

〔將來〕六五與六四天位比人位，陰乘陰近而不相得。「貞吉」，我方內部環境無能為力，沒有助益。維持目前的情況比較有利，至少可以持盈保泰。

〔建議〕升卦六五處於劣勢，不得力於彼我雙方，進退不得。如果是投資事業或必須改變現況等風險高的事情，請暫且擱置，以避免難以預料的損失發生。可延至時序「小寒／大寒」再行占卜；或有再次觸動轉變的契機，意猶未決時進行占卜。

【原文】上六，冥升，利于不息之貞。〈象〉曰：冥升在上，消不富也。

【譯文】上六（與六五同在天位，陰乘陰近而不相得），昏昧的上升，利於不停息的守持正固。〈爻象〉傳說：昏昧的上升，發展趨勢消弱不能富盛。

【三才六爻演卦】

〔形勢〕☷ 升卦上六位在相對劣勢的我方（上卦），相對優勢在彼方（下卦）。上六在劣勢中的作為必須承擔變動風險相對提高，有利條件相對降低。如果有競逐對象團體，仍以彼方較有優勢。

〔本爻〕上六陰爻沒有主見，欠缺實力。位在不任實事之位，居位適當。

〔現況〕上六與六五同在天位，陰乘陰近而不相得。「冥升」，如果所疑之事已在具體進行中，當前我方內部環境無能為力，沒有助益。

〔將來〕上六與六五同在天位，陰乘陰近而不相得。「利于不息之貞」，維持目前的情況比較有利，至少不會造成損失。

〔建議〕升卦上六處於劣勢，不得力於彼我雙方，進退不得。如果是投資事業或必須改變現況等風險高的事情，請暫且擱置，以避免難以預料的損失發生。可延至時序「小寒／大寒」

升
46

再行占卜；或有再次觸動轉變的契機，意猶未決時進行占卜。

䷮ 坎下，兌上。（澤水　困 47）

立場	卦別	三才	六爻	符號	實力	位置	形勢
我方內部環境相對於（下卦）彼方外在環境	上卦	天1	上六	--	✕	○	↓
		天3	九五	—	○	○	▽
		人5	九四	—	○	✕	▽
我方內部環境相對於（上卦）彼方外在環境	下卦	人6	六三	--	✕	✕	。
		地4	九二	—	○	✕	△
		地2	初六	--	✕	✕	。

【原文】初六，臀困于株木，入于幽谷，三歲不覿。〈象〉曰：「入于幽谷」，幽不明也。

【譯文】初六（與九二同在地位，陰承陽近而相得），臀部困在沒有枝葉遮掩的樹木，只得退入幽深的山谷，三年不見露出面目。〈爻象〉傳說：「入于幽谷」，藏身在幽暗不明的處所。

【三才六爻演卦】

〔形勢〕䷜ 困卦初六位在相對劣勢的我方（下卦），相對優勢在彼方（上卦）。初六在劣勢中的作為必須承擔變動風險相對提高，有利條件相對降低。如果有競逐對象團體，仍以彼方較有優勢。

〔本爻〕初六陰爻沒有主見，欠缺實力。位在基礎之位，居位不當。

〔現況〕初六與九二同在地位，陰承陽近而相得。如果所疑之事已在具體進行中，當前我方內部環境有實質助益。

〔將來〕初六與九二同在地位，陰承陽近而相得。「臀困于株

木，入于幽谷，三歲不覿」，處境艱難，以靜待變，不要盲從躁動。維持目前的情況比較有利，至少不會造成損失。

〔建議〕困卦初六如果所疑之事已在具體進行中，處於劣勢，得力於我方，以不改變現況為原則可以獲益。雖然可以獲益，不可過度樂觀，仍以保守評估為要。不宜投資事業或必須改變現況等風險高的事情。如果所疑之事尚未具體進行中，請暫且擱置，以避免難以預料的損失發生。可延至時序「寒露 / 霜降」再行占卜；或有再次觸動轉變的契機，意猶未決時進行占卜。

【原文】九二，困于酒食；朱紱方來，利用亨祀；征凶，无咎。〈象〉曰：「困于酒食」，中有慶也。

【譯文】九二（與初六同在地位，陽乘陰近而相得），酒食貧乏困窮；（九二與六三地位比人位，陽承陰近而相得），榮祿將要到來，利於主持宗廟祭祀的大禮；前往多凶險，沒有過失。〈爻象〉傳說：「困于酒食」，守持中道就有福慶。

【三才六爻演卦】

〔形勢〕☷ 困卦九二位在相對劣勢的我方（下卦），相對優勢在彼方（上卦）。九二在劣勢中的作為必須承擔變動風險相對提高，有利條件相對降低。如果有競逐對象團體，仍以彼方較有優勢。

〔本爻〕九二陽爻有主見，有實力。位在守成之位，居位不當。守勢較優之位。

〔現況〕九二與初六同在地位，陽乘陰近而相得。「困于酒食」，如果所謀之事已在具體進行中，當前我方內部環境助益不如預期。如果基於情感道義而付出仍要考量能力所及為宜。

〔將來〕九二與六三地位比人位，陽承陰近而相得。「利用亨祀」、「无咎」，我方內部環境助益不如預期。如果基於情感道義而付出仍要考量能力所及為宜。維持目前的情況比較有

困
47

利，至少不會造成損失。

〔警告〕「征凶」，如果貿然投入資源想要獲取更大利益會慘遭挫敗。

〔建議〕困卦九二處於劣勢，不得力於彼我雙方，進退不得。如果是投資事業或必須改變現況等風險高的事情，請暫且擱置，以避免難以預料的損失發生。可延至時序「寒露／霜降」再行占卜；或有再次觸動轉變的契機，意猶未決時進行占卜。

困
47

【原文】六三，困于石，據于蒺藜；入于其宮，不見其妻，凶。〈象〉曰：「據于蒺藜」，乘剛也；「入于其宮，不見其妻」，不祥也。

【譯文】六三（與九四同在人位，介於兩卦之間不相得），困於巨石，（六三與九二人位比地位，陰乘陽乘剛）憑據在蒺藜上棘刺難以前往；即使進入自家居室，也見不到妻子，有凶險。〈爻象〉傳說：「據于蒺藜」，以陰柔乘凌陽剛之上；「入于其宮，不見其妻」，不吉祥的現象。

【三才六爻演卦】

〔形勢〕☵ 困卦六三位在相對劣勢的我方（下卦），相對優勢在彼方（上卦）。六三在劣勢中的作為必須承擔變動風險相對提高，有利條件相對降低。如果有競逐對象團體，仍以彼方較有優勢。

〔本爻〕六三陰爻沒有主見，欠缺實力。位在以守待攻之位，居位不當。

〔現況〕六三與九四同在人位，介於兩卦之間不相得。「困于石」，如果所疑之事已在具體進行中，當前彼方外在環境看似有利，實而無益。如果基於情感道義而付出仍要考量能力所及為宜。

〔將來〕六三與九二人位比地位，陰乘陽乘剛。「據于蒺藜」，我方內部環境有所牽制，停滯不前。處境艱難，以靜待

變，不要盲從躁動。維持目前的情況控管損害，不至損失持續擴大。

〔警告〕「入于其宮，不見其妻，凶」，如果貿然投入資源想要獲取更大利益會慘遭挫敗。

〔建議〕困卦六三處於劣勢，不得力於彼我雙方，進退不得。如果是投資事業或必須改變現況等風險高的事情，請暫且擱置，以避免難以預料的損失發生。可延至時序「寒露／霜降」再行占卜；或有再次觸動轉變的契機，意猶未決時進行占卜。

【原文】九四，來徐徐，困于金車，吝，有終。〈象〉曰：「來徐徐」，志在下也；雖不當位，有與也。

【譯文】九四（與六三同在人位，介於兩卦之間不相得），遲疑緩緩地退來，被一輛金車困阻，有所憾惜，但最終能親比陰柔。〈爻象〉傳說：「來徐徐」，心志在求下方；雖然居位不妥當，但最終有所親比。

【三才六爻演卦】

〔形勢〕☶ 困卦九四位在相對優勢的我方（上卦），相對劣勢在彼方（下卦）。九四在優勢中的作為必須承擔變動風險相對降低，有利條件相對提高。如果有競逐對象團體，仍以我方較有優勢。

〔本爻〕九四陽爻有主見，有實力。位在守成整合之位，居位不當。

〔現況〕九四與六三同在人位，介於兩卦之間不相得。「來徐徐，困于金車」，如果所謀之事已在具體進行中，當前彼方外在環境看似有利，實而無益。如果基於情感道義而付出仍要考量能力所及為宜。

〔將來〕九四與九五人位比天位，陽承陽近而不相得。「吝，有終」，我方內部環境有阻力歧見，沒有助益。維持目前的情況比較有利，至少不會造成損失。

〔建議〕困卦九四處於優勢，不得力於彼我雙方，進退不得。如果是投資事業或必須改變現況等風險高的事情，請暫且擱置，以避免難以預料的損失發生。可延至時序「寒露／霜降」再行占卜；或有再次觸動轉變的契機，意猶未決時進行占卜。

【原文】九五，劓刖，困于赤紱；乃徐有說，利用祭祀。〈象〉曰：「劓刖」，志未得也；「乃徐有說」，以中直也；「利用祭祀」，受福也。

【譯文】九五（與九四天位比人位，陽乘陽近而不相得），施用劓鼻截足的刑罰治理眾人，以致困居於尊位；（九五與上六同在天位，陽承陰近而相得）可以漸漸的擺脫困境，利於舉行祭祀。〈爻象〉傳說：九五「劓刖」，濟困的心志未有所得；「乃徐有說」居中得正所致；「利用祭祀」，承受神靈所降的福澤。

【三才六爻演卦】

〔形勢〕☷ 困卦九五位在相對優勢的我方（上卦），相對劣勢在彼方（下卦）。九五在優勢中的作為必須承擔變動風險相對降低，有利條件相對提高。如果有競逐對象團體，仍以我方較有優勢。

〔本爻〕九五陽爻有主見，有實力。位在決策實權之位，居位適當。攻勢較優之位。

〔現況〕九五與上六同在天位，陽承陰近而相得。「乃徐有說，利用祭祀」，如果所謀之事已在具體進行中，當前我方內部環境助益不如預期。如果基於情感道義而付出仍要考量能力所及為宜。

〔將來〕九五與九四天位比人位，陽乘陽近而不相得。「劓刖，困于赤紱」，我方內部環境有阻力歧見，沒有助益。維持目前的情況比較有利，至少不會造成損失。

〔警告〕「劓刖，困于赤紱」，如果貿然投入資源想要獲取更

大利益會慘遭挫敗。

〔**建議**〕困卦九五處於優勢，不得力於彼我雙方，進退不得。如果是投資事業或必須改變現況等風險高的事情，請暫且擱置，以避免難以預料的損失發生。可延至時序「寒露／霜降」再行占卜；或有再次觸動轉變的契機，意猶未決時進行占卜。

【**原文**】上六，困于葛藟，于臲卼，曰動悔有悔；征吉。〈象〉曰：「困于葛藟」，未當也；「動悔有悔」，吉行也。

【**譯文**】上六（與九五同在天位，陰乘陽乘剛），困在葛蔓藟藤之間，又困在動搖危墮之處，也困在葛藟而且行動更加後悔（想動也動不了）；（上六順著九五、九四與六三比附之勢前來）前來可獲吉祥。〈爻象〉傳說：上六「困于葛藟」，所處的地位未曾穩當；「動悔有悔」，以致前來可以解困並獲得吉祥。

【**三才六爻演卦**】

〔**形勢**〕☲ 困卦上六位在相對優勢的我方（上卦），相對劣勢在彼方（下卦）。上六在優勢中的作為必須承擔變動風險相對降低，有利條件相對提高。如果有競逐對象團體，仍以我方較有優勢。

〔**本爻**〕上六陰爻沒有主見，欠缺實力。位在不任實事之位，居位適當。

〔**現況**〕上六與九五同在天位，陰乘陽乘剛。「困于葛藟，于臲卼，曰動悔有悔」，如果所疑之事已在具體進行中，當前我方內部環境有所牽制，停滯不前。

〔**將來**〕上六與九五同在天位，陰乘陽乘剛。上六順著九五、九四與六三比附之勢前來。「征吉」，投入現有資源，爭取有能力、有條件的人事物支持，獲取更大利益。

〔**建議**〕困卦上六處於優勢，得力於彼我雙方，得天之時，得人之助。可從事投資事業或必須改變現況等風險高的事情。

困
47

䷯ 巽下，坎上。（水風　井 48）

立場	卦別	三才	六爻	符號	實力	位置	形勢
我方內部環境相對於（下卦）彼方外在環境	上卦	天1	上六	--	✕	◯	↓
		天3	九五	—	◯	◯	▽
		人5	六四	--	✕	◯	。
我方內部環境相對於（上卦）彼方外在環境	下卦	人6	九三	—	◯	◯	↓
		地4	九二	—	◯	✕	△
		地2	初六	--	✕	✕	。

【原文】初六，井泥不食，舊井无禽。〈象〉曰：「井泥不食」，下也；「舊井无禽」，時舍也。

【譯文】初六（與九二同在地位，陰承陽近而相得），井底污泥沉滯不可食用，舊井久未修治連禽鳥也不屑一顧。〈爻象〉傳說：「井泥不食」，柔暗卑下；「舊井无禽」，形勢變化的合宜時機已被捨棄。

【三才六爻演卦】

〔形勢〕☴ 井卦初六位在相對劣勢的我方（下卦），相對優勢在彼方（上卦）。初六在劣勢中的作為必須承擔變動風險相對提高，有利條件相對降低。如果有競逐對象團體，仍以彼方較有優勢。

〔本爻〕初六陰爻沒有主見，欠缺實力。位在基礎之位，居位不當。

〔現況〕初六與九二同在地位，陰承陽近而相得。「井泥不食」，如果所疑之事已在具體進行中，當前我方內部環境有實質助益。

〔將來〕初六與九二同在地位，陰承陽近而相得。「舊井无禽」，處境艱難，以靜待變，不要盲從躁動。維持目前的情況比較有利，至少不會造成損失。

〔建議〕井卦初六如果所疑之事已在具體進行中，處於劣勢，

得力於我方，以不改變現況為原則可以獲益。雖然可以獲益，不可過度樂觀，仍以保守評估為要。不宜投資事業或必須改變現況等風險高的事情。如果所疑之事尚未具體進行中，請暫且擱置，以避免難以預料的損失發生。可延至時序「芒種／夏至」再行占卜；或有再次觸動轉變的契機，意猶未決時進行占卜。

【原文】九二，井谷射鮒，甕敝漏。〈象〉曰：「井谷射鮒」，无與也。

【譯文】九二（與初六同在地位，陽乘陰近而相得），井水被枉作為射取小魚之用，瓶甕敝敗破漏無物汲水。〈爻象〉傳說：「井谷射鮒」，無人援引接應。

【三才六爻演卦】

〔形勢〕☵ 井卦九二位在相對劣勢的我方（下卦），相對優勢在彼方（上卦）。九二在劣勢中的作為必須承擔變動風險相對提高，有利條件相對降低。如果有競逐對象團體，仍以彼方較有優勢。

〔本爻〕九二陽爻有主見，有實力。位在守成之位，居位不當。守勢較優之位。

〔現況〕九二與初六同在地位，陽乘陰近而相得。「井谷射鮒，甕敝漏」，如果所謀之事已在具體進行中，當前我方內部環境助益不如預期。如果基於情感道義而付出仍要考量能力所及為宜。

〔將來〕九二與九三地位比人位，陽承陽近而不相得。我方內部環境有阻力歧見，沒有助益。維持目前的情況比較有利，至少不會造成損失。

〔建議〕井卦九二處於劣勢，不得力於彼我雙方，進退不得。如果是投資事業或必須改變現況等風險高的事情，請暫且擱置，以避免難以預料的損失發生。可延至時序「芒種／夏至」

井
48

再行占卜;或有再次觸動轉變的契機,意猶未決時進行占卜。

【原文】九三,井渫不食,為我心惻;可用汲,王明並受其福。〈象〉曰:「井渫不食」,行惻也;求王明,受福也。

【譯文】九三(與六四同在人位,介於兩卦之間不相得),井水潔淨卻不被汲食,使我心中隱隱悲傷;(九三順著九二與初六比附之勢退來)應該汲取這清澈的井水,君王聖明君臣共受福澤。〈爻象〉傳說:「井渫不食」,行為未被理解令人悲傷;希望君王聖明,是為了君臣共受福澤。

【三才六爻演卦】

〔形勢〕☶☵ 井卦九三位在相對劣勢的我方(下卦),相對優勢在彼方(上卦)。九三在劣勢中的作為必須承擔變動風險相對提高,有利條件相對降低。如果有競逐對象團體,仍以彼方較有優勢。

〔本爻〕九三陽爻有主見,有實力。位在以守待攻之位,居位適當。

〔現況〕九三與六四同在人位,介於兩卦之間不相得。「井渫不食,為我心惻」,如果所謀之事已在具體進行中,當前彼方外在環境看似有利,實而無益。如果基於情感道義而付出仍要考量能力所及為宜。

〔將來〕九三與九二人位比地位,陽乘陽近而不相得。九三順著九二與初六比附之勢退來。「可用汲,王明並受其福」,保守評估,化解阻力歧見,建立共識,爭取有能力、有條件的人事物支持,投入既有資源重新出發。

〔建議〕井卦九三處於劣勢,得力於我方,得人之助,得地之宜。保守評估,量力而為,以退為進,可從事投資事業或必須改變現況等風險高的事情。

【原文】六四，井甃，无咎。〈象〉曰：「井甃无咎」，脩井也。

【譯文】六四（與九五人位比天位，陰承陽近而相得），水井正在修治，沒有過失。〈爻象〉傳說：「井甃无咎」，修井不可施養於人。

【三才六爻演卦】

〔形勢〕䷯ 井卦六四位在相對優勢的我方（上卦），相對劣勢在彼方（下卦）。六四在優勢中的作為必須承擔變動風險相對降低，有利條件相對提高。如果有競逐對象團體，仍以我方較有優勢。

〔本爻〕六四陰爻沒有主見，欠缺實力。位在守成整合之位，居位適當。

〔現況〕六四與九三同在人位，介於兩卦之間不相得。如果所疑之事已在具體進行中，當前彼方外在環境看似有利，實而無益。如果基於情感道義而付出仍要考量能力所及為宜。

〔將來〕六四與九五人位比天位，陰承陽近而相得。「井甃，无咎」，有我方內部環境相助，可以獲得實質助益。

〔建議〕井卦六四處於優勢，得力於我方，以不改變現況為原則可以獲益。雖然可以獲益，不可過度樂觀，仍以保守評估為要。不宜投資事業或必須改變現況等風險高的事情。

【原文】九五，井洌，寒泉食。〈象〉曰：「寒泉之食」，中正也。

【譯文】九五（與上六同在天位，陽承陰近而相得），井水清澈，（九五與六四天位比人位，陽乘陰近而相得）潔淨的寒泉可供食用。〈爻象〉傳說：「寒泉之食」，居中得正。

【三才六爻演卦】

〔形勢〕䷯ 井卦九五位在相對優勢的我方（上卦），相對劣勢在彼方（下卦）。九五在優勢中的作為必須承擔變動風險相對

井
48

降低，有利條件相對提高。如果有競逐對象團體，仍以我方較有優勢。

〔本爻〕九五陽爻有主見，有實力。位在決策實權之位，居位適當。攻勢較優之位。

〔現況〕九五與上六同在天位，陽承陰近而相得。「井冽」，如果所謀之事已在具體進行中，當前我方內部環境助益不如預期。如果基於情感道義而付出仍要考量能力所及為宜。

〔將來〕九五與六四天位比人位，陽乘陰近而相得。「寒泉食」，我方內部環境助益不如預期。如果基於情感道義而付出仍要考量能力所及為宜。維持目前的情況比較有利，至少不會造成損失。

〔建議〕井卦九五處於優勢，不得力於彼我雙方，進退不得。如果是投資事業或必須改變現況等風險高的事情，請暫且擱置，以避免難以預料的損失發生。可延至時序「芒種／夏至」再行占卜；或有再次觸動轉變的契機，意猶未決時進行占卜。

井
48

【原文】上六，井收，勿幕；有孚，元吉。〈象〉曰：元吉在上，大成也。

【譯文】上六（順著九五與六四比附之勢前來），水井的工事已成，不用覆蓋井口；心懷誠信，至為吉祥。〈爻象〉傳說：至為吉祥而高居上位，水井的功用已經大成。

【三才六爻演卦】

〔形勢〕☷ 井卦上六位在相對優勢的我方（上卦），相對劣勢在彼方（下卦）。上六在優勢中的作為必須承擔變動風險相對降低，有利條件相對提高。如果有競逐對象團體，仍以我方較有優勢。

〔本爻〕上六陰爻沒有主見，欠缺實力。位在不任實事之位，居位適當。

〔現況〕上六與九五同在天位，陰乘陽乘剛。如果所謀之事已

在具體進行中，當前我方內部環境有所牽制，停滯不前。

〔**將來**〕上六與九五同在天位，陰乘陽乘剛。上六順著九五與六四比附之勢前來。「井收，勿幕；有孚，元吉」，保守評估，量力而為，投入現有資源，爭取有能力、有條件的人事物支持。

〔**警告**〕「勿幕」，如果安於現狀，被動等待，錯失變動良機。

〔**建議**〕井卦上六處於優勢，得力於我方，得天之時，得人之助。保守評估，量力而為，可從事投資事業或必須改變現況等風險高的事情。

離下，兌上。（澤火　革 49）

革 49

立場	卦別	三才	六爻	符號	實力	位置	形勢
我方內部環境相對於（下卦）彼方外在環境	上卦	天1	上六	--	✕	○	。
		天3	九五	—	○	○	↓
		人5	九四	—	○	✕	▽
我方內部環境相對於（上卦）彼方外在環境	下卦	人6	九三	—	○	○	△
		地4	六二	--	✕	○	↑
		地2	初九	—	○	○	△

【**原文**】初九，鞏用黃牛之革。〈象〉曰：「鞏用黃牛」，不可以有為也。

【**譯文**】初九（與六二同在地位，陽承陰近而相得），用黃牛的皮革束縛起來。〈爻象〉傳說：「鞏用黃牛」，不可以有所作為。

【**三才六爻演卦**】

〔**形勢**〕☱ 革卦相對立場的彼、我雙方（上、下卦）勢力互有

往來。初九的作為必須承擔變動風險與有利條件相對持平。如果有競逐對象團體，仍以彼方較有優勢。

〔**本爻**〕初九陽爻有主見，有實力。位在基礎之位，居位適當。

〔**現況**〕初九與六二同在地位，陽承陰近而相得。如果所謀之事已在具體進行中，當前我方內部環境助益不如預期。如果基於情感道義而付出仍要考量能力所及為宜。

〔**將來**〕初九與六二同在地位，陽承陰近而相得。「鞏用黃牛之革」，自我克制，不要受到外在人事物誘惑。維持目前的情況比較有利，至少不會造成損失。

〔**建議**〕革卦初九不得力於彼我雙方，進退不得。如果是投資事業或必須改變現況等風險高的事情，請暫且擱置，以避免難以預料的損失發生。可延至時序「清明／穀雨」再行占卜；或有再次觸動轉變的契機，意猶未決時進行占卜。

革
49

【**原文**】六二，己日乃革之，征吉，无咎。〈象〉曰：「己日革之」，行有嘉也。

【**譯文**】六二（順著九三、九四、九五與上六比附之勢前往），己日斷然推行變革，往前可獲吉祥，沒有過失。〈爻象〉傳：「己日革之」，前往可獲美好結果。

【**三才六爻演卦**】

〔**形勢**〕☷ 革卦相對立場的彼、我雙方（上、下卦）勢力互有往來。六二的作為必須承擔變動風險與有利條件相對持平。如果有競逐對象團體，仍以彼方較有優勢。

〔**本爻**〕六二陰爻沒有主見，欠缺實力。位守成之位，居位適當。守勢較優之位。

〔**現況**〕六二與初九同在地位，陰乘陽乘剛。如果所疑之事已在具體進行中，當前我方內部環境有所牽制，停滯不前。

〔**將來**〕六二與九三地位比人位，陰承陽近而相得。六二順著

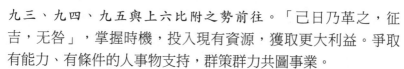

九三、九四、九五與上六比附之勢前往。「己日乃革之，征吉，无咎」，掌握時機，投入現有資源，獲取更大利益。爭取有能力、有條件的人事物支持，群策群力共圖事業。

〔建議〕革卦六二，得力於彼我雙方，得地之宜，得人之助，得天之時。可從事投資事業或必須改變現況等風險高的事情。

【原文】九三，征凶，貞厲；革言三就，有孚。〈象〉曰：「革言三就」，又何之矣？

【譯文】九三（與九四同在人位，介兩卦之間不相得），前往有凶險，守持正固謹防危險；變革的主張經多方曲折才有成就，要胸懷誠信安定人心。〈爻象〉傳說：「革言三就」，何必急於前往呢？

【三才六爻演卦】

〔形勢〕☲☱ 革卦相對立場的彼、我雙方（上、下卦）勢力互有往來。九三的作為必須承擔變動風險與有利條件相對持平。如果有競逐對象團體，仍以彼方較有優勢。

〔本爻〕九三陽爻有主見，有實力。位在以守待攻之位，居位適當。

〔現況〕九三與九四同在人位，介兩卦之間不相得。「征凶，貞厲」，如果所謀之事已在具體進行中，當前彼方外在環境有阻力歧見，沒有助益。

〔將來〕九三與六二人位比地位，陽乘陰近而相得。「革言三就，有孚」，我方內部環境助益不如預期。如果基於情感道義而付出仍要考量能力所及為宜。維持目前的情況比較有利，至少不會造成損失。

〔警告〕「征凶」，如果貿然投入資源想要獲取更大利益會慘遭挫敗。

〔建議〕革卦九三不得力於彼我雙方，進退不得。如果是投資事業或必須改變現況等風險高的事情，請暫且擱置，以避免難

革 49

以預料的損失發生。可延至時序「清明／穀雨」再行占卜；或有再次觸動轉變的契機，意猶未決時進行占卜。

【原文】九四，悔亡，有孚改命，吉。〈象〉曰：改命之吉，信志也。

【譯文】九四（與九五人位比天位，陽承陽近而不相得），悔恨消亡，必存誠信以革除舊命，可獲吉祥。〈爻象〉傳說：革除舊命可獲吉祥，施展變革之志。

【三才六爻演卦】

〔**形勢**〕☱ 革卦相對立場的彼、我雙方（上、下卦）勢力互有往來。九四的作為必須承擔變動風險與有利條件相對持平。如果有競逐對象團體，仍以我方較有優勢。

〔**本爻**〕九四陽爻有主見，有實力。位在守成整合之位，居位不當。

〔**現況**〕九四與九三同在人位，介兩卦之間不相得。如果所謀之事已在具體進行中，當前彼方外在環境有阻力歧見，沒有助益。

〔**將來**〕九四與九五人位比天位，陽承陽近而不相得。「悔亡，有孚改命，吉」，我方內部環境有阻力歧見，沒有助益。改正盲從躁動的作法。維持目前的情況比較有利，至少不會造成損失。

〔**建議**〕革卦九四不得力於彼我雙方，進退不得。如果是投資事業或必須改變現況等風險高的事情，請暫且擱置，以避免難以預料的損失發生。可延至時序「清明／穀雨」再行占卜；或有再次觸動轉變的契機，意猶未決時進行占卜。

【原文】九五，大人虎變，未占有孚。〈象〉曰：「大人虎變」，其文炳也。

【譯文】九五（順著九四、九三與六二比附之勢前來），大人像猛虎一樣實行變革，不用占卜就知道這作為是發揮誠信的美德。〈爻象〉傳說：「大人虎變」，九五的作為文彩炳煥。

【三才六爻演卦】

〔形勢〕☱☲ 革卦相對立場的彼、我雙方（上、下卦）勢力互有往來。九五的作為必須承擔變動風險與有利條件相對持平。如果有競逐對象團體，仍以我方較有優勢。

〔本爻〕九五陽爻有主見，有實力。位在決策實權之位，居位適當。攻勢較優之位。

〔現況〕九五與上六同在天位，陽承陰近而相得。如果所謀之事已在具體進行中，當前我方內部環境助益不如預期。如果基於情感道義而付出仍要考量能力所及為宜。

〔將來〕九五與九四天位比人位，陽乘陽近而不相得。九五順著九四、九三與六二比附之勢前來。「大人虎變，未占有孚」，掌握時機，投入現有資源，獲取更大利益。化解阻力歧見，建立共識，爭取有能力、有條件的人事物支持，群策群力共圖事業。

〔建議〕革卦九五，得力於彼我雙方，得天之時，得人之助，得地之宜。可從事投資事業或必須改變現況等風險高的事情。

革 49

【原文】上六，君子豹變，小人革面；征凶，居貞吉。〈象〉曰：君子豹變，其文蔚也；小人革面，順以從君也。

【譯文】上六，（九五）君子像豹子一樣威猛求變革，（上六與九五同在天位，陰乘陽乘剛）小人改變舊日的面目；前來激進會有凶險，靜居守持正固可獲吉祥。〈爻象〉傳說：「君子豹變」，陽剛的作為蔚然成彩；「小人革面」，順從陽剛君主的變革。

【三才六爻演卦】

〔形勢〕☱☲ 革卦相對立場的彼、我雙方（上、下卦）勢力互有

往來。上六的作為必須承擔變動風險與有利條件相對持平。如果有競逐對象團體，仍以我方較有優勢。

〔本爻〕上六陰爻沒有主見，欠缺實力。位在不任實事之位，居位適當。

〔現況〕上六與九五同在天位，陰乘陽乘剛。「小人革面」，如果所疑之事已在具體進行中，當前我方內部環境有所牽制，停滯不前。

〔將來〕上六與九五同在天位，陰乘陽乘剛。「居貞吉」，自我克制，不要受到外在人事物誘惑。維持目前的情況比較有利，至少不會造成損失。

〔警告〕「征凶」，如果貿然投入資源想要獲取更大利益會慘遭挫敗。

〔建議〕革卦上六不得力於彼我雙方，進退不得。如果是投資事業或必須改變現況等風險高的事情，請暫且擱置，以避免難以預料的損失發生。可延至時序「清明／穀雨」再行占卜；或有再次觸動轉變的契機，意猶未決時進行占卜。

鼎
50

巽下，離上。（火風　鼎50）

立場	卦別	三才	六爻	符號	實力	位置	形勢
我方內部環境相對於（下卦）彼方外在環境	上卦	天1	上九	－	○	×	▽
		天3	六五	--	×	○	。
		人5	九四	－	○	×	▽
我方內部環境相對於（上卦）彼方外在環境	下卦	人6	九三	－	○	○	↓
		地4	九二	－	○	○	△
		地2	初六	--	×	×	×

【原文】初六，鼎顛趾，利出否；得妾以其子，无咎。〈象〉

曰：「鼎顛趾」，未悖也；「利出否」，以從貴也。

【譯文】初六（與九二同在地位，陰承陽近而相得），鼎器顛轉腳跟，利於傾倒廢物；就像娶妾生子而妾被扶作正室，沒有過失。〈爻象〉傳說：「鼎顛趾」，作為未曾悖理；「利出否」，以從尊貴者。

【三才六爻演卦】

〔形勢〕☲ 鼎卦相對立場的彼、我雙方（上、下卦）勢力均等。初六的作為必須承擔變動風險與有利條件相對持平。如果有競逐對象團體，仍以彼方較有優勢。

〔本爻〕初六陰爻沒有主見，欠缺實力。位在基礎之位，居位不當。

〔現況〕初六與九二同在地位，陰承陽近而相得。「得妾以其子」，如果所疑之事已在具體進行中，當前我方內部環境有實質助益。

〔將來〕初六與九二同在地位，陰承陽近而相得。「无咎」，維持目前的情況比較有利，至少不會造成損失。

〔建議〕鼎卦初六如果所疑之事已在具體進行中，得力於我方，以不改變現況為原則可以獲益。雖然可以獲益，仍以保守評估為要。不宜投資事業或必須改變現況等風險高的事情。如果所疑之事尚未具體進行中，請暫且擱置，以避免難以預料的損失發生。可延至時序「小暑／大暑」再行占卜；或有再次觸動轉變的契機，意猶未決時進行占卜。

鼎
50

【原文】九二，鼎有實；我仇有疾，不我能即，吉。〈象〉曰：「鼎有實」，慎所之也；「我仇有疾」，終无尤也。

【譯文】九二（與九三地位比人位，陽承陽近而不相得），鼎中有物品；（九二與初六同在地位，陽乘陰近而相得）我的配偶身有疾患，暫不前來加重我的負擔，吉祥。〈爻象〉傳說：「鼎有實」，要謹慎行為；「我仇有疾」，最終無所過尤。

【三才六爻演卦】

〔形勢〕䷱ 鼎卦相對立場的彼、我雙方（上、下卦）勢力均等。九二的作為必須承擔變動風險與有利條件相對持平。如果有競逐對象團體，仍以彼方較有優勢。

〔本爻〕九二陽爻有主見，有實力。位在守成之位，居位不當。守勢較優之位。

〔現況〕九二與初六同在地位，陽乘陰近而相得。「我仇有疾，不我能即」，如果所謀之事已在具體進行中，當前我方內部環境助益不如預期。如果基於情感道義而付出仍要考量能力所及為宜。

〔將來〕九二與九三地位比人位，陽承陽近而不相得。「鼎有實」，我方內部環境有阻力歧見，沒有助益。維持目前的情況比較有利，至少可以持盈保泰。

〔警告〕「我仇有疾，不我能即」，不要有積極作為。如果貿然投入資源想要獲取更大利益會慘遭挫敗。

〔建議〕鼎卦九二不得力於彼我雙方，進退不得。如果是投資事業或必須改變現況等風險高的事情，請暫且擱置，以避免難以預料的損失發生。可延至時序「小暑／大暑」再行占卜；或有再次觸動轉變的契機，意猶未決時進行占卜。

【原文】九三，鼎耳革，其行塞，雉膏不食；方雨虧悔，終吉。〈象〉曰：「鼎耳革」，失其義也。

【譯文】九三（與九四同在人位，介於兩卦之間不相得），鼎器耳部有變異，插槓扛舉的部位堵塞，精美的雉膏不得獲食；（九三順著九二與初六比附退來）等到霖雨出現即能消除悔恨，終獲吉祥。〈爻象〉傳說：「鼎耳革」，失虛中的意義。

【三才六爻演卦】

〔形勢〕䷱ 鼎卦相對立場的彼、我雙方（上、下卦）勢力均等。九三的作為必須承擔風變動險與有利條件相對持平。如果

有競逐對象團體，仍以彼方較有優勢。

〔**本爻**〕九三陽爻有主見，有實力。位在以守待攻之位，居位適當。

〔**現況**〕九三與九四同在人位，介於兩卦之間不相得。「鼎耳革，其行塞，雉膏不食」，如果所謀之事已在具體進行中，當前彼方外在環境有阻力歧見，沒有助益。

〔**將來**〕九三與九二人位比地位，陽乘陽近而不相得。九三順著九二與初六比附退來。「方雨虧悔，終吉」，保守評估，化解阻力歧見，建立共識，爭取有能力、有條件的人事物支持，投入既有資源重新出發。

〔**警告**〕「其行塞」，如果貿然投入資源想要獲取更大利益會慘遭挫敗。

〔**建議**〕鼎卦九三，得力於我方，得人之助，得地之宜。保守評估，量力而為，以退為進，可從事投資事業或必須改變現況等風險高的事情。

鼎
50

【**原文**】九四，鼎折足，覆公餗，其形渥，凶。〈象〉曰：「覆公餗」，信如何也？

【**譯文**】九四（與九三同在人位，介於兩卦之間不相得），鼎器難承重荷折斷足，王公的美食全被傾覆，鼎身沾濡一派齷齪，有凶險。〈爻象〉傳說：「覆公餗」，怎麼值得信任呢？

【**三才六爻演卦**】

〔**形勢**〕☰ 鼎卦相對立場的彼、我雙方（上、下卦）勢力均等。九四的作為必須承擔變動風險與有利條件相對持平。如果有競逐對象團體，仍以我方較有優勢。

〔**本爻**〕九四陽爻有主見，有實力。位在守成整合之位，居位不當。

〔**現況**〕九四與九三同在人位，介於兩卦之間不相得。「鼎折足，覆公餗」，如果所謀之事已在具體進行中，當前彼方外在

環境有阻力歧見，沒有助益。

〔**將來**〕九四與六五人位比天位，陽承陰近而相得。「其形渥」，我方內部環境助益不如預期。如果基於情感道義而付出仍要考量能力所及為宜。處境艱難，以靜待變，不要盲從躁動。維持目前的情況控管損害，不至損失持續擴大。

〔**警告**〕「鼎折足，覆公餗」、「凶」，如果貿然投入資源想要獲取更大利益會慘遭挫敗。

〔**建議**〕鼎卦九四不得力於彼我雙方，進退不得。如果是投資事業或必須改變現況等風險高的事情，請暫且擱置，以避免難以預料的損失發生。可延至時序「小暑／大暑」再行占卜；或有再次觸動轉變的契機，意猶未決時進行占卜。

鼎 50

【**原文**】六五，鼎黃耳金鉉，利貞。〈象〉曰：「鼎黃耳」，中以為實也。

【**譯文**】六五（與上九同在天位，陰承陽近而相得），鼎器配著黃色的鼎耳與金屬的鼎杠，利於守持正固。〈爻象〉傳說：「鼎黃耳」，居中以獲剛實之益。

【**三才六爻演卦**】

〔**形勢**〕☱☶ 鼎卦相對立場的彼、我雙方（上、下卦）勢力均等。六五的作為必須承擔變動風險與有利條件相對持平。如果有競逐對象團體，仍以我方較有優勢。

〔**本爻**〕六五陰爻沒有主見，欠缺實力。位在決策實權之位，居位不當。攻勢較優之位。

〔**現況**〕六五與上九同在天位，陰承陽近而相得。「鼎黃耳金鉉」，如果所疑之事已在具體進行中，當前我方內部環境有實質助益。

〔**將來**〕六五與九四天位比人位，陰乘陽乘剛。「利貞」，我方內部環境有所牽制，停滯不前。維持目前的情況比較有利，至少不會造成損失。

〔**建議**〕鼎卦六五如果所疑之事已在具體進行中，得力於我方，以不改變現況為原則可以獲益。雖然可以獲益，不可過度樂觀，仍以保守評估為要。不宜投資事業或必須改變現況等風險高的事情。如果所疑之事尚未具體進行中，請暫且擱置，以避免難以預料的損失發生。可延至時序「小暑／大暑」再行占卜；或有再次觸動轉變的契機，意猶未決時進行占卜。

【**原文**】上九，鼎玉鉉，大吉，无不利。〈象〉曰：玉鉉在上，剛柔節也。

【**譯文**】上九（與六五同在天位，陽乘陰近而相得），鼎器配著玉製的鼎杠，大為吉詳，無所不利。〈爻象〉傳說：玉製的鼎杠高居在鼎器上端；上九與六五，陽剛與陰柔相互親附。

【**三才六爻演卦**】

〔**形勢**〕☰ 鼎卦相對立場的彼、我雙方（上、下卦）勢力均等。上九的作為必須承擔變動風險與有利條件相對持平。如果有競逐對象團體，仍以我方較有優勢。

〔**本爻**〕上九陽爻有主見，有實力。位在不任實事之位，居位不當。

〔**現況**〕上九與六五同在天位，陽乘陰近而相得。「鼎玉鉉」，如果所謀之事已在具體進行中，當前我方內部環境助益不如預期。如果基於情感道義而付出仍要考量能力所及為宜。

〔**將來**〕上九與六五同在天位，陽乘陰近而相得。「大吉，无不利」，維持目前的情況比較有利，至少不會造成損失。

〔**建議**〕鼎卦上九不得力於彼我雙方，進退不得。如果是投資事業或必須改變現況等風險高的事情，請暫且擱置，以避免難以預料的損失發生。可延至時序「小暑／大暑」再行占卜；或有再次觸動轉變的契機，意猶未決時進行占卜。

鼎
50

䷲震下，震上。（ 震 為雷 51）

立場	卦別	三才	六爻	符號	實力	位置	形勢
我方內部環境相對於（下卦）彼方外在環境	上卦	天1	上六	--	✕	○	。
		天3	六五	--	✕	○	。
		人5	九四	—	○	✕	▽
我方內部環境相對於（上卦）彼方外在環境	下卦	人6	六三	--	✕	✕	。
		地4	六二	--	✕	○	。
		地2	初九	—	○	○	↑

【原文】初九，震來虩虩，後笑言啞啞，吉。〈象〉曰：「震來虩虩」，恐致福也；「笑言啞啞」，後有則也。

【譯文】初九，（九四）雷聲突然大作因畏懼而慎行，（初九順勢前往六三）才有聲聲笑語，可獲吉祥。〈爻象〉傳說：「震來虩虩」，因畏懼慎行才能致福；「笑言啞啞」，才有警惕避禍的法則。

【三才六爻演卦】

〔形勢〕䷲震卦相對立場的彼、我雙方（上、下卦）勢力均等。初九的作為必須承擔變動風險與有利條件相對持平。如果有競逐對象團體，仍以彼方較有優勢。

〔本爻〕初九陽爻有主見，有實力。位在基礎之位，居位適當。

〔現況〕初九與六二同在地位，陽承陰近而相得。如果所謀之事已在具體進行中，當前我方內部環境助益不如預期。如果基於情感道義而付出仍要考量能力所及為宜。

〔將來〕初九與六二同在地位，陽承陰近而相得。初九順勢前往六三。「後笑啞啞，吉」，保守評估，量力而為，投入現有資源，爭取有能力、有條件的人事物支持。

〔建議〕震卦初九，得力於我方，得地之宜，得人之助。保守評估，量力而為，可從事投資事業或必須改變現況等風險高的

事情。

【原文】六二，震來，厲；億喪貝，躋于九陵，勿逐，七日得。〈象〉曰：「震來厲」，乘剛也。

【譯文】六二，（九四）雷動驟來，有危險；（六二與六三地位比人位，陰承陰近而不相得）大失貨貝，躋登遠避於峻高的九陵之上，不用追尋，不過七日就能失而復得。〈爻象〉傳說：「震來厲」，六二乘凌陽剛之上。

【三才六爻演卦】

〔形勢〕☳ 震卦相對立場的彼、我雙方（上、下卦）勢力均等。六二的作為必須承擔變動風險與有利條件相對持平。如果有競逐對象團體，仍以彼方較有優勢。

〔本爻〕六二陰爻沒有主見，欠缺實力。位在守成之位，居位適當。守勢較優之位。

〔現況〕六二與初九同在地位，陰乘陽乘剛。如果所疑之事已在具體進行中，當前我方內部環境有所牽制，停滯不前。

〔將來〕六二與六三地位比人位，陰承陰近而不相得。「億喪貝，躋于九陵」，我方內部環境無能為力，沒有助益。維持目前的情況比較有利，至少不會造成損失。

〔警告〕「震來厲」、「勿逐，七日得」，承受外來的壓力，切忌盲從躁動。如果貿然投入資源想要獲取更大利益會慘遭挫敗。

〔建議〕震卦六二不得力於彼我雙方，進退不得。如果是投資事業或必須改變現況等風險高的事情，請暫且擱置，以避免難以預料的損失發生。可延至時序「驚蟄／春分」再行占卜；或有再次觸動轉變的契機，意猶未決時進行占卜。

震
51

【原文】六三，震蘇蘇，震行无眚。〈象〉曰：「震蘇蘇」，

位不當也。

【譯文】六三，（初九變動前往對六三造成意外損害）雷動之時惶惶不安，雷動之時謹慎行為不遭禍患。〈爻象〉傳說：「震蘇蘇」，居位不妥當。

【三才六爻演卦】

〔形勢〕☳ 震卦相對立場的彼、我雙方（上、下卦）勢力均等。六三的作為必須承擔變動風險與有利條件相對持平。如果有競逐對象團體，仍以彼方較有優勢。

〔本爻〕六三陰爻沒有主見，欠缺實力。位在以守待攻之位，居位不當。

〔現況〕六三與九四同在人位，介於兩卦之間不相得。「震行无眚」，如果所疑之事已在具體進行中，當前彼方外在環境看似有利，實而無益。如果基於情感道義而付出仍要考量能力所及為宜。

〔將來〕六三與六二人位比地位，陰乘陰近而不相得。初九變動前往對六三造成意外損害。「震蘇蘇」，不但我方內部環境沒有助緣，會有意外造成損失。

〔警告〕「震蘇蘇」，承受外來的壓力，切忌盲從躁動。如果貿然投入資源想要獲取更大利益會慘遭挫敗。

〔建議〕震卦六三不得力於彼我雙方，進退不得。如果是投資事業或必須改變現況等風險高的事情，請暫且擱置，以避免難以預料的損失發生。可延至時序「驚蟄／春分」再行占卜；或有再次觸動轉變的契機，意猶未決時進行占卜。

【原文】九四，震遂泥。〈象〉曰：「震遂泥」，未光也。

【譯文】九四（與六三同在人位，介於兩卦之間不相得），雷動之時驚惶失措墮陷於泥濘中。〈爻象〉傳說：「震遂泥」，陽剛的作為未能光大。

【三才六爻演卦】

〔**形勢**〕☳☳ 震卦相對立場的彼、我雙方（上、下卦）勢力均等。九四的作為必須承擔變動風險與有利條件相對持平。如果有競逐對象團體，仍以我方較有優勢。

〔**本爻**〕九四陽爻有主見，有實力。位在守成整合之位，居位不當。

〔**現況**〕九四與六三同在人位，介於兩卦之間不相得。「震遂泥」，如果所謀之事已在具體進行中，當前彼方外在環境看似有利，實而無益。如果基於情感道義而付出仍要考量能力所及為宜。

〔**將來**〕九四與六五人位比天位，陽承陰近而相得。我方內部環境助益不如預期。如果基於情感道義而付出仍要考量能力所及為宜。維持目前的情況比較有利，至少不會造成損失。

〔**警告**〕「震遂泥」，如果貿然投入資源想要獲取更大利益會慘遭挫敗。

〔**建議**〕震卦九四不得力於彼我雙方，進退不得。如果是投資事業或必須改變現況等風險高的事情，請暫且擱置，以避免難以預料的損失發生。可延至時序「驚蟄／春分」再行占卜；或有再次觸動轉變的契機，意猶未決時進行占卜。

震
51

【**原文**】六五，震往來，厲；億无喪，有事。〈象〉曰：「震往來厲」，危行也；其事在中，大无喪也。

【**譯文**】六五（與九四天位比人位，陰乘陽乘剛），雷動之時上下往來，都有危險；（六五與上六同在天位，陰承陰近而不相得）慎守中道就萬無一失，可以長保祭祀盛事。〈爻象〉傳說：「震往來厲」，心存危懼謹慎作為；六五處事能夠守持中道，就可以無所失。

【**三才六爻演卦**】

〔**形勢**〕☳☳ 震卦相對立場的彼、我雙方（上、下卦）勢力均等。六五的作為必須承擔變動風險與有利條件相對持平。如果

有競逐對象團體，仍以我方較有優勢。

〔**本爻**〕六五陰爻沒有主見，欠缺實力。位在決策實權之位，居位不當。攻勢較優之位。

〔**現況**〕六五與上六同在天位，陰承陰近而不相得。「億无喪，有事」，如果所疑之事已在具體進行中，當前我方內部環境無能為力，沒有助益。

〔**將來**〕六五與九四天位比人位，陰乘陽乘剛。「震往來，厲」，我方內部環境有所牽制，停滯不前。維持目前的情況比較有利，至少不會造成損失。

〔**警告**〕「震往來，厲」，如果貿然投入資源想要獲取更大的利益，會慘遭挫敗。

〔**建議**〕震卦六五不得力於彼我雙方，進退不得。如果是投資事業或必須改變現況等風險高的事情，請暫且擱置，以避免難以預料的損失發生。可延至時序「驚蟄／春分」再行占卜；或有再次觸動轉變的契機，意猶未決時進行占卜。

震
51

【**原文**】上六，震索索，視矍矍，征凶；震不于其躬，于其鄰，无咎；婚媾有言。〈象〉曰：「震索索」，中未得也；雖凶无咎，畏鄰戒也。

【**譯文**】上六，雷動之時恐慌得雙腳畏縮難行，兩眼驚惶不安，前來會遭致凶險；（上六與六五同在天位，陰乘陰近而不相得）在雷動尚未震及己身，只到近鄰之時就預先戒備，沒有過失；若謀求陰陽婚配會有言語爭端。〈爻象〉傳說：「震索索」，未能居處適中的位置；雖然有凶險卻沒有過失，是畏懼近鄰所受的震驚而預先戒備。

【**三才六爻演卦**】

〔**形勢**〕☷ 震卦相對立場的彼、我雙方（上、下卦）勢力均等。上六的作為必須承擔變動風險與有利條件相對持平。如果有競逐對象團體，仍以我方較有優勢。

〔本爻〕上六陰爻沒有主見，欠缺實力。位在不任實事之位，居位適當。

〔現況〕上六與六五同在天位，陰乘陰近而不相得。「震不于其躬，于其鄰」、「婚媾有言」，如果所疑之事已在具體進行中，當前我方內部環境無能為力，沒有助益。

〔將來〕上六與六五同在天位，陰乘陰近而不相得。「无咎」，維持目前的情況比較有利，至少不會造成損失。

〔警告〕「震索索，視矍矍，征凶」，如果貿然投入資源想要獲取更大利益會慘遭挫敗。

〔建議〕震卦上六不得力於彼我雙方，進退不得。如果是投資事業或必須改變現況等風險高的事情，請暫且擱置，以避免難以預料的損失發生。可延至時序「驚蟄／春分」再行占卜；或有再次觸動轉變的契機，意猶未決時進行占卜。

艮
52

☶ 艮下，艮上。（ 艮 為山 52）

立場	卦別	三才	六爻	符號	實力	位置	形勢
我方內部環境相對於（下卦）彼方外在環境	上卦	天1	上九	―	○	×	▽
		天3	六五	--	×	○	。
		人5	六四	--	×	○	。
我方內部環境相對於（上卦）彼方外在環境	下卦	人6	九三	―	○	○	△
		地4	六二	--	×	○	。
		地2	初六	--	×	×	。

【原文】初六，艮其趾，无咎，利永貞。〈象〉曰：「艮其趾」，未失正也。

【譯文】初六（與六二同在地位，陰承陰近而不相得），抑止在腳趾上，沒有過失，利於永久守持正固。〈爻象〉傳說：

「艮其趾」，行為不失正道。

【三才六爻演卦】

〔形勢〕☶ 艮卦相對立場的彼、我雙方（上、下卦）勢力均等。初六的作為必須承擔變動風險與有利條件相對持平。如果有競逐對象團體，仍以彼方較有優勢。

〔本爻〕初六陰爻沒有主見，欠缺實力。位在基礎之位，居位不當。

〔現況〕初六與六二同在地位，陰承陰近而不相得。「艮其趾」，如果所疑之事已在具體進行中，當前我方內部環境無能為力，沒有助益。

〔將來〕初六與六二同在地位，陰承陰近而不相得。「无咎，利永貞」，維持目前的情況比較有利，至少不會造成損失。

〔建議〕艮卦初六不得力於彼我雙方，進退不得。如果是投資事業或必須改變現況等風險高的事情，請暫且擱置，以避免難以預料的損失發生。可延至時序「立冬／小雪」再行占卜；或有再次觸動轉變的契機，意猶未決時進行占卜。

艮
52

【原文】六二，艮其腓，不拯其隨，其心不快。〈象〉曰：「不拯其隨」，未退聽也。

【譯文】六二（與九三地位比人位，陰承陽近而相得），抑止在腿肚上，不能舉步隨從，心中不暢快。〈爻象〉傳說：「不拯其隨」，未能暫退聽從抑止之命。

【三才六爻演卦】

〔形勢〕☶ 艮卦相對立場的彼、我雙方（上、下卦）勢力均等。六二的作為必須承擔變動風險與有利條件相對持平。如果有競逐對象團體，仍以彼方較有優勢。

〔本爻〕六二陰爻沒有主見，欠缺實力。位在守成之位，居位適當。守勢較優之位。

〔現況〕六二與初六同在地位，陰乘陰近而不相得。「其心不

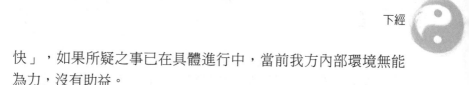

快」，如果所疑之事已在具體進行中，當前我方內部環境無能為力，沒有助益。

〔將來〕六二與九三地位比人位，陰承陽近而相得。「艮其腓」，有我方內部環境相助，可以獲得實質助益。

〔警告〕「不拯其隨」，自我克制，不要受到外在人事物誘惑。如果貿然投入資源想要獲取更大利益會慘遭挫敗。

〔建議〕艮卦六二得力於我方，以不改變現況為原則可以獲益。雖然可以獲益，不可過度樂觀，仍以保守評估為要。不宜投資事業或必須改變現況等風險高的事情。

【原文】九三，艮其限，列其夤，厲熏心。〈象〉曰：「艮其限」，危熏心也。

【譯文】九三（與六四同在人位，介於兩卦之間不相得），抑止在腰部，背夾脊肉斷裂，危險像烈火一樣熏灼其心。〈爻象〉傳說：「艮其限」，危險將像烈火一樣熏灼其心。

【三才六爻演卦】

〔形勢〕☶☶ 艮卦相對立場的彼、我雙方（上、下卦）勢力均等。九三的作為必須承擔變動風險與有利條件相對持平。如果有競逐對象團體，仍以彼方較有優勢。

〔本爻〕九三陽爻有主見，有實力。位在以守待攻之位，居位適當。

〔現況〕九三與六四同在人位，介於兩卦之間不相得。「艮其限，列其夤，厲熏心」，如果所謀之事已在具體進行中，當前彼方外在環境看似有利，實而無益。如果基於情感道義而付出仍要考量能力所及為宜。

〔將來〕九三與六二人位比地位，陽乘陰近而相得。我方內部環境助益不如預期。如果基於情感道義而付出仍要考量能力所及為宜。維持目前的情況比較有利，至少不會造成損失。

〔警告〕「列其夤，厲熏心」，自我克制，不要受到外在人事

物誘惑。如果貿然投入資源想要獲取更大利益會慘遭挫敗。

〔建議〕艮卦九三不得力於彼我雙方，進退不得。如果是投資事業或必須改變現況等風險高的事情，請暫且擱置，以避免難以預料的損失發生。可延至時序「立冬／小雪」再行占卜；或有再次觸動轉變的契機，意猶未決時進行占卜。

【原文】六四，艮其身，无咎。〈象〉曰：「艮其身」，止諸躬也。

【譯文】六四（與九三同在人位，介於兩卦之間不相得），抑止上身不使妄動，沒有過失。〈爻象〉傳說：「艮其身」，能自我抑止而安守本位。

【三才六爻演卦】

〔形勢〕艮卦相對立場的彼、我（上、下卦）雙方勢力均等。六四的作為必須承擔變動風險與有利條件相對持平。如果有競逐對象團體，仍以我方較有優勢。

〔本爻〕六四陰爻沒有主見，欠缺實力。位在守成整合之位，居位適當。

〔現況〕六四與九三同在人位，介於兩卦之間不相得。「艮其身」，如果所疑之事已在具體進行中，當前彼方外在環境看似有利，實而無益。如果基於情感道義而付出仍要考量能力所及為宜。

〔將來〕六四與六五人位比天位，陰承陰近而不相得。「无咎」，我方內部環境無能為力，沒有助益。維持目前的情況比較有利，至少不會造成損失。

〔建議〕艮卦六四不得力於彼我雙方，進退不得。如果是投資事業或必須改變現況等風險高的事情，請暫且擱置，以避免難以預料的損失發生。可延至時序「立冬／小雪」再行占卜；或有再次觸動轉變的契機，意猶未決時進行占卜。

【原文】六五，艮其輔，言有序，悔亡。〈象〉曰：「艮其輔」，以中正也。

【譯文】六五（與上九同在天位，陰承陽近而相得），抑止其口不妄語，發言有條理，悔恨盡消。〈爻象〉傳說：「艮其輔」，居中守正。

【三才六爻演卦】

〔形勢〕䷳ 艮卦相對立場的彼、我雙方（上、下卦）勢力均等。六五的作為必須承擔變動風險與有利條件相對持平。如果有競逐對象團體，仍以我方較有優勢。

〔本爻〕六五陰爻沒有主見，欠缺實力。位在決策實權之位，居位不當。攻勢較優之位。

〔現況〕六五與上九同在天位，陰承陽近而相得。「艮其輔，言有序」，如果所疑之事已在具體進行中，當前我方內部環境有實質助益。

〔將來〕六五與六四天位比人位，陰乘陰近而不相得。「悔亡」，我方內部環境無能為力，沒有助益。維持目前的情況比較有利，至少不會造成損失。

〔建議〕艮卦六五如果所疑之事已在具體進行中，得力於我方，以不改變現況為原則可以獲益。雖然可以獲益，不可過度樂觀，仍以保守評估為要。不宜投資事業或必須改變現況等風險高的事情。如果所疑之事尚未具體進行中，請暫且擱置，以避免難以預料的損失發生。可延至時序「立冬／小雪」再行占卜；或有再次觸動轉變的契機，意猶未決時進行占卜。

【原文】上九，敦艮，吉。〈象〉曰：「敦艮之吉」，以厚終也。

【譯文】上九（與六五同在天位，陽乘陰近而相得），以敦厚修治品德抑止邪慾，吉祥。〈爻象〉傳說：「敦艮之吉」，厚重的素質保持至終。

【三才六爻演卦】

〔**形勢**〕☷ 艮卦相對立場的彼、我雙方（上、下卦）勢力均等。上九的作為必須承擔變動風險與有利條件相對持平。如果有競逐對象團體，仍以我方較有優勢。

〔**本爻**〕上九陽爻有主見，有實力。位在不任實事之位，居位不當。

〔**現況**〕上九與六五同在天位，陽乘陰近而相得。「敦艮」，如果所謀之事已在具體進行中，當前我方內部環境助益不如預期。如果基於情感道義而付出仍要考量能力所及為宜。

〔**將來**〕上九與六五同在天位，陽乘陰近而相得。「吉」，維持目前的情況比較有利，至少可以持盈保泰。

〔**建議**〕艮卦上九不得力於彼我雙方，進退不得。如果是投資事業或必須改變現況等風險高的事情，請暫且擱置，以避免難以預料的損失發生。可延至時序「立冬／小雪」再行占卜；或有再次觸動轉變的契機，意猶未決時進行占卜。

漸
53

☶ 艮下，巽上。（風山　漸 53）

立場	卦別	三才	六爻	符號	實力	位置	形勢
我方內部環境相對於（下卦）彼方外在環境	上卦	天1	上九	—	○	×	↓
		天3	九五	—	○	○	▽
		人5	六四	--	×	○	。
我方內部環境相對於（上卦）彼方外在環境	下卦	人6	九三	—	○	○	△
		地4	六二	--	×	○	。
		地2	初六	--	×	×	。

【**原文**】初六，鴻漸于干；小子厲，有言，无咎。〈象〉曰：小子之厲，義无咎也。

【譯文】初六（與六二同在地位，陰承陰近而不相得），大雁漸進於水涯邊；就像童稚小子遭逢危險，蒙受言語中傷，沒有過失。〈爻象〉傳說：就像童稚小子遭逢危險，義在不躁進沒有過失的。

【三才六爻演卦】

〔形勢〕☴☶ 漸卦相對立場的彼、我雙方（上、下卦）勢力均等。初六的作為必須承擔變動風險與有利條件相對持平。如果有競逐對象團體，仍以彼方較有優勢。

〔本爻〕初六陰爻沒有主見，欠缺實力。位在基礎之位，居位不當。

〔現況〕初六與六二同在地位，陰承陰近而不相得。「鴻漸于干」，如果所疑之事已在具體進行中，當前我方內部環境無能為力，沒有助益。

〔將來〕初六與六二同在地位，陰承陰近而不相得。「有言，无咎」，維持目前的情況比較有利，至少不會造成損失。

〔警告〕「小子厲」，如果貿然投入資源想要獲取更大利益會慘遭挫敗。

〔建議〕漸卦初六不得力於彼我雙方，進退不得。如果是投資事業或必須改變現況等風險高的事情，請暫且擱置，以避免難以預料的損失發生。可延至時序「立春／雨水」再行占卜；或有再次觸動轉變的契機，意猶未決時進行占卜。

漸 53

【原文】六二，鴻漸于磐，飲食衎衎，吉。〈象〉曰：「飲食衎衎」，不素飽也。

【譯文】六二（與初六同在地位，陰乘陰近而不相得），大雁漸進於磐石上，（六二與九三地位比人位，陰承陽近而相得）安享飲食和樂歡暢，吉祥。〈爻象〉傳說：「飲食衎衎」，善盡為臣的作為不是白白吃飯飽腹。

【三才六爻演卦】

〔形勢〕☶☴ 漸卦相對立場的彼、我雙方（上、下卦）勢力均等。六二的作為必須承擔變動風險與有利條件相對持平。如果有競逐對象團體，仍以彼方較有優勢。

〔本爻〕六二陰爻沒有主見，欠缺實力。位在守成之位，居位適當。守勢較優之位。

〔現況〕六二與初六同在地位，陰乘陰近而不相得。「鴻漸于磐」，如果所疑之事已在具體進行中，當前我方內部環境無能為力，沒有助益。

〔將來〕六二與九三地位比人位，陰承陽近而相得。「飲食衎衎，吉」，有我方內部環境相助，可以獲得實質助益。

〔建議〕漸卦六二得力於我方，以不改變現況為原則可以獲益。雖然可以獲益，不可過度樂觀，仍以保守評估為要。不宜投資事業或必須改變現況等風險高的事情。

漸
53

【原文】九三，鴻漸于陸；夫征不復，婦孕不育，凶；利禦寇。〈象〉曰：「夫征不復」，離群醜也；「婦孕不育」，失其道也；「利用禦寇」，順相保也。

【譯文】九三（與六二人位比地位，陽乘陰近而相得），大雁漸進於小山；（九三與六四同在人位，介於兩卦之間不相得）夫君遠征一去不返，妻子懷有身孕但不能育養，有凶險；利於抵禦強寇。〈爻象〉傳說：「夫征不復」，遠離所匹配的群類；「婦孕不育」，失去夫妻互相親附的正道；「利用禦寇」，能夫妻和順相保。

【三才六爻演卦】

〔形勢〕☶☴ 漸卦相對立場的彼、我雙方（上、下卦）勢力均等。九三的作為必須承擔變動風險與有利條件相對持平。如果有競逐對象團體，仍以彼方較有優勢。

〔本爻〕九三陽爻有主見，有實力。位在以守待攻之位，居位適當。

〔**現況**〕九三與六四同在人位，介於兩卦之間不相得。「夫征不復，婦孕不育，凶」、「利禦寇」，如果所謀之事已在具體進行中，當前彼方外在環境看似有利，實而無益。如果基於情感道義而付出仍要考量能力所及為宜。

〔**將來**〕九三與六二人位比地位，陽乘陰近而相得。「鴻漸于陸」，我方內部環境助益不如預期。自我克制，不要受到外在人事物誘惑。如果基於情感道義而付出仍要考量能力所及為宜。維持目前的情況比較有利，至少不會造成損失。

〔**警告**〕「夫征不復，婦孕不育，凶」，如果貿然投入資源想要獲取更大利益會慘遭挫敗。

〔**建議**〕漸卦九三不得力於彼我雙方，進退不得。如果是投資事業或必須改變現況等風險高的事情，請暫且擱置，以避免難以預料的損失發生。可延至時序「立春／雨水」再行占卜；或有再次觸動轉變的契機，意猶未決時進行占卜。

漸
53

【**原文**】六四，鴻漸于木，或得其桷，无咎。〈象〉曰：「或得其桷」，順以巽也。

【**譯文**】六四（與九五人位比天位，陰承陽近而相得），大雁漸進於高木上，或能尋得平柯棲止，沒有過失。〈爻象〉傳說：「或得其桷」，柔順而又和馴。

【**三才六爻演卦**】

〔**形勢**〕☶ 漸卦相對立場的彼、我雙方（上、下卦）勢力均等。六四的作為必須承擔變動風險與有利條件相對持平。如果有競逐對象團體，仍以我方較有優勢。

〔**本爻**〕六四陰爻沒有主見，欠缺實力。位在守成整合之位，居位適當。

〔**現況**〕六四與九三同在人位，介於兩卦之間不相得。如果所疑之事已在具體進行中，當前彼方外在環境看似有利，實而無益。如果基於情感道義而付出仍要考量能力所及為宜。

〔將來〕六四與九五人位比天位，陰承陽近而相得。「鴻漸于木，或得其桷，无咎」，有我方內部環境相助，可以獲得實質助益。

〔建議〕漸卦六四得力於我方，以不改變現況為原則可以獲益。雖然可以獲益，不可過度樂觀，仍以保守評估為要。不宜投資事業或必須改變現況等風險高的事情。

【原文】九五，鴻漸于陵，婦三歲不孕；終莫之勝，吉。〈象〉曰：「終莫之勝吉」，得所願也。

【譯文】九五（與上九同在天位，陽承陽近而不相得），大雁漸進於丘陵，夫君遠出妻子三年不懷身孕；（九五與六四天位比人位，陽乘陰近而相得）夫妻互相親附外因終究不能干擾，吉祥。〈爻象〉傳說：「終莫之勝吉」，得遂願望。

漸 53

【三才六爻演卦】

〔形勢〕☶☴ 漸卦相對立場的彼、我雙方（上、下卦）勢力均等。九五的作為必須承擔變動風險與有利條件相對持平。如果有競逐對象團體，仍以我方較有優勢。

〔本爻〕九五陽爻有主見，有實力。位在決策實權之位，居位適當。攻勢較優之位。

〔現況〕九五與上九同在天位，陽承陽近而不相得。「鴻漸于陵，婦三歲不孕」，如果所謀之事已在具體進行中，當前我方內部環境有阻力歧見，沒有助益。

〔將來〕九五與六四天位比人位，陽乘陰近而相得。「終莫之勝，吉」，我方內部環境助益不如預期。如果基於情感道義而付出仍要考量能力所及為宜。維持目前的情況比較有利，至少可以持盈保泰。

〔建議〕漸卦九五不得力於彼我雙方，進退不得。如果是投資事業或必須改變現況等風險高的事情，請暫且擱置，以避免難以預料的損失發生。可延至時序「立春／雨水」再行占卜；或

有再次觸動轉變的契機，意猶未決時進行占卜。

【原文】上九，鴻漸于陸，其羽可用為儀，吉。〈象〉曰：「其羽可用為儀吉」，不可亂也。

【譯文】上九（順著九五與六四比附之勢前來），大雁漸進於高山，其羽毛可作為高潔的儀飾，吉祥。〈爻象〉傳說：「其羽可用為儀吉」，崇高志向不可淆亂。

【三才六爻演卦】

〔**形勢**〕☶☴ 漸卦相對立場的彼、我雙方（上、下卦）勢力均等。上九的作為必須承擔變動風險與有利條件相對持平。如果有競逐對象團體，仍以我方較有優勢。

〔**本爻**〕上九陽爻有主見，有實力。位在不任實事之位，居位不當。

〔**現況**〕上九與九五同在天位，陽乘陽近而不相得。如果所謀之事已在具體進行中，當前我方內部環境有阻力歧見，沒有助益。

〔**將來**〕上九與九五同在天位，陽乘陽近而不相得。上九順著九五與六四比附之勢前來。「鴻漸于陸，其羽可用為儀，吉」，保守評估，量力而為，投入現有資源，化解阻力歧見，建立共識，爭取有能力、有條件的人事物支持。

〔**建議**〕漸卦上九得力於我方，得天之時，得人之助。保守評估，量力而為，可從事投資事業或必須改變現況等風險高的事情。

漸
53

䷵ 兌下，震上。（雷澤　歸妹 54）

立場	卦別	三才	六爻	符號	實力	位置	形勢
我方內部環境相對於（下卦）彼方外在環境	上卦	天1	上六	--	✕	○	。
		天3	六五	--	✕	○	↓
		人5	九四	—	○	✕	▽
我方內部環境相對於（上卦）彼方外在環境	下卦	人6	六三	--	✕	✕	。
		地4	九二	—	○	○	△
		地2	初九	—	○	○	↑

【原文】初九，歸妹以娣，跛能履，征吉。〈象〉曰：「歸妹以娣」，以恆也；「跛能履」，吉相承也。

【譯文】初九（順著九二與六三比附之勢前往），嫁出少女為人側室，足跛卻奮力行走，前往可獲吉祥。〈爻象〉傳說：「歸妹以娣」，這是婚嫁恆常之理；「跛能履」，其吉祥的道理在於承事夫君。

【三才六爻演卦】

〔形勢〕䷵ 歸妹初九位在相對劣勢的我方（下卦），相對優勢在彼方（上卦）。初九在劣勢中的作為必須承擔變動風險相對提高，有利條件相對降低。如果有競逐對象團體，仍以彼方較有優勢。

〔本爻〕初九陽爻有主見，有實力。位在基礎之位，居位適當。

〔現況〕初九與九二同在地位，陽承陽近而不相得。如果所謀之事已在具體進行中，當前我方內部環境有阻力歧見，沒有助益。

〔將來〕初九與九二同在地位，陽承陽近而不相得。初九順著九二與六三比附之勢前往。「歸妹以娣，跛能履，征吉」，掌握時機，保守評估，量力而為，投入現有資源，獲取更大利益。化解阻力歧見，建立共識，爭取有能力、有條件的人事物

歸妹 54

支持，群策群力共圖事業。

〔建議〕歸妹初九處於劣勢，得力於我方，得地之宜，得人之助。保守評估，量力而為，可從事投資事業或必須改變現況等風險高的事情。

【原文】九二，眇能視，利幽人之貞。〈象〉曰：「利幽人之貞」，未變常也。

【譯文】九二（與六三地位比人位，陽承陰近而相得），目眇勉強瞻視，利於幽靜安怡的人守持正固。〈爻象〉傳說：九二「利幽人之貞」，未曾改變夫婦經常之道。

【三才六爻演卦】

〔形勢〕☳ 歸妹九二位在相對劣勢的我方（下卦），相對優勢在彼方（上卦）。九二在劣勢中的作為必須承擔變動風險相對提高，有利條件相對降低。如果有競逐對象團體，仍以彼方較有優勢。

〔本爻〕九二陽爻有主見，有實力。位在守成之位，居位不當。守勢較優之位。

〔現況〕九二與初九同在地位，陽乘陽近而不相得。如果所謀之事已在具體進行中，當前我方內部環境有阻力歧見，沒有助益。

〔將來〕九二與六三地位比人位，陽承陰近而相得。「眇能視，利幽人之貞」，我方內部環境助益不如預期。如果基於情感道義而付出仍要考量能力所及為宜。維持目前的情況比較有利，至少不會造成損失。

〔建議〕歸妹九二處於劣勢，不得力於彼我雙方，進退不得。如果是投資事業或必須改變現況等風險高的事情，請暫且擱置，以避免難以預料的損失發生。可延至時序「寒露／霜降」再行占卜；或有再次觸動轉變的契機，意猶未決時進行占卜。

歸妹 54

【原文】六三，歸妹以須，反歸以娣。〈象〉曰：「歸妹以須」，未當也。

【譯文】六三（與九四同在人位，介於兩卦之間不相得），嫁出的少女引頸希望成為正室，（六三與九二人位比地位，陰乘陽乘剛）反而嫁作側室。〈爻象〉傳說：「歸妹以須」，行為不妥當。

【三才六爻演卦】

〔形勢〕☳歸妹六三位在相對劣勢的我方（下卦），相對優勢在彼方（上卦）。六三在劣勢中的作為必須承擔變動風險相對提高，有利條件相對降低。如果有競逐對象團體，仍以彼方較有優勢。

〔本爻〕六三陰爻沒有主見，欠缺實力。位在以守待攻之位，居位不當。

〔現況〕六三與九四同在人位，介於兩卦之間不相得。「歸妹以須」，如果所疑之事已在具體進行中，當前彼方外在環境看似有利，實而無益。如果基於情感道義而付出仍要考量能力所及為宜。

〔將來〕六三與九二人位比地位，陰乘陽乘剛。「反歸以娣」，我方內部環境有所牽制，停滯不前。維持目前的情況比較有利，至少不會造成損失。

〔警告〕「歸妹以須」，如果貿然投入資源想要獲取更大的利益，會慘遭挫敗。

〔建議〕歸妹六三處於劣勢，不得力於彼我雙方，進退不得。如果是投資事業或必須改變現況等風險高的事情，請暫且擱置，以避免難以預料的損失發生。可延至時序「寒露／霜降」再行占卜；或有再次觸動轉變的契機，意猶未決時進行占卜。

【原文】九四，歸妹愆期，遲歸有時。〈象〉曰：愆期之志，有待而行也。

【譯文】九四（與六三同在人位，介於兩卦之間不相得），嫁出少女延宕佳期（生變），遲遲未嫁靜待形勢變化的合宜時機。〈爻象〉傳說：延宕佳期的心志，在於靜待時機而後行。

【三才六爻演卦】

〔形勢〕䷵ 歸妹九四位在相對優勢的我方（上卦），相對劣勢在彼方（下卦）。九四在優勢中的作為必須承擔變動風險相對降低，有利條件相對提高。如果有競逐對象團體，仍以我方較有優勢。

〔本爻〕九四陽爻有主見，有實力。位在守成整合之位，居位不當。

〔現況〕九四與六三同在人位，介於兩卦之間不相得。「歸妹愆期」，如果所謀之事已在具體進行中，當前彼方外在環境看似有利，實而無益。如果基於情感道義而付出仍要考量能力所及為宜。

〔將來〕九四與六五人位比天位，陽承陰近而相得。「遲歸有時」，我方內部環境助益不如預期。如果基於情感道義而付出仍要考量能力所及為宜。維持目前的情況比較有利，至少不會造成損失。

〔警告〕「遲歸有時」，如果貿然投入資源想要獲取更大利益會慘遭挫敗。

〔建議〕歸妹九四處於優勢，不得力於彼我雙方，進退不得。如果是投資事業或必須改變現況等風險高的事情，請暫且擱置，以避免難以預料的損失發生。可延至時序「寒露／霜降」再行占卜；或有再次觸動轉變的契機，意猶未決時進行占卜。

【原文】六五，帝乙歸妹，其君之袂，不如其娣之袂良；月幾望，吉。〈象〉曰：「帝乙歸妹」，「不如其娣之袂良」也；其位在中，以貴行也。

【譯文】六五（與上六同在天位，陰承陰近而不相得），帝乙

嫁出少女，作為正室的衣飾，（六五順著九四與六三比附之勢前來）卻不如側室的衣飾美好；就像月亮接近滿圓而不過盈，吉祥。〈爻象〉傳說：「帝乙歸妹」，「不如其娣之袂」也；居位守中不偏，以尊貴之身施行其謙儉之道。

【三才六爻演卦】

〔形勢〕☳☱ 歸妹六五位在相對優勢的我方（上卦），相對劣勢在彼方（下卦）。六五在優勢中的作為必須承擔變動風險相對降低，有利條件相對提高。如果有競逐對象團體，仍以我方較有優勢。

〔本爻〕六五陰爻沒有主見，欠缺實力。位在決策實權之位，居位不當。攻勢較優之位。

〔現況〕六五與上六同在天位，陰承陰近而不相得。「其君之袂」，如果所疑之事已在具體進行中，當前我方內部環境無能為力，沒有助益。

〔將來〕六五與九四天位比人位，陰乘陽乘剛。六五順著九四與六三比附之勢前來。「其娣之袂良」、「月幾望，吉」，掌握時機，投入現有資源，獲取更大利益。爭取有能力、有條件的人事物支持，群策群力共圖事業。

〔警告〕「其君之袂」，如果安於現狀，被動等待，錯失變動良機。

〔建議〕歸妹六五處於優勢，得力於彼我雙方，得天之時，得人之助。保守評估，量力而為，可從事投資事業或必須改變現況等風險高的事情。

【原文】上六，女承筐，无實，士刲羊，无血；无攸利。〈象〉曰：上六无實，承虛筐也。

【譯文】上六（與六五同在天位，陰乘陰近而不相得），女子手捧竹筐，卻無物可盛；男子刀屠其羊，卻不見羊血；無所利益。〈爻象〉傳說：上六陰爻中虛無實，就像手捧空虛的竹

筐。

【三才六爻演卦】

〔**形勢**〕☳☱ 歸妹上六位在相對優勢的我方（上卦），相對劣勢在彼方（下卦）。上六在優勢中的作為必須承擔變動風險相對降低，有利條件相對提高。如果有競逐對象團體，仍以我方較有優勢。

〔**本爻**〕上六陰爻沒有主見，欠缺實力。位在不任實事之位，居位適當。

〔**現況**〕上六與六五同在天位，陰乘陰近而不相得。「女承筐，无實」，如果所疑之事已在具體進行中，當前我方內部環境無能為力，沒有助益。

〔**將來**〕上六與六五同在天位，陰乘陰近而不相得。「无攸利」，處境艱難，以靜待變，不要盲從躁動。維持目前的情況控管損害，不至損失持續擴大。

〔**警告**〕「士刲羊，无血」，有一定的風險。如果貿然投入資源想要獲取更大利益會慘遭挫敗。

〔**建議**〕歸妹上六處於優勢，不得力於彼我雙方，進退不得。如果是投資事業或必須改變現況等風險高的事情，請暫且擱置，以避免難以預料的損失發生。可延至時序「寒露／霜降」再行占卜；或有再次觸動轉變的契機，意猶未決時進行占卜。

歸妹
54

䷶ 離下，震上。（雷火　豐 55）

立場	卦別	三才	六爻	符號	實力	位置	形勢
我方內部環境相對於（下卦）彼方外在環境	上卦	天1	上六	--	✕	○	○
		天3	六五	--	✕	○	↓
		人5	九四	—	○	✕	▽
我方內部環境相對於（上卦）彼方外在環境	下卦	人6	九三	—	○	○	△
		地4	六二	--	✕	○	○
		地2	初九	—	○	○	△

【原文】初九，遇其配主，雖旬无咎，往有尚。〈象〉曰：「雖旬无咎」，過旬災也。

【譯文】初九（與六二同在地位，陽承陰近而相得），好像遇見可以規劃未來事業的伙伴，若實力均等（十天之內沒有過失），前往還可以。〈爻象〉傳說：「雖旬无咎」，實力不均等（十天之後）會有災患。

【三才六爻演卦】

〔形勢〕䷶豐卦初九位在相對劣勢的我方（下卦），相對優勢在彼方（上卦）。初九在劣勢中的作為必須承擔變動風險相對提高，有利條件相對降低。如果有競逐對象團體，仍以彼方較有優勢。

〔本爻〕初九陽爻有主見，有實力。位在基礎之位，居位適當。

〔現況〕初九與六二同在地位，陽承陰近而相得。「遇其配主」，如果所謀之事已在具體進行中，當前我方內部環境助益不如預期。如果基於情感道義而付出仍要考量能力所及為宜。

〔將來〕初九與六二同在地位，陽承陰近而相得。「雖旬无咎，往有尚」，維持目前的情況比較有利，至少不會造成損失。

〔警告〕「往有尚」，變動的風險相對提高。如果貿然投入資

源想要獲取更大利益會慘遭挫敗。

〔建議〕豐卦初九處於劣勢，不得力於彼我雙方，進退不得。如果是投資事業或必須改變現況等風險高的事情，請暫且擱置，以避免難以預料的損失發生。可延至時序「小暑／大暑」再行占卜；或有再次觸動轉變的契機，意猶未決時進行占卜。

【原文】六二，豐其蔀，日中見斗，往得疑疾；有孚發若，吉。〈象〉曰：「有孚發若」，信以發志也。

【譯文】六二（與初九同在地位，陰乘陽乘剛），豐大遮掩了光明，就像太陽正當中天卻出現斗星，前往被猜疑的疾患；（六二與九三地位比人位，陰承陽近而相得）發揮誠信，可獲吉祥。

【三才六爻演卦】

〔形勢〕☷ 豐卦六二位在相對劣勢的我方（下卦），相對優勢在彼方（上卦）。六二在劣勢中的作為必須承擔變動風險相對提高，有利條件相對降低。如果有競逐對象團體，仍以彼方較有優勢。

〔本爻〕六二陰爻沒有主見，欠缺實力。位在守成之位，居位適當。守勢較優之位。

〔現況〕六二與初九同在地位，陰乘陽乘剛。「豐其蔀，日中見斗」，如果所疑之事已在具體進行中，當前我方內部環境有所牽制，停滯不前。

〔將來〕六二與九三地位比人位，陰承陽近而相得。「有孚發若，吉」，有我方內部環境相助，可以獲得實質助益。

〔警告〕「往得疑疾」，如果貿然投入資源想要獲取更大利益會慘遭挫敗。

〔建議〕豐卦六二處於劣勢，得力於我方，以不改變現況為原則可以獲益。雖然可以獲益，不可過度樂觀，仍以保守評估為要。不宜投資事業或必須改變現況等風險高的事情。

豐
55

【原文】九三，豐其沛，日中見沬；折其右肱，无咎。〈象〉曰：「豐其沛」，不可大事也；「折其右肱」，終不可用也。

【譯文】九三，豐大幡幔遮掩光明，就像太陽正當中天卻出現小星；（九三與九四同在人位，介於兩卦之間不相得）若能像折斷右臂一樣屈己慎守，沒有過失。〈爻象〉傳說：「豐其沛」，不可涉入大事；「折其右肱」，最終不宜施展才用。

【三才六爻演卦】

〔形勢〕☳ 豐卦九三位在相對劣勢的我方（下卦），相對優勢在彼方（上卦）。九三在劣勢中的作為必須承擔變動風險相對提高，有利條件相對降低。如果有競逐對象團體，仍以彼方較有優勢。

〔本爻〕九三陽爻有主見，有實力。位在以守待攻之位，居位適當。

〔現況〕九三與九四同在人位，介於兩卦之間不相得。「折其右肱」，如果所謀之事已在具體進行中，當前彼方外在環境有阻力歧見，沒有助益。

〔將來〕九三與六二人位比地位，陽乘陰近而相得。「无咎」，我方內部環境助益不如預期。如果基於情感道義而付出仍要考量能力所及為宜。維持目前的情況比較有利，至少不會造成損失。

〔警告〕「折其右肱」，如果貿然投入資源想要獲取更大利益會慘遭挫敗。

〔建議〕豐卦九三處於劣勢，不得力於彼我雙方，進退不得。如果是投資事業或必須改變現況等風險高的事情，請暫且擱置，以避免難以預料的損失發生。可延至時序「小暑／大暑」再行占卜；或有再次觸動轉變的契機，意猶未決時進行占卜。

【原文】九四，豐其蔀，日中見斗；遇其夷主，吉。〈象〉曰：「豐其蔀」，位不當也；「日中見斗」，幽不明也；「遇

其夷主」，吉行也。

【譯文】九四，豐大遮掩光明，就像太陽正當中天卻出現星斗；（九四與六五人位比天位，陽承陰近而相得）能遇合陽陰相和之主，吉祥。〈爻象〉傳說：「豐其蔀」，居位不妥當；「日中見斗」，幽暗不見光明；「遇其夷主」，吉祥的行為。

【三才六爻演卦】

〔形勢〕☷ 豐卦九四位在相對優勢的我方（上卦），相對劣勢在彼方（下卦）。九四在優勢中的作為必須承擔變動風險相對降低，有利條件相對提高。如果有競逐對象團體，仍以我方較有優勢。

〔本爻〕九四陽爻有主見，有實力。位在守成整合之位，居位不當。

〔現況〕九四與九三同在人位，介於兩卦之間不相得。如果所謀之事已在具體進行中，當前彼方外在環境有阻力歧見，沒有助益。

〔將來〕九四與六五人位比天位，陽承陰近而相得。「遇其夷主，吉」，我方內部環境助益不如預期。如果基於情感道義而付出仍要考量能力所及為宜。維持目前的情況比較有利，至少不會造成損失。

〔警告〕「日中見斗」，如果貿然投入資源想要獲取更大利益會慘遭挫敗。

〔建議〕豐卦九四處於優勢，不得力於彼我雙方，進退不得。如果是投資事業或必須改變現況等風險高的事情，請暫且擱置，以避免難以預料的損失發生。可延至時序「小暑／大暑」再行占卜；或有再次觸動轉變的契機，意猶未決時進行占卜。

【原文】六五，來章，有慶譽，吉。〈象〉曰：六五之吉，有慶也。

【譯文】六五（順著九四、九三與六二比附之勢前來），章美

之才都來親比，有福慶和佳譽，吉祥。〈爻象〉傳說：六五的吉祥，有福慶。

【三才六爻演卦】

〔形勢〕☷ 豐卦六五位在相對優勢的我方（上卦），相對劣勢在彼方（下卦）。六五在優勢中的作為必須承擔變動風險相對降低，有利條件相對提高。如果有競逐對象團體，仍以我方較有優勢。

〔本爻〕六五陰爻沒有主見，欠缺實力。位在決策實權之位，居位不當。攻勢較優之位。

〔現況〕六五與上六同在天位，陰承陰近而不相得。如果所疑之事已在具體進行中，當前我方內部環境無能為力，沒有助益。

〔將來〕六五與九四天位比人位，陰乘陽乘剛。六五順著九四、九三與六二比附之勢前來。「來章，有慶譽，吉」，投入現有資源，爭取有能力、有條件的人事物支持，獲取更大利益。

〔建議〕豐卦六五處於優勢，得力於彼我雙方，得天之時，得人之助，得地之宜。可從事投資事業或必須改變現況等風險高的事情。

【原文】上六，豐其屋，蔀其家，闚其戶，闃其无人，三歲不覿，凶。〈象〉曰：「豐其屋」，天際翔也；「闚其戶，闃其无人」，自藏也。

【譯文】上六（與六五同在天位，陰乘陰近而不相得），豐大房屋，遮蔽居室，對著窗戶窺視，寂靜毫無人蹤，時過三年仍不見露面，會有凶險。〈爻象〉傳說：「豐其屋」，居位窮高就像在天際飛翔；「闚其戶，闃其无人」，自閉深藏。

【三才六爻演卦】

〔**形勢**〕☳ 豐卦上六位在相對優勢的我方（上卦），相對劣勢在彼方（下卦）。上六在優勢中的作為必須承擔變動風險相對降低，有利條件相對提高。如果有競逐對象團體，仍以我方較有優勢。

〔**本爻**〕上六陰爻沒有主見，欠缺實力。位在不任實事之位，居位適當。

〔**現況**〕上六與六五同在天位，陰乘陰近而不相得。「豐其屋，蔀其家」，如果所疑之事已在具體進行中，當前我方內部環境無能為力，沒有助益。

〔**將來**〕上六與六五同在天位，陰乘陰近而不相得。「闚其戶，闃其无人」，處境艱難，以靜待變，不要盲從躁動。維持目前的情況控管損害，不至損失持續擴大。

〔**警告**〕「三歲不覿，凶」，如果貿然投入資源想要獲取更大利益會慘遭挫敗。

〔**建議**〕豐卦上六處於優勢，不得力於彼我雙方，進退不得。如果是投資事業或必須改變現況等風險高的事情，請暫且擱置，以避免難以預料的損失發生。可延至時序「小暑／大暑」再行占卜；或有再次觸動轉變的契機，意猶未決時進行占卜。

☲☶ 艮下，離上。（火山　旅 56）

立場	卦別	三才	六爻	符號	實力	位置	形勢
我方內部環境相對於（下卦）彼方外在環境	上卦	天1	上九	－	○	×	▽
		天3	六五	--	×	○	。
		人5	九四	－	○	×	▽
我方內部環境相對於（上卦）彼方外在環境	下卦	人6	九三	－	○	○	△
		地4	六二	--	×	×	。
		地2	初六	--	×	×	。

【原文】初六，旅瑣瑣，斯其所取災。〈象〉曰：「旅瑣瑣」，志窮災也。

【譯文】初六（與六二同在地位，陰承陰近而不相得），行旅舉動猥瑣卑賤，自我招取災患。〈爻象〉傳說：「旅瑣瑣」，心志窮迫自取災患。

【三才六爻演卦】

〔形勢〕☶☲ 旅卦相對立場的彼、我雙方（上、下卦）勢力均等。初六的作為必須承擔變動風險與有利條件相對持平。如果有競逐對象團體，仍以彼方較有優勢。

〔本爻〕初六陰爻沒有主見，欠缺實力。位在基礎之位，居位不當。

〔現況〕初六與六二同在地位，陰承陰近而不相得。「旅瑣瑣」，如果所疑之事已在具體進行中，當前我方內部環境無能為力，沒有助益。

〔將來〕初六與六二同在地位，陰承陰近而不相得。「斯其所取災」，處境艱難，以靜待變，不要盲從躁動。維持目前的情況控管損害，不至損失持續擴大。

〔警告〕「斯其所取災」，自我克制外在的誘惑。如果貿然投入資源想要獲取更大利益會慘遭挫敗。

〔建議〕旅卦初六不得力於彼我雙方，進退不得。如果是投資事業或必須改變現況等風險高的事情，請暫且擱置，以避免難以預料的損失發生。可延至時序「立夏／小滿」再行占卜；或有再次觸動轉變的契機，意猶未決時進行占卜。

【原文】六二，旅即次，懷其資，得童僕，貞。〈象〉曰：「得童僕貞」，終无尤也。

【譯文】六二（與九三地位比人位，陰承陽近而相得），行旅就居在客舍，懷藏資財，擁有童僕，應當守持正固。〈爻象〉傳說：「得童僕貞」，最終無所過尤。

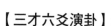

【三才六爻演卦】

〔形勢〕旅卦相對立場的彼、我雙方（上、下卦）勢力均等。六二的作為必須承擔變動風險與有利條件相對持平。如果有競逐對象團體，仍以彼方較有優勢。

〔本爻〕六二陰爻沒有主見，欠缺實力。位在守成之位，居位適當。守勢較優之位。

〔現況〕六二與初六同在地位，陰乘陰近而不相得。如果所疑之事已在具體進行中，當前我方內部環境無能為力，沒有助益。

〔將來〕六二與九三地位比人位，陰承陽近而相得。「旅即次，懷其資，得童僕，貞」，有我方內部環境相助，可以獲得實質助益。

〔建議〕旅卦六二得力於我方，以不改變現況為原則可以獲益。雖然可以獲益，不可過度樂觀，仍以保守評估為要。不宜投資事業或必須改變現況等風險高的事情。

旅
56

【原文】九三，旅焚其次，喪其童僕；貞厲。〈象〉曰：「旅焚其次」，亦以傷矣；以旅與下，其義喪也。

【譯文】九三（與九四同在人位，介於兩卦之間不相得），行旅之時被火燒毀客舍，喪失童僕；要守持正固謹防危險。〈爻象〉傳說：「旅焚其次」，也遭受損傷；置身行旅而擅自施惠於下，就是喪亡的意思。

【三才六爻演卦】

〔形勢〕旅卦相對立場的彼、我雙方（上、下卦）勢力均等。九三的作為必須承擔變動風險與有利條件相對持平。如果有競逐對象團體，仍以彼方較有優勢。

〔本爻〕九三陽爻有主見，有實力。位在以守待攻之位，居位適當。

〔現況〕九三與九四同在人位，介於兩卦之間不相得。「旅焚

其次，喪其童僕」，如果所謀之事已在具體進行中，當前彼方外在環境有阻力歧見，沒有助益。

〔將來〕九三與六二人位比地位，陽乘陰近而相得。「貞厲」，我方內部環境助益不如預期。如果基於情感道義而付出仍要考量能力所及為宜。處境艱難，以靜待變，不要盲從躁動。維持目前的情況控管損害，不至損失持續擴大。

〔警告〕「旅焚其次，喪其童僕」，如果貿然投入資源想要獲取更大利益會慘遭挫敗。

〔建議〕旅卦九三不得力於彼我雙方，進退不得。如果是投資事業或必須改變現況等風險高的事情，請暫且擱置，以避免難以預料的損失發生。可延至時序「立夏／小滿」再行占卜；或有再次觸動轉變的契機，意猶未決時進行占卜。

【原文】九四，旅于處，得其資斧，我心不快。〈象〉曰：「旅于處」，未得位也；「得其資斧」，心未快也。

【譯文】九四（與六五人位比天位，陽承陰近而相得），行旅之時暫居的處所，獲得資糧利斧，但我心不甚暢快。〈爻象〉傳說：「旅于處」，未能居得適當之位；「得其資斧」，心仍不得暢快。

【三才六爻演卦】

〔形勢〕☲☶ 旅卦相對立場的彼、我雙方（上、下卦）勢力均等。九四的作為必須承擔變動風險與有利條件相對持平。如果有競逐對象團體，仍以我方較有優勢。

〔本爻〕九四陽爻有主見，有實力。位在守成整合之位，居位不當。

〔現況〕九四與九三同在人位，介於兩卦之間不相得。如果所謀之事已在具體進行中，當前彼方外在環境有阻力歧見，沒有助益。

〔將來〕九四與六五人位比天位，陽承陰而相得。「旅于

處，得其資斧，我心不快」，我方內部環境助益不如預期。如果基於情感道而付出，仍要考量能力所及為宜。維持目前的情況比較有利，至少不會造成損失。

〔建議〕旅卦九四不得力於彼我雙方，進退不得。如果是投資事業或必須改變現況等風險高的事情，請暫且擱置，以避免難以預料的損失發生。可延至時序「立夏 / 小滿」再行占卜；或有再次觸動轉變的契機，意猶未決時進行占卜。

【原文】六五，射雉，一矢亡，終以譽命。〈象〉曰：「終以譽命」，上逮也。

【譯文】六五（與九四天位比人位，陰乘陽乘剛），射取雉雞，一支箭矢亡失；最終獲得美譽被賜爵命。〈爻象〉傳說：「終以譽命」，六五依附上九尊者。

【三才六爻演卦】

〔形勢〕☶ 旅卦相對立場的彼、我雙方（上、下卦）勢力均等。六五的作為必須承擔變動風險與有利條件相對持平。如果有競逐對象團體，仍以我方較有優勢。

〔本爻〕六五陰爻沒有主見，欠缺實力。位在決策實權之位，居位不當。攻勢較優之位。

〔現況〕六五與上九同在天位，陰承陽近而相得。「終以譽命」，如果所疑之事已在具體進行中，當前我方內部環境有實質助益。

〔將來〕六五與九四天位比人位，陰乘陽乘剛。「射雉，一矢亡」，我方內部環境有所牽制，停滯不前。維持目前的情況比較有利，至少不會造成損失。

〔警告〕「一矢亡」，如果貿然投入資源想要獲取更大利益會慘遭挫敗。

〔建議〕旅卦六五如果所疑之事已在具體進行中，得力於我方，以不改變現況為原則可以獲益。雖然可以獲益，不可過度

旅
56

樂觀，仍以保守評估為要。不宜投資事業或必須改變現況等風險高的事情。如果所疑之事尚未具體進行中，請暫且擱置，以避免難以預料的損失發生。可延至時序「立夏／小滿」再行占卜；或有再次觸動轉變的契機，意猶未決時進行占卜。

【原文】上九，鳥焚其巢；旅人先笑，後號咷；喪牛于易，凶。〈象〉曰：以旅在上，其義焚也；「喪牛于易」，終莫之聞也。

【譯文】上九，棲鳥窩巢被焚燒；行旅的人先是欣喜歡笑，（上九與六五同在天位，陽乘陰近而相得）後來痛哭號咷；就像在野外田畔喪失了牛，有凶險。〈爻象〉傳說：行旅的人高居上位，其理遭到焚巢的災患；「喪牛于易」，最終無人聞知。

【三才六爻演卦】

〔形勢〕☷ 旅卦相對立場的彼、我雙方（上、下卦）勢力均等。上九的作為必須承擔變動風險與有利條件相對持平。如果有競逐對象團體，仍以我方較有優勢。

〔本爻〕上九陽爻有主見，有實力。位在不任實事之位，居位不當。

〔現況〕上九與六五同在天位，陽乘陰近而相得。「鳥焚其巢」，如果所謀之事已在具體進行中，當前我方內部環境助益不如預期。如果基於情感道義而付出仍要考量能力所及為宜。

〔將來〕上九與六五同在天位，陽乘陰近而相得。「後號咷」、「喪牛于易」，處境艱難，以靜待變，不要盲從躁動。維持目前的情況控管損害，不至損失持續擴大。

〔警告〕「旅人先笑」、「凶」，如果貿然投入資源想要獲取更大利益會慘遭挫敗。

〔建議〕旅卦上九不得力於彼我雙方，進退不得。如果是投資事業或必須改變現況等風險高的事情，請暫且擱置，以避免難

旅
56

以預料的損失發生。可延至時序「立夏／小滿」再行占卜；或有再次觸動轉變的契機，意猶未決時進行占卜。

～～～～　　～～～～　　～～～～

巽下，巽上。（　巽　為風 57 ）

立場	卦別	三才	六爻	符號	實力	位置	形勢
我方內部環境相對於（下卦）彼方外在環境	上卦	天1	上九	－	○	×	▽
		天3	九五	－	○	○	↓
		人5	六四	--	×	○	↓
我方內部環境相對於（上卦）彼方外在環境	下卦	人6	九三	－	○	○	△
		地4	九二	－	○	○	△
		地2	初六	--	×	×	。

巽 57

【原文】初六，進退，利武人之貞。〈象〉曰：「進退」，志疑也；「利武人之貞」，志治也。

【譯文】初六（與九二同在地位，陰承陽近而相得），進退猶豫，利於勇武的人守持正固。〈爻象〉傳說：「進退」，心志懦弱疑懼；「利武人之貞」，要建立健強的意志。

【三才六爻演卦】

〔形勢〕☴ 巽卦初六位在相對劣勢的我方（下卦），相對優勢在彼方（上卦）。初六在劣勢中的作為必須承擔變動風險相對提高，有利條件相對降低。如果有競逐對象團體，仍以彼方較有優勢。

〔本爻〕初六陰爻沒有主見，欠缺實力。位在基礎之位，居位不當。

〔現況〕初六與九二同在地位，陰承陽近而相得。「進退」，如果所疑之事已在具體進行中，當前我方內部環境有實質助益。

〔將來〕初六與九二同在地位，陰承陽近而相得。「利武人之貞」，維持目前的情況比較有利，至少不會造成損失。

〔警告〕「進退」，自我克制，不要受到外在人事物誘惑。如果貿然投入資源想要獲取更大的利益，會慘遭挫敗。

〔建議〕巽卦初六如果所疑之事已在具體進行中，處於劣勢，得力於我方，以不改變現況為原則可以獲益。雖然可以獲益，不可過度樂觀，仍以保守評估為要。不宜投資事業或必須改變現況等風險高的事情。如果所疑之事尚未具體進行中，請暫且擱置，以避免難以預料的損失發生。可延至時序「白露／秋分」再行占卜；或有再次觸動轉變的契機，意猶未決時進行占卜。

巽
57

【原文】九二，巽在牀下，用史巫紛若吉，无咎。〈象〉曰：紛若之吉，得中也。

【譯文】九二（與初六同在地位，陽乘陰近而相得），順從屈居在床下，效法祝史與巫覡事奉神祇可獲甚多的吉祥，沒有過失。〈爻象〉傳說：可獲甚多的吉祥，守中不偏。

【三才六爻演卦】

〔形勢〕☴ 巽卦九二位在相對劣勢的我方（下卦），相對優勢在彼方（上卦）。九二在劣勢中的作為必須承擔變動風險相對提高，有利條件相對降低。如果有競逐對象團體，仍以彼方較有優勢。

〔本爻〕九二陽爻有主見，有實力。位在守成之位，居位不當。守勢較優之位。

〔現況〕九二與初六同在地位，陽乘陰近而相得。「巽在牀下，用史巫紛若吉」，如果所謀之事已在具體進行中，當前我方內部環境助益不如預期。如果基於情感道義而付出仍要考量能力所及為宜。

〔將來〕九二與九三地位比人位，陽承陽近而不相得。「无

咎」，我方內部環境有阻力歧見，沒有助益。維持目前的情況比較有利，至少不會造成損失。

〔建議〕巽卦九二處於劣勢，不得力於彼我雙方，進退不得。如果是投資事業或必須改變現況等風險高的事情，請暫且擱置，以避免難以預料的損失發生。可延至時序「白露／秋分」再行占卜；或有再次觸動轉變的契機，意猶未決時進行占卜。

【原文】九三，頻巽，吝。〈象〉曰：頻巽之吝，志窮也。

【譯文】九三（與六四同在人位，介於兩卦之間不相得），皺著眉頭順從，將有憾惜。〈爻象〉傳說：皺著眉頭順從將有憾惜，心志困窮不振。

【三才六爻演卦】

〔形勢〕☴ 巽卦九三位在相對劣勢的我方（下卦），相對優勢在彼方（上卦）。九三在劣勢中的作為必須承擔變動風險相對提高，有利條件相對降低。如果有競逐對象團體，仍以彼方較有優勢。

〔本爻〕九三陽爻有主見，有實力。位在以守待攻之位，居位適當。

〔現況〕九三與六四同在人位，介於兩卦之間不相得。「頻巽」，如果所謀之事已在具體進行中，當前彼方外在環境看似有利，實而無益。如果基於情感道義而付出仍要考量能力所及為宜。

〔將來〕九三與九二人位比地位，陽乘陽近而不相得。「吝」，我方內部環境有阻力歧見，沒有助益。維持目前的情況比較有利，至少不會造成損失。

〔警告〕「吝」，如果貿然投入資源想要獲取更大利益會慘遭挫敗。

〔建議〕巽卦九三處於劣勢，不得力於彼我雙方，進退不得。如果是投資事業或必須改變現況等風險高的事情，請暫且擱

巽
57

置，以避免難以預料的損失發生。可延至時序「白露 / 秋分」再行占卜；或有再次觸動轉變的契機，意猶未決時進行占卜。

【原文】六四，悔亡，田獲三品。〈象〉曰：「田獲三品」，有功也。

【譯文】六四（順著九三、九二與初六比附之勢前退來），悔恨消亡，田獵獲取可供祭祀、宴客、任君庖的三類物品。〈爻象〉傳說：「田獲三品」，奉行君命而建樹功勛。

【三才六爻演卦】

〔形勢〕☴ 巽卦六四位在相對優勢的我方（上卦），相對劣勢在彼方（下卦）。六四在優勢中的作為必須承擔變動風險相對降低，有利條件相對提高。如果有競逐對象團體，仍以我方較有優勢。

〔本爻〕六四陰爻沒有主見，欠缺實力。位在守成整合之位，居位適當。

〔現況〕六四與九三同在人位，介於兩卦之間不相得。如果所疑之事已在具體進行中，當前彼方外在環境看似有利，實而無益。如果基於情感道義而付出仍要考量能力所及為宜。

〔將來〕六四與九五人位比天位，陰承陽近而相得。六四順著九三、九二與初六比附之勢前退來。「悔亡，田獲三品」，爭取有能力、有條件的人事物支持，投入既有資源重新出發。可以考慮另起爐灶。

〔建議〕巽卦六四處於優勢，得力於彼我雙方，得人之助，得地之宜。保守評估，量力而為，以退為進，可從事投資事業或根本上改變現況等風險高的事情。

【原文】九五，貞吉，悔亡，无不利；无初有終；先庚三日，後庚三日，吉。〈象〉曰：九五之吉，位正中也。

【**譯文**】九五，守持正固可獲吉詳，悔恨消亡，無所不利；（九五與上九同在天位，陽承陽近而不相得）申諭命令起初不甚順利最終能暢行；庚日前三天發布新令，（九五順著六四變動之勢前來）而在庚日後三天實行新令，必獲吉祥。〈爻象〉傳說：九五的吉祥，居位端正又能守持中道。

【**三才六爻演卦**】

〔**形勢**〕☴ 巽卦九五位在相對優勢的我方（上卦），相對劣勢在彼方（下卦）。九五在優勢中的作為必須承擔變動風險相對降低，有利條件相對提高。如果有競逐對象團體，仍以我方較有優勢。

〔**本爻**〕九五陽爻有主見，有實力。位在決策實權之位，居位適當。攻勢較優之位。

〔**現況**〕九五與上九同在天位，陽承陽近而不相得。「先庚三日」，如果所謀之事已在具體進行中，當前我方內部環境有阻力歧見，沒有助益。

〔**將來**〕九五與六四天位比人位，陽乘陰近而相得。九五順著六四變動之勢前來。「後庚三日」，投入現有資源，爭取有能力、有條件的人事物支持，獲取更大利益。

〔**建議**〕巽卦九五處於優勢，得力於彼我雙方，得天之時，得人之助，得地之宜。可從事投資事業或必須改變現況等風險高的事情。

巽
57

【**原文**】上九，巽在牀下，喪其資斧；貞凶。〈象〉曰：「巽在牀下」，上窮也；「喪其資斧」，正乎凶也。

【**譯文**】上九（與九五同在天位，陽乘陽近而不相得），順從屈居在床下，就像喪失了剛堅的利斧；守持正固謹防凶險。〈爻象〉傳說：「巽在牀下」，上九居處在窮困之位；「喪其資斧」，守持正道以防凶險。

【**三才六爻演卦**】

〔**形勢**〕☴ 巽卦上九位在相對優勢的我方（上卦），相對劣勢在彼方（下卦）。上九在優勢中的作為必須承擔變動風險相對降低，有利條件相對提高。如果有競逐對象團體，仍以我方較有優勢。

〔**本爻**〕上九陽爻有主見，有實力。位在不任實事之位，居位不當。

〔**現況**〕上九與九五同在天位，陽乘陽近而不相得。如果所謀之事已在具體進行中，當前我方內部環境有阻力歧見，沒有助益。

〔**將來**〕上九與九五同在天位，陽乘陽近而不相得。維持目前的情況比較有利，至少不會造成損失。

〔**警告**〕「巽在牀下，喪其資斧，貞凶」，如果貿然投入資源想要獲取更大利益會慘遭挫敗。

〔**建議**〕巽卦上九處於優勢，不得力於彼我雙方，進退不得。如果是投資事業或必須改變現況等風險高的事情，請暫且擱置，以避免難以預料的損失發生。可延至時序「白露／秋分」再行占卜；或有再次觸動轉變的契機，意猶未決時進行占卜。

兌 58

☱ **兌下，兌上。（ 兌 為澤 58 ）**

立場	卦別	三才	六爻	符號	實力	位置	形勢
我方內部環境相對於（下卦）彼方外在環境	上卦	天1	上六	--	✕	○	。
		天3	九五	—	○	○	▽
		人5	九四	—	○	✕	▽
我方內部環境相對於（上卦）彼方外在環境	下卦	人6	六三	--	✕	✕	。
		地4	九二	—	○	○	△
		地2	初九	—	○	○	△

【原文】初九，和兌，吉。〈象〉曰：和兌之吉，行未疑也。

【譯文】初九（與九二同在地位，陽承陽近而不相得），平和欣悅的待人，吉祥。〈爻象〉傳說：平和欣悅的待人可獲吉祥，行為不為人所疑。

【三才六爻演卦】

〔形勢〕☱ 兌卦相對立場的彼、我雙方（上、下卦）勢力均等。初九的作為必須承擔變動風險與有利條件相對持平。如果有競逐對象團體，仍以彼方較有優勢。

〔本爻〕初九陽爻有主見，有實力。位在基礎之位，居位適當。

〔現況〕初九與九二同在地位，陽承陽近而不相得。「和兌」，如果所謀之事已在具體進行中，當前我方內部環境有阻力歧見，沒有助益。

〔將來〕初九與九二同在地位，陽承陽近而不相得。「吉」，維持目前的情況比較有利，至少可以持盈保泰。

〔建議〕兌卦初九不得力於彼我雙方，進退不得。如果是投資事業或必須改變現況等風險高的事情，請暫且擱置，以避免難以預料的損失發生。可延至時序「白露／秋分」再行占卜；或有再次觸動轉變的契機，意猶未決時進行占卜。

兌
58

【原文】九二，孚兌，吉，悔亡。〈象〉曰：孚兌之吉，信志也。

【譯文】九二（與六三地位比人位，陽承陰近而相得），誠信欣悅待人，吉祥，悔恨必消。〈爻象〉傳說：誠信欣悅待人可獲吉祥，志存信實。

【三才六爻演卦】

〔形勢〕☱ 兌卦相對立場的彼、我雙方（上、下卦）勢力均等。九二的作為必須承擔變動風險與有利條件相對持平。如果有競逐對象團體，仍以彼方較有優勢。

〔**本爻**〕九二陽爻有主見，有實力。位在守成之位，居位不當。守勢較優之位。

〔**現況**〕九二與初九同在地位，陽乘陽近而不相得。如果所謀之事已在具體進行中，當前我方內部環境有阻力歧見，沒有助益。

〔**將來**〕九二與六三地位比人位，陽承陰近而相得。「孚兌，吉，悔亡」，我方內部環境助益不如預期。如果基於情感道義而付出仍要考量能力所及為宜。維持目前的情況比較有利，至少不會造成損失。

〔**建議**〕兌卦九二不得力於彼我雙方，進退不得。如果是投資事業或必須改變現況等風險高的事情，請暫且擱置，以避免難以預料的損失發生。可延至時序「白露／秋分」再行占卜；或有再次觸動轉變的契機，意猶未決時進行占卜。

兌
58

【**原文**】六三，來兌，凶。〈象〉曰：來兌之凶，位不當也。

【**譯文**】六三（與九四同在人位，介於兩卦之間不相得），前來謀求欣悅，有凶險。〈爻象〉傳說：前來謀求欣悅而遭凶險，居位不正當。

【**三才六爻演卦**】

〔**形勢**〕☱ 兌卦相對立場的彼、我雙方（上、下卦）勢力均等。六三的作為必須承擔變動風險與有利條件相對持平。如果有競逐對象團體，仍以彼方較有優勢。

〔**本爻**〕六三陰爻沒有主見，欠缺實力。位在以守待攻之位，居位不當。

〔**現況**〕六三與九四同在人位，介於兩卦之間不相得。「來兌」，如果所疑之事已在具體進行中，當前彼方外在環境看似有利，實而無益。如果基於情感道義而付出仍要考量能力所及為宜。

〔**將來**〕六三與九二人位比地位，陰乘陽乘剛。「凶」，我方

內部環境有所牽制，停滯不前。維持目前的情況比較有利，至少不會造成損失。

〔**警告**〕「凶」，自我克制，不要受到外在人事物誘惑。如果貿然投入資源想要獲取更大利益會慘遭挫敗。

〔**建議**〕兌卦六三不得力於彼我雙方，進退不得。如果是投資事業或必須改變現況等風險高的事情，請暫且擱置，以避免難以預料的損失發生。可延至時序「白露／秋分」再行占卜；或有再次觸動轉變的契機，意猶未決時進行占卜。

【**原文**】九四，商兌未寧，介疾有喜。〈象〉曰：九四之喜，有慶也。

【**譯文**】九四（與六三同在人位，介於兩卦之間不相得），商量如何欣悅心中未曾寧靜，（九四與九五人位比天位，陽承陽近而不相得）能隔絕誘惑疑疾頗為可喜。〈爻象〉傳說：九四頗為可喜，值得慶賀的。

【**三才六爻演卦**】

〔**形勢**〕☱ 兌卦相對立場的彼、我雙方（上、下卦）勢力均等。九四的作為必須承擔變動風險與有利條件相對持平。如果有競逐對象團體，仍以我方較有優勢。

〔**本爻**〕九四陽爻有主見，有實力。位在守成整合之位，居位不當。

〔**現況**〕九四與六三同在人位，介於兩卦之間不相得。「商兌未寧」，如果所謀之事已在具體進行中，當前彼方外在環境看似有利，實而無益。如果基於情感道義而付出仍要考量能力所及為宜。

〔**將來**〕九四與九五人位比天位，陽承陽近而不相得。「介疾有喜」，我方內部環境有阻力歧見，沒有助益。維持目前的情況比較有利，至少不會造成損失。

〔**建議**〕兌卦九四不得力於彼我雙方，進退不得。如果是投資

兌
58

事業或必須改變現況等風險高的事情，請暫且擱置，以避免難以預料的損失發生。可延至時序「白露／秋分」再行占卜；或有再次觸動轉變的契機，意猶未決時進行占卜。

【原文】九五，孚于剝，有厲。〈象〉曰：「孚于剝」，位正當也。

【譯文】九五（與上六同在天位，陽承陰近而相得），誠信於消剝陽剛的小人，有危險。〈爻象〉傳說：「孚于剝」，居位正當。

【三才六爻演卦】

〔**形勢**〕兌卦相對立場的彼、我雙方（上、下卦）勢力均等。九五的作為必須承擔變動風險與有利條件相對持平。如果有競逐對象團體，仍以我方較有優勢。

〔**本爻**〕九五陽爻有主見，有實力。位在決策實權之位，居位適當。攻勢較優之位。

〔**現況**〕九五與上六同在天位，陽承陰近而相得。「孚于剝」，如果所謀之事已在具體進行中，當前我方內部環境助益不如預期。如果基於情感道義而付出仍要考量能力所及為宜。

〔**將來**〕九五與九四天位比人位，陽乘陽近而不相得。「有厲」，我方內部環境有阻力歧見，沒有助益。維持目前的情況比較有利，至少不會造成損失。

〔**警告**〕「有厲」，如果貿然投入資源想要獲取更大利益會慘遭挫敗。

〔**建議**〕兌卦九五不得力於彼我雙方，進退不得。如果是投資事業或必須改變現況等風險高的事情，請暫且擱置，以避免難以預料的損失發生。可延至時序「白露／秋分」再行占卜；或有再次觸動轉變的契機，意猶未決時進行占卜。

兌 58

【**原文**】上六，引兌。〈象〉曰：上六引兌，未光也。

【**譯文**】上六（與九五同在天位，陰乘陽乘剛），引誘他人相與欣悅。〈爻象〉傳說：上六引誘他人相與欣悅，欣悅之道未能光大。

【三才六爻演卦】

〔**形勢**〕☱ 兌卦相對立場的彼、我雙方（上、下卦）勢力均等。上六的作為必須承擔變動風險與有利條件相對持平。如果有競逐對象團體，仍以我方較有優勢。

〔**本爻**〕上六陰爻沒有主見，欠缺實力。位在不任實事之位，居位適當。

〔**現況**〕上六與九五同在天位，陰乘陽乘剛。「引兌」，如果所疑之事已在具體進行中，當前我方內部環境有所牽制，停滯不前。

〔**將來**〕上六與九五同在天位，陰乘陽乘剛。維持目前的情況比較有利，至少不會造成損失。

〔**建議**〕兌卦上六不得力於彼我雙方，進退不得。如果是投資事業或必須改變現況等風險高的事情，請暫且擱置，以避免難以預料的損失發生。可延至時序「白露／秋分」再行占卜；或有再次觸動轉變的契機，意猶未決時進行占卜。

兌
58

䷳ 坎下，巽上。（風水　渙 59）

立場	卦別	三才	六爻	符號	實力	位置	形勢
我方內部環境相對於（下卦）彼方外在環境	上卦	天1	上九	─	○	×	↓
		天3	九五	─	○	○	↓
		人5	六四	--	×	○	。
我方內部環境相對於（上卦）彼方外在環境	下卦	人6	六三	--	×	×	。
		地4	九二	─	○	○	△
		地2	初六	--	×	×	。

【原文】初六，用拯馬壯吉。〈象〉曰：初六之吉，順也。

【譯文】初六（與九二同在地位，陰承陽近而相得），借助健壯的良馬勉力拯濟可獲吉祥。〈爻象〉傳說：初六的吉祥，順承九二陽剛。

【三才六爻演卦】

〔形勢〕䷳ 渙卦初六位在相對劣勢的我方（下卦），相對優勢在彼方（上卦）。初六在劣勢中的作為必須承擔變動風險相對提高，有利條件相對降低。如果有競逐對象團體，仍以彼方較有優勢。

〔本爻〕初六陰爻沒有主見，欠缺實力。位在基礎之位，居位不當。

〔現況〕初六與九二同在地位，陰承陽近而相得。「用拯馬壯吉」，如果所疑之事已在具體進行中，當前我方內部環境有實質助益。

〔將來〕初六與九二同在地位，陰承陽近而相得。維持目前的情況比較有利，至少不會造成損失。

〔建議〕渙卦初六如果所疑之事已在具體進行中，處於劣勢，得力於我方，以不改變現況為原則可以獲益。雖然可以獲益，不可過度樂觀，仍以保守評估為要。不宜投資事業或必須改變現況等風險高的事情。如果所疑之事尚未具體進行中，請暫且

渙 59

擱置，以避免難以預料的損失發生。可延至時序「小暑／大暑」再行占卜；或有再次觸動轉變的契機，意猶未決時進行占卜。

【原文】九二，渙奔其机，悔亡。〈象〉曰：「渙奔其机」，得願也。

【譯文】九二（與初六同在地位，陽乘陰近而相得），渙散之時奔就几案可供憑依，（九二與六三地位比人位，陽承陰近而相得）悔恨消亡。〈爻象〉傳說：「渙奔其机」，得遂陰陽親附的心願。

【三才六爻演卦】

〔形勢〕☶ 渙卦九二位在相對劣勢的我方（下卦），相對優勢在彼方（上卦）。九二在劣勢中的作為必須承擔變動風險相對提高，有利條件相對降低。如果有競逐對象團體，仍以彼方較有優勢。

〔本爻〕九二陽爻有主見，有實力。位在守成之位，居位不當。守勢較優之位。

〔現況〕九二與初六同在地位，陽乘陰近而相得。「渙奔其机」，如果所謀之事已在具體進行中，當前我方內部環境助益不如預期。如果基於情感道義而付出仍要考量能力所及為宜。

〔將來〕九二與六三地位比人位，陽承陰近而相得。「悔亡」，我方內部環境助益不如預期。如果基於情感道義而付出仍要考量能力所及為宜。維持目前的情況比較有利，至少不會造成損失。

〔建議〕渙卦九二處於劣勢，不得力於彼我雙方，進退不得。如果是投資事業或必須改變現況等風險高的事情，請暫且擱置，以避免難以預料的損失發生。可延至時序「小暑／大暑」再行占卜；或有再次觸動轉變的契機，意猶未決時進行占卜。

渙
59

【原文】六三，渙其躬，无悔。〈象〉曰：「渙其躬」，志在外也。

【譯文】六三（與六四同在人位，介於兩卦之間不相得），渙散自身以服從陽剛尊者，無所悔恨。〈爻象〉傳說：「渙其躬」，心志在於向外發展。

【三才六爻演卦】

〔形勢〕☵ 渙卦六三位在相對劣勢的我方（下卦），相對優勢在彼方（上卦）。六三在劣勢中的作為必須承擔變動風險相對提高，有利條件相對降低。如果有競逐對象團體，仍以彼方較有優勢。

〔本爻〕六三陰爻沒有主見，欠缺實力。位在以守待攻之位，居位不當。

〔現況〕六三與六四同在人位，介於兩卦之間不相得。「渙其躬」，如果所疑之事已在具體進行中，當前彼方外在環境無能為力，沒有助益。

〔將來〕六三與九二人位比地位，陰乘陽乘剛。「无悔」，我方內部環境有所牽制，停滯不前。維持目前的情況比較有利，至少不會造成損失。

〔建議〕渙卦六三處於劣勢，不得力於彼我雙方，進退不得。如果是投資事業或必須改變現況等風險高的事情，請暫且擱置，以避免難以預料的損失發生。可延至時序「小暑／大暑」再行占卜；或有再次觸動轉變的契機，意猶未決時進行占卜。

【原文】六四，渙其群，元吉；渙有丘，匪夷所思。〈象〉曰：渙其群，元吉；光大也。

【譯文】六四（與六三同在人位，介於兩卦之間不相得），渙散群黨，至為吉祥；（九五變動前來對六四有所益助）渙散小群而聚成山丘似的大群，這不是一般人思慮所能達到的。〈爻象〉傳說：渙散群黨，至為吉祥；品德光明正大。

【三才六爻演卦】

〔**形勢**〕☴☵ 渙卦六四位在相對優勢的我方（上卦），相對劣勢在彼方（下卦）。六四在優勢中的作為必須承擔變動風險相對降低，有利條件相對提高。如果有競逐對象團體，仍以我方較有優勢。

〔**本爻**〕六四陰爻沒有主見，欠缺實力。位在守成整合之位，居位適當。

〔**現況**〕六四與六三同在人位，介於兩卦之間不相得。「渙其群，元吉」，如果所疑之事已在具體進行中，當前彼方外在環境無能為力，沒有助益。

〔**將來**〕六四與九五人位比天位，陰承陽近而相得。九五變動前來對六四有所益助。「渙有丘，匪夷所思」，有我方內部環境主動相助，可以獲得實質助益。

〔**建議**〕渙卦六四處於優勢，得力於我方，以不改變現況為原則可以獲益。雖然可以獲益，不可過度樂觀，仍以保守評估為要。不宜投資事業或必須改變現況等風險高的事情。

渙
59

【原文】九五，渙汗其大號，渙王居，无咎。〈象〉曰：「王居无咎」，正位也。

【譯文】九五（順著六四、六三、九二與初六比附之勢前來），像散發身上汗水一樣散布盛大號令，又能渙散王者的積畜以聚合四方人心，沒有過失。〈爻象〉傳說：「王居无咎」，居於正當的尊高之位。

【三才六爻演卦】

〔**形勢**〕☴☵ 渙卦九五位在相對優勢的我方（上卦），相對劣勢在彼方（下卦）。九五在優勢中的作為必須承擔變動風險相對降低，有利條件相對提高。如果有競逐對象團體，仍以我方較有優勢。

〔**本爻**〕九五陽爻有主見，有實力。位在決策實權之位，居位

適當。攻勢較優之位。

〔現況〕九五與上九同在天位，陽承陽近而不相得。如果所謀之事已在具體進行中，當前我方內部環境有阻力歧見，沒有助益。

〔將來〕九五與六四天位比人位，陽乘陰近而相得。九五順著六四、六三、九二與初六比附之勢前來。「渙汗其大號，渙王居，无咎」，投入現有資源，爭取有能力、有條件的人事物支持，獲取更大利益。

〔建議〕渙卦九五處於優勢，得力於彼我雙方，得天之時，得人之助，得地之宜。可從事投資事業或必須改變現況等風險高的事情。

渙 59

【原文】上九，渙其血去逖出，无咎。〈象〉曰：「渙其血」，遠害也。

【譯文】上九（順著九五變動之勢前來），渙散在極位的憂恤並擺脫惕懼，沒有過失。〈爻象〉傳說：「渙其血」，已經遠離禍害。

【三才六爻演卦】

〔形勢〕☴☵ 渙卦上九位在相對優勢的我方（上卦），相對劣勢在彼方（下卦）。上九在優勢中的作為必須承擔變動風險相對降低，有利條件相對提高。如果有競逐對象團體，仍以我方較有優勢。

〔本爻〕上九陽爻有主見，有實力。位在不任實事之位，居位不當。

〔現況〕上九與九五同在天位，陽乘陽近而不相得。如果所謀之事已在具體進行中，當前我方內部環境有阻力歧見，沒有助益。

〔將來〕上九與九五同在天位，陽乘陽近而不相得。上九順著九五變動之勢前來。「渙其血去逖出，无咎」，投入現有資

源，獲取更大利益。化解阻力歧見，建立共識，爭取有能力、有條件的人事物支持，群策群力共圖事業。優勢在我方，順勢而為。

〔建議〕渙卦上九處於優勢，得力於彼我雙方，得天之時，得人之助，得地之宜。可從事投資事業或必須改變現況等風險高的事情。

䷻ 兌下，坎上。（水澤　節 60）

立場	卦別	三才	六爻	符號	實力	位置	形勢
我方內部環境相對於（下卦）彼方外在環境	上卦	天1	上六	--	✕	○	。
		天3	九五	—	○	○	↓
		人5	六四	--	✕	○	。
我方內部環境相對於（上卦）彼方外在環境	下卦	人6	六三	--	✕	✕	。
		地4	九二	—	○	○	↑
		地2	初九	—	○	○	△

【原文】初九，不出戶庭，无咎。〈象〉曰：「不出戶庭」，知通塞也。

【譯文】初九（與九二同在地位，陽承陽近而不相得），不跨出門庭，沒有過失。〈爻象〉傳說：「不出戶庭」，深知路通則行，路塞則止的道理。

【三才六爻演卦】

〔形勢〕䷻ 節卦相對立場的彼、我雙方（上、下卦）勢力互有往來。初九的作為必須承擔變動風險與有利條件相對持平。如果有競逐對象團體，仍以彼方較有優勢。

〔本爻〕初九陽爻有主見，有實力。位在基礎之位，居位適當。

〔現況〕初九與九二同在地位，陽承陽近而不相得。「不出戶庭」，如果所謀之事已在具體進行中，當前我方內部環境有阻力歧見，沒有助益。

〔將來〕初九與九二同在地位，陽承陽近而不相得。「无咎」，自我克制，不要受到外在人事物誘惑。維持目前的情況比較有利，至少不會造成損失。

〔建議〕節卦初九不得力於彼我雙方，進退不得。如果是投資事業或必須改變現況等風險高的事情，請暫且擱置，以避免難以預料的損失發生。可延至時序「立秋／處暑」再行占卜；或有再次觸動轉變的契機，意猶未決時進行占卜。

節 60

【原文】九二，不出門庭，凶。〈象〉曰：「不出門庭凶」，失時極也。

【譯文】九二（與初九同在地位，陽乘陽近而不相得），不跨出門庭，有凶險。〈爻象〉傳說：「不出門庭凶」，喪失了形勢變化的合宜時機。

【三才六爻演卦】

〔形勢〕☵ 節卦相對立場的彼、我雙方（上、下卦）勢力互有往來。九二的作為必須承擔變動風險與有利條件相對持平。如果有競逐對象團體，仍以彼方較有優勢。

〔本爻〕九二陽爻有主見，有實力。位在守成之位，居位不當。守勢較優之位。

〔現況〕九二與初九同在地位，陽乘陽近而不相得。「不出門庭」，如果所謀之事已在具體進行中，當前我方內部環境有阻力歧見，沒有助益。

〔將來〕九二與六三地位比人位，陽承陰近而相得。九二順勢前往六四。掌握時機，投入現有資源，獲取更大利益。爭取有能力、有條件的人事物支持，群策群力共圖事業。

〔警告〕「不出門庭，凶」，如果安於現狀，被動等待，損失

會持續擴大。

〔建議〕節卦九二得力於彼我雙方，得地之宜，得人之助。可從事投資事業或必須改變現況等風險高的事情。

【原文】六三，不節若，則嗟若，无咎。〈象〉曰：不節之嗟，又誰咎也？

【譯文】六三（與六四同在人位，介於兩卦之間不相得），因不能節制，嗟嘆而感傷後悔，不會有過失。〈爻象〉傳說：因不能節制嗟嘆感傷後悔，又是誰的過失呢？（咎由自取）

【三才六爻演卦】

〔形勢〕☱ 節卦相對立場的彼、我雙方（上、下卦）勢力互有往來。六三的作為必須承擔變動風險與有利條件相對持平。如果有競逐對象團體，仍以彼方較有優勢。

〔本爻〕六三陰爻沒有主見，欠缺實力。位在以守待攻之位，居位不當。

〔現況〕六三與六四同在人位，介於兩卦之間不相得。「不節若，則嗟若」，如果所疑之事已在具體進行中，當前彼方外在環境無能為力，沒有助益。

〔將來〕六三與九二人位比地位，陰乘陽乘剛。「无咎」，我方內部環境有所牽制，停滯不前。維持目前的情況比較有利，至少不會造成損失。

〔警告〕「不節若，則嗟若」，如果貿然投入資源想要獲取更大利益會慘遭挫敗。

〔建議〕節卦六三不得力於彼我雙方，進退不得。如果是投資事業或必須改變現況等風險高的事情，請暫且擱置，以避免難以預料的損失發生。可延至時序「立秋／處暑」再行占卜；或有再次觸動轉變的契機，意猶未決時進行占卜。

節
60

【原文】六四，安節，亨。〈象〉曰：安節之亨，承上道也。

【譯文】（九五變動前來對六四有所益助）六四，安然奉行節制，亨通。〈爻象〉傳說：安節之亨，順承尊上之道。

【三才六爻演卦】

〔形勢〕☵☱ 節卦相對立場的彼、我雙方（上、下卦）勢力互有往來。六四的作為必須承擔變動風險與有利條件相對持平。如果有競逐對象團體，仍以我方較有優勢。

〔本爻〕六四陰爻沒有主見，欠缺實力。位在守成整合之位，居位適當。

〔現況〕六四與六三同在人位，介於兩卦之間不相得。如果所疑之事已在具體進行中，當前彼方外在環境無能為力，沒有助益。

〔將來〕六四與九五人位比天位，陰承陽近而相得。九五變動前來對六四有所益助。「安節，亨」，有我方內部環境主動相助，可以獲得實質助益。

〔建議〕節卦六四得力於我方，以不改變現況為原則可以獲益。雖然可以獲益，不可過度樂觀，仍以保守評估為要。不宜投資事業或必須改變現況等風險高的事情。

【原文】九五，甘節，吉，往有尚。〈象〉曰：甘節之吉，居位中也。

【譯文】九五（順勢前來六三），甘美怡悅的節制，吉祥，前往還可以。〈爻象〉傳說：甘美怡悅的節制可獲吉祥，居正當適中之位。

【三才六爻演卦】

〔形勢〕☵☱ 節卦相對立場的彼、我雙方（上、下卦）勢力互有往來。九五的作為必須承擔變動風險與有利條件相對持平。如果有競逐對象團體，仍以我方較有優勢。

〔本爻〕九五陽爻有主見，有實力。位在決策實權之位，居位

適當。攻勢較優之位。

〔**現況**〕九五與上六同在天位，陽承陰近而相得。如果所謀之事已在具體進行中，當前我方內部環境助益不如預期。如果基於情感道義而付出仍要考量能力所及為宜。

〔**將來**〕九五與六四天位比人位，陽乘陰近而相得。九五順勢前來六三。「甘節，吉，往有尚」，掌握時機，投入現有資源，獲取更大利益。爭取有能力、有條件的人事物支持，群策群力共圖事業。

〔**建議**〕節卦九五得力於彼我雙方，得天之時，得人之助。可從事投資事業或必須改變現況等風險高的事情。

【**原文**】上六，苦節；貞凶，悔亡。〈象〉曰：「苦節貞凶」，其道窮也。

【**譯文**】上六（與九五同在天位，陰乘陽乘剛），節制過苦；守持正固謹防凶險，悔恨消亡。〈爻象〉傳說：「苦節貞凶」，已趨困窮。

【**三才六爻演卦**】

〔**形勢**〕☵ 節卦相對立場的彼、我雙方（上、下卦）勢力互有往來。上六的作為必須承擔變動風險與有利條件相對持平。如果有競逐對象團體，仍以我方較有優勢。

〔**本爻**〕上六陰爻沒有主見，欠缺實力。位在不任實事之位，居位適當。

〔**現況**〕上六與九五同在天位，陰乘陽乘剛。「苦節」，如果所疑之事已在具體進行中，當前我方內部有所牽制，停滯不前。

〔**將來**〕上六與九五同在天位，陰乘陽乘剛。「貞凶，悔亡」，處境艱難，以靜待變，不要盲從躁動。維持目前的情況控管損害，不至損失持續擴大。

〔**建議**〕節卦上六不得力於彼我雙方，進退不得。如果是投資

節
60

事業或必須改變現況等風險高的事情，請暫且擱置，以避免難以預料的損失發生。可延至時序「立秋／處暑」再行占卜；或有再次觸動轉變的契機，意猶未決時進行占卜。

兌下，巽上。（風澤 中孚 61）

立場	卦別	三才	六爻	符號	實力	位置	形勢
我方內部環境相對於（下卦）彼方外在環境	上卦	天1	上九	－	○	×	▽
		天3	九五	－	○	○	▽
		人5	六四	--	×	○	。
我方內部環境相對於（上卦）彼方外在環境	下卦	人6	六三	--	×	×	。
		地4	九二	－	○	○	△
		地2	初九	－	○	○	△

【原文】初九，虞吉，有他不燕。〈象〉曰：初九虞吉，志未變也。

【譯文】初九（與九二同在地位，陽承陽近而不相得），安守誠信可獲吉祥，若有它求難以安寧。〈爻象〉傳說：初九安守誠信可獲吉祥，堅定的心志尚未改變。

【三才六爻演卦】

〔形勢〕䷼ 中孚相對立場的彼、我雙方（上、下卦）勢力均等。初九的作為必須承擔變動風險與有利條件相對持平。如果有競逐對象團體，仍以彼方較有優勢。

〔本爻〕初九陽爻有主見，有實力。位在基礎之位，居位適當。

〔現況〕初九與九二同在地位，陽承陽近而不相得。如果所謀之事已在具體進行中，當前我方內部環境有阻力歧見，沒有助益。

〔**將來**〕初九與九二同在地位，陽承陽近而不相得。「虞吉」，維持目前的情況比較有利，至少不會造成損失。

〔**警告**〕「有他不燕」，如果貿然投入資源想要獲取更大利益會慘遭挫敗。

〔**建議**〕中孚初九不得力於彼我雙方，進退不得。如果是投資事業或必須改變現況等風險高的事情，請暫且擱置，以避免難以預料的損失發生。可延至時序「大雪／冬至」再行占卜；或有再次觸動轉變的契機，意猶未決時進行占卜。

【原文】九二，鳴鶴在陰，其子和之；我有好爵，吾與爾靡之。〈象〉曰：「其子和之」，中心願也。

【譯文】九二（與六三地位比人位，陽承陰近而相得），鶴鳥在山陰鳴唱，其友聲聲應和；我有一壺美酒，願與你共飲同樂。〈爻象〉傳說：「其子和之」，發自內心的真誠意願。

中孚

61

【三才六爻演卦】

〔**形勢**〕☱ 中孚相對立場的彼、我雙方（上、下卦）勢力均等。九二的作為必須承擔變動風險與有利條件相對持平。如果有競逐對象團體，仍以彼方較有優勢。

〔**本爻**〕九二陽爻有主見，有實力。位在守成之位，居位不當。守勢較優之位。

〔**現況**〕九二與初九同在地位，陽乘陽近而不相得。如果所謀之事已在具體進行中，當前我方內部環境有阻力歧見，沒有助益。

〔**將來**〕九二與六三地位比人位，陽承陰近而相得。「鳴鶴在陰，其子和之」、「我有好爵，吾與爾靡之」，我方內部環境助益不如預期。如果基於情感道義而付出仍要考量能力所及為宜。維持目前的情況比較有利，至少不會造成損失。

〔**建議**〕中孚九二不得力於彼我雙方，進退不得。如果是投資事業或必須改變現況等風險高的事情，請暫且擱置，以避免難

以預料的損失發生。可延至時序「大雪／冬至」再行占卜；或有再次觸動轉變的契機，意猶未決時進行占卜。

【原文】六三，得敵，或鼓或罷，或泣或歌。〈象〉曰：「或鼓或罷」，位不當也。

【譯文】六三（與六四同在人位，介於兩卦之間不相得），前臨勁敵，或擊鼓進攻，或疲憊退撤，或恐懼悲泣，或無憂歡歌。〈爻象〉傳說：「或鼓或罷」，居位不正當。

【三才六爻演卦】

〔形勢〕☰ 中孚相對立場的彼、我雙方（上、下卦）勢力均等。六三的作為必須承擔變動風險與有利條件相對持平。如果有競逐對象團體，仍以彼方較有優勢。

〔本爻〕六三陰爻沒有主見，欠缺實力。位在以守待攻之位，居位不當。

〔現況〕六三與六四同在人位，介於兩卦之間不相得。「得敵」，如果所疑之事已在具體進行中，當前彼方外在環境無能為力，沒有助益。

〔將來〕六三與九二人位比地位，陰乘陽乘剛。「或鼓或罷，或泣或歌」，我方內部環境有所牽制，停滯不前。靜觀其變，自我克制，不要受到外在人事物誘惑。維持目前的情況比較有利，至少不會造成損失。

〔警告〕「得敵」，如果貿然投入資源想要獲取更大利益會慘遭挫敗。

〔建議〕中孚六三不得力於彼我雙方，進退不得。如果是投資事業或必須改變現況等風險高的事情，請暫且擱置，以避免難以預料的損失發生。可延至時序「大雪／冬至」再行占卜；或有再次觸動轉變的契機，意猶未決時進行占卜。

【原文】六四，月幾望，馬匹亡，无咎。〈象〉曰：「馬匹亡」，絕類上也。

【譯文】六四（與九五人位比天位，陰承陽近而相得），月亮滿圓漸虧，（六四與六三同在人位，介於兩卦之間不相得）良馬亡失匹配，沒有過失。〈爻象〉傳說：「馬匹亡」，六四割絕六三同類，承九五陽剛尊上。

【三才六爻演卦】

〔形勢〕☲ 中孚相對立場的彼、我雙方（上、下卦）勢力均等。六四的作為必須承擔變動風險與有利條件相對持平。如果有競逐對象團體，仍以我方較有優勢。

〔本爻〕六四陰爻沒有主見，欠缺實力。位在守成整合之位，居位適當。

〔現況〕六四與六三同在人位，介於兩卦之間不相得。「馬匹亡，无咎」，如果所疑之事已在具體進行中，當前彼方外在環境無能為力，沒有助益。

〔將來〕六四與九五人位比天位，陰承陽近而相得。「月幾望」，有我方內部環境相助，可以獲得實質助益。

〔建議〕中孚六四得力於我方，以不改變現況為原則可以獲益。雖然可以獲益，不可過度樂觀，仍以保守評估為要。不宜投資事業或必須改變現況等風險高的事情。

中孚

61

【原文】九五，有孚攣如，无咎。〈象〉曰：「有孚攣如」，位正當也。

【譯文】九五（與上九同在天位，陽承陽近而不相得），精誠至信而廣繫人心，沒有過失。〈爻象〉傳說：「有孚攣如」，居位中正適當。

【三才六爻演卦】

〔形勢〕☲ 中孚相對立場的彼、我雙方（上、下卦）勢力均等。九五的作為必須承擔變動風險與有利條件相對持平。如果

有競逐對象團體，仍以我方較有優勢。

〔本爻〕九五陽爻有主見，有實力。位在決策實權之位，居位適當。攻勢較優之位。

〔現況〕九五與上九同在天位，陽承陽近而不相得。「有孚攣如」，如果所謀之事已在具體進行中，當前我方內部環境有阻力歧見，沒有助益。

〔將來〕九五與六四天位比人位，陽乘陰近而相得。「无咎」，我方內部環境助益不如預期。如果基於情感道義而付出仍要考量能力所及為宜。維持目前的情況比較有利，至少不會造成損失。

〔建議〕中孚九五不得力於彼我雙方，進退不得。如果是投資事業或必須改變現況等風險高的事情，請暫且擱置，以避免難以預料的損失發生。可延至時序「大雪／冬至」再行占卜；或有再次觸動轉變的契機，意猶未決時進行占卜。

中孚 61

【原文】上九，翰音登于天，貞凶。〈象〉曰：「翰音登于天」，何可長也？

【譯文】上九（與九五同在天位，陽乘陽近而不相得），飛鳥鳴音於天，守持貞固謹防凶險。〈爻象〉傳說：「翰音登于天」，怎能保持長久呢？（不能長久）

【三才六爻演卦】

〔形勢〕☲ 中孚相對立場的彼、我雙方（上、下卦）勢力均等。上九的作為必須承擔變動風險與有利條件相對持平。如果有競逐對象團體，仍以我方較有優勢。

〔本爻〕上九陽爻有主見，有實力。位在不任實事之位，居位不當。

〔現況〕上九與九五同在天位，陽乘陽近而不相得。「翰音登于天」，如果所謀之事已在具體進行中，當前我方內部環境有阻力歧見，沒有助益。

〔將來〕上九與九五同在天位，陽乘陽近而不相得。「貞凶」，處境艱難，以靜待變，不要盲從躁動。維持目前的情況控管損害，不至損失持續擴大。

〔建議〕中孚上九不得力於彼我雙方，進退不得。如果是投資事業或必須改變現況等風險高的事情，請暫且擱置，以避免難以預料的損失發生。可延至時序「大雪／冬至」再行占卜；或有再次觸動轉變的契機，意猶未決時進行占卜。

艮下，震上。（雷山 小過 62）

立場	卦別	三才	六爻	符號	實力	位置	形勢
我方內部環境相對於（下卦）彼方外在環境	上卦	天1	上六	--	✕	○	。
		天3	六五	--	✕	○	↓
		人5	九四	—	○	✕	▽
我方內部環境相對於（上卦）彼方外在環境	下卦	人6	九三	—	○	○	△
		地4	六二	--	✕	○	。
		地2	初六	--	✕	✕	。

【原文】初六，飛鳥以凶。〈象〉曰：「飛鳥以凶」，不可如何也。

【譯文】初六（與六二同在地位，陰承陰近而不相得），飛鳥逆勢上翔會有凶險。〈爻象〉傳說：「飛鳥以凶」，自取凶險無可奈何。

【三才六爻演卦】

〔形勢〕小過初六位在相對劣勢的我方（下卦），相對優勢在彼方（上卦）。初六在劣勢中的作為必須承擔變動風險相對提高，有利條件相對降低。如果有競逐對象團體，仍以彼方較有優勢。

〔本爻〕初六陰爻沒有主見，欠缺實力。位在基礎之位，居位不當。

〔現況〕初六與六二同在地位，陰承陰近而不相得。如果所疑之事已在具體進行中，當前我方內部環境無能為力，沒有助益。

〔將來〕初六與六二同在地位，陰承陰近而不相得。維持目前的情況比較有利，至少不會造成損失。

〔警告〕「飛鳥以凶」，如果貿然投入資源想要獲取更大利益會慘遭挫敗。

〔建議〕小過初六處於劣勢，不得力於彼我雙方，進退不得。如果是投資事業或必須改變現況等風險高的事情，請暫且擱置，以避免難以預料的損失發生。可延至時序「立春／雨水」再行占卜；或有再次觸動轉變的契機，意猶未決時進行占卜。

【原文】六二，過其祖，遇其妣；不及其君，遇其臣，无咎。
〈象〉曰：「不及其君」，臣不可過也。

【譯文】六二（與九三地位比人位，陰承陽近而相得），超過祖父，得遇祖母；但遠不如其君主，遇合臣子，沒有過失。
〈爻象〉傳說：「不及其君」，作為臣子不可超越君上。

【三才六爻演卦】

〔形勢〕 小過六二位在相對劣勢的我方（下卦），相對優勢在彼方（上卦）。六二在劣勢中的作為必須承擔變動風險相對提高，有利條件相對降低。如果有競逐對象團體，仍以彼方較有優勢。

〔本爻〕六二陰爻沒有主見，欠缺實力。位在守成之位，居位適當。守勢較優之位。

〔現況〕六二與初六同在地位，陰乘陰近而不相得。如果所疑之事已在具體進行中，當前我方內部環境無能為力，沒有助益。

〔**將來**〕六二與九三地位比人位，陰承陽近而相得。「過其祖，遇其妣」、「遇其臣」，有我方內部環境相助，可以獲得實質助益。

〔**警告**〕「不及其君」，如果貿然投入資源想要獲取更大利益會慘遭挫敗。

〔**建議**〕小過六二處於劣勢，得力於我方，以不改變現況為原則可以獲益。雖然可以獲益，不可過度樂觀，仍以保守評估為要。不宜投資事業或必須改變現況等風險高的事情。

【**原文**】九三，弗過防之，從或戕之，凶。〈象〉曰：「從或戕之」，凶如何也！

【**譯文**】九三（與九四同在人位，介於兩卦之間不相得），不肯過為防備，如果順從跟隨（者）會遭人殘害，有凶險。〈爻象〉傳說：「從或戕之」，凶險多麼嚴峻！

【**三才六爻演卦**】

〔**形勢**〕▤ 小過九三位在相對劣勢在我方（下卦），相對優勢在彼方（上卦）。九三在劣勢中的作為必須承擔變動風險相對提高，有利條件相對降低。如果有競逐對象團體，仍以彼方較有優勢。

〔**本爻**〕九三陽爻有主見，有實力。位在以守待攻之位，居位適當。

〔**現況**〕九三與九四同在人位，介於兩卦之間不相得。「弗過防之」，如果所謀之事已在具體進行中，當前彼方外在環境有阻力歧見，沒有助益。

〔**將來**〕九三與六二人位比地位，陽乘陰近而相得。我方內部環境助益不如預期。如果基於情感道義而付出仍要考量能力所及為宜。維持目前的情況比較有利，至少不會造成損失。

〔**警告**〕「從或戕之，凶」，如果貿然投入資源想要獲取更大利益會慘遭挫敗。

小過 62

〔建議〕小過九三處於劣勢，不得力於彼我雙方，進退不得。如果是投資事業或必須改變現況等風險高的事情，請暫且擱置，以避免難以預料的損失發生。可延至時序「立春／雨水」再行占卜；或有再次觸動轉變的契機，意猶未決時進行占卜。

【原文】九四，无咎，弗過遇之；往厲必戒，勿用，永貞。〈象〉曰：「弗過遇之」，位不當也；「往厲必戒」，終不可長也。

【譯文】九四（與九三同在人位，介於兩卦之間不相得），沒有過失，不能越過剛強者去遇合陰柔者；（九四與六五人位比天位，陽承陰近而相得）急於前往會有危險務必自戒，不可施展才用，要永久守持貞固。〈爻象〉傳說：「弗過遇之」，居位不適當；「往厲必戒」，最終不能長保。

【三才六爻演卦】

〔形勢〕☳ 小過九四位在相對優勢的我方（上卦），相對劣勢在彼方（下卦）。九四在優勢中的作為必須承擔變動風險相對降低，有利條件相對提高。如果有競逐對象團體，仍以我方較有優勢。

〔本爻〕九四陽爻有主見，有實力。位在守成整合之位，居位不當。

〔現況〕九四與九三同在人位，介於兩卦之間不相得。「无咎，弗過遇之」，如果所謀之事已在具體進行中，當前彼方外在環境有阻力歧見，沒有助益。

〔將來〕九四與六五人位比天位，陽承陰近而相得。「永貞」，我方內部環境助益不如預期。如果基於情感道義而付出仍要考量能力所及為宜。維持目前的情況比較有利，至少不會造成損失。

〔警告〕「往厲必戒，勿用」，如果貿然投入資源想要獲取更大利益會慘遭挫敗。

〔建議〕小過九四處於優勢，不得力於彼我雙方，進退不得。如果是投資事業或必須改變現況等風險高的事情，請暫且擱置，以避免難以預料的損失發生。可延至時序「立春／雨水」再行占卜；或有再次觸動轉變的契機，意猶未決時進行占卜。

【原文】六五，密雲不雨，自我西郊；公弋取彼在穴。〈象〉曰：「密雲不雨」，已上也。

【譯文】六五（與上六同在天位，陰承陰近而不相得），濃雲密布卻不降雨，雲氣的升起來自我方西邑郊外；（六五順著九四、九三與六二比附之勢前來）王公射取隱藏穴中的惡獸。〈爻象〉傳說：「密雲不雨」，陰氣漸盛已經上居尊位。

【三才六爻演卦】

〔形勢〕☷☳ 小過六五位在相對優勢的我方（上卦），相對劣勢在彼方（下卦）。六五在優勢中的作為必須承擔變動風險相對降低，有利條件相對提高。如果有競逐對象團體，仍以我方較有優勢。

〔本爻〕六五陰爻沒有主見，欠缺實力。位在決策實權之位，居位不當。攻勢較優之位。

〔現況〕六五與上六同在天位，陰承陰近而不相得。「密雲不雨，自我西郊」，如果所疑之事已在具體進行中，當前我方內部環境無能為力，沒有助益。

〔將來〕六五與九四天位比人位，陰乘陽乘剛。六五順著九四、九三與六二比附之勢前來。「公弋取彼在穴」，投入現有資源，爭取有能力、有條件的人事物支持，獲取更大利益。

〔建議〕小過六五處於優勢，得力於彼我雙方，得天之時，得人之助，得地之宜。可從事投資事業或必須改變現況等風險高的事情。

小過
62

【原文】上六，弗遇過之；飛鳥離之，凶，是謂災眚。〈象〉曰：「弗遇過之」，已亢也。

【譯文】上六（與六五同在天位，陰乘陰近而不相得），不能遇合陽剛者或更超越陽剛者；就像飛鳥高翔會遭射殺，有凶險，這就是所謂的災殃禍患。〈爻象〉傳說：「弗遇過之」，已居亢極之位。

【三才六爻演卦】

〔形勢〕☷ 小過上六位在相對優勢的我方（上卦），相對劣勢在彼方（下卦）。上六在優勢中的作為必須承擔變動風險相對降低，有利條件相對提高。如果有競逐對象團體，仍以我方較有優勢。

〔本爻〕上六陰爻沒有主見，欠缺實力。位在不任實事之位，居位適當。

〔現況〕上六與六五同在天位，陰乘陰近而不相得。如果所疑之事已在具體進行中，當前我方內部環境無能為力，沒有助益。

〔將來〕上六與六五同在天位，陰乘陰近而不相得。「弗遇過之」，維持目前的情況比較有利，至少不會造成損失。

〔警告〕「飛鳥離之，凶，是謂災眚」，如果貿然投入資源想要獲取更大利益會慘遭挫敗。

〔建議〕小過上六處於優勢，不得力於彼我雙方，進退不得。如果是投資事業或必須改變現況等風險高的事情，請暫且擱置，以避免難以預料的損失發生。可延至時序「立春／雨水」再行占卜；或有再次觸動轉變的契機，意猶未決時進行占卜。

䷾ 離下，坎上。（水火 既濟 63）

立場	卦別	三才	六爻	符號	實力	位置	形勢
我方內部環境相對於（下卦）彼方外在環境	上卦	天1	上六	--	✕	○	。
		天3	九五	—	○	○	▽
		人5	六四	--	✕	○	。
我方內部環境相對於（上卦）彼方外在環境	下卦	人6	九三	—	○	○	△
		地4	六二	--	✕	○	。
		地2	初九	—	○	○	△

【原文】初九，曳其輪，濡其尾，无咎。〈象〉曰：「曳其輪」，義无咎也。

【譯文】初九（與六二同在地位，陽承陰近而相得），拖住車輪向後使車不能向前行，小狐狸渡河浸濕尾巴，沒有過失。〈爻象〉傳說：「曳其輪」，義在行為謹慎守成沒有過失。

【三才六爻演卦】

〔形勢〕䷀ 既濟相對立場的彼、我雙方（上、下卦）勢力均等。初九的作為必須承擔變動風險與有利條件相對持平。如果有競逐對象團體，仍以彼方較有優勢。

〔本爻〕初九陽爻有主見，有實力。位在基礎之位，居位適當。

〔現況〕初九與六二同在地位，陽承陰近而相得。「曳其輪，濡其尾」，如果所謀之事已在具體進行中，當前我方內部環境助益不如預期。如果基於情感道義而付出仍要考量能力所及為宜。

〔將來〕初九與六二同在地位，陽承陰近而相得。「无咎」，維持目前的情況比較有利，至少不會造成損失。

〔建議〕既濟初九不得力於彼我雙方，進退不得。如果是投資事業或必須改變現況等風險高的事情，請暫且擱置，以避免難以預料的損失發生。可延至時序「立冬／小雪」再行占卜；或

有再次觸動轉變的契機，意猶未決時進行占卜。

【原文】六二，婦喪其茀，勿逐，七日得。〈象〉曰：「七日得」，以中道也。

【譯文】六二（與初九同在地位，陰乘陽乘剛），婦人喪失車輛上的蔽飾難以出行，（六二與九三地位比人位，陰承陽近而相得）不用追尋，七日之內失而復得。〈爻象〉傳說：「七日得」，能守持中正不偏之道。

【三才六爻演卦】

〔形勢〕☲ 既濟相對立場的彼、我雙方（上、下卦）勢力均等。六二的作為必須承擔變動風險與有利條件相對持平。如果有競逐對象團體，仍以彼方較有優勢。

〔本爻〕六二陰爻沒有主見，欠缺實力。位在守成之位，居位適當。守勢較優之位。

〔現況〕六二與初九同在地位，陰乘陽乘剛。「婦喪其茀」，如果所疑之事已在具體進行中，當前我方內部環境有所牽制，停滯不前。

〔將來〕六二與九三地位比人位，陰承陽近而相得。「七日得」，有我方內部環境相助，可以獲得實質助益。

〔警告〕「勿逐」，如果貿然投入資源想要獲取更大利益會慘遭挫敗。

〔建議〕既濟六二得力於我方，以不改變現況為原則可以獲益。雖然可以獲益，不可過度樂觀，仍以保守評估為要。不宜投資事業或必須改變現況等風險高的事情。

【原文】九三，高宗伐鬼方，三年克之；小人勿用。〈象〉曰：「三年克之」，憊也。

【譯文】九三（與六四同在人位，介於兩卦之間不相得），殷

朝高宗討伐鬼方，持續三年終於獲勝；小人不可輕易任用。

〈爻象〉傳說：「三年克之」，持久努力到疲憊的程度。

【三才六爻演卦】

〔形勢〕☲☵ 既濟相對立場的彼、我雙方（上、下卦）勢力均等。九三的作為必須承擔變動風險與有利條件相對持平。如果有競逐對象團體，仍以彼方較有優勢。

〔本爻〕九三陽爻有主見，有實力。位在以守待攻之位，居位適當。

〔現況〕九三與六四同在人位，介於兩卦之間不相得。「高宗伐鬼方，三年克之」，如果所謀之事已在具體進行中，當前彼方外在環境看似有利，實而無益。如果基於情感道義而付出仍要考量能力所及為宜。

〔將來〕九三與六二人位比地位，陽乘陰近而相得。「小人勿用」，我方內部環境助益不如預期。如果基於情感道義而付出仍要考量能力所及為宜。維持目前的情況比較有利，至少不會造成損失。

〔警告〕「小人勿用」，如果貿然投入資源想要獲取更大利益會慘遭挫敗。

〔建議〕既濟九三不得力於彼我雙方，進退不得。如果是投資事業或必須改變現況等風險高的事情，請暫且擱置，以避免難以預料的損失發生。可延至時序「立冬／小雪」再行占卜；或有再次觸動轉變的契機，意猶未決時進行占卜。

【原文】六四，繻有衣袽，終日戒。〈象〉曰：「終日戒」，有所疑也。

【譯文】六四（與九三同在人位，介於兩卦之間不相得），華裳美服將要變成敝衣破絮，應當整日戒備禍患。〈爻象〉傳說：「終日戒」，有所疑懼。

【三才六爻演卦】

〔形勢〕䷾ 既濟相對立場的彼、我雙方（上、下卦）勢力均等。六四的作為必須承擔變動風險與有利條件相對持平。如果有競逐對象團體，仍以我方較有優勢。

〔本爻〕六四陰爻沒有主見，欠缺實力。位在守成整合之位，居位適當。

〔現況〕六四與九三同在人位，介於兩卦之間不相得。「繻有衣袽，終日戒」，如果所疑之事已在具體進行中，當前彼方外在環境看似有利，實而無益。如果基於情感道義而付出仍要考量能力所及為宜。

〔將來〕六四與九五人位比天位，陰承陽近而相得。有我方內部環境相助，可以獲得實質助益。

〔警告〕「繻有衣袽」，如果貿然投入資源想要獲取更大利益會慘遭挫敗。

〔建議〕既濟六四得力於我方，以不改變現況為原則可以獲益。雖然可以獲益，不可過度樂觀，仍以保守評估為要。不宜投資事業或必須改變現況等風險高的事情。

【原文】九五，東鄰殺牛，不如西鄰之禴祭，實受其福。
〈象〉曰：「東鄰殺牛」，不如西鄰之時也：「實受其福」，吉大來也。

【譯文】九五，東邊鄰國殺牛盛祭，（九五與上六同在天位，陽承陰近而相得）不如西邊鄰國舉行微薄的禴祭，更能切實承受神靈降予的福澤。〈爻象〉傳說：「東鄰殺牛」，不如西邊鄰國的禴祭正配合形勢變化的合宜時機；「實受其福」，吉祥源源來臨。

【三才六爻演卦】

〔形勢〕䷾ 既濟相對立場的彼、我雙方（上、下卦）勢力均等。九五的作為必須承擔變動風險與有利條件相對持平。如果有競逐對象團體，仍以我方較有優勢。

〔本爻〕九五陽爻有主見，有實力。位在決策實權之位，居位適當。攻勢較優之位。

〔現況〕九五與上六同在天位，陽承陰近而相得。「西鄰之禴祭」，如果所謀之事已在具體進行中，當前我方內部環境助益不如預期。如果基於情感道義而付出仍要考量能力所及為宜。

〔將來〕九五與六四天位比人位，陽乘陰近而相得。「實受其福」，我方內部環境助益不如預期。如果基於情感道義而付出仍要考量能力所及為宜。維持目前的情況比較有利，至少不會造成損失。

〔警告〕「東鄰殺牛」，如果貿然投入資源想要獲取更大利益會慘遭挫敗。

〔建議〕既濟九五不得力於彼我雙方，進退不得。如果是投資事業或必須改變現況等風險高的事情，請暫且擱置，以避免難以預料的損失發生。可延至時序「立冬／小雪」再行占卜；或有再次觸動轉變的契機，意猶未決時進行占卜。

既
濟
63

【原文】上六，濡其首，厲。〈象〉曰：「濡其首厲」，何可久也！

【譯文】上六（與九五同在天位，陰乘陽乘剛），小狐渡河沾濕頭部，有危險。〈爻象〉傳說：「濡其首厲」，不能長久守成！

【三才六爻演卦】

〔形勢〕☷ 既濟相對立場的彼、我雙方（上、下卦）勢力均等。上六的作為必須承擔變動風險與有利條件相對持平。如果有競逐對象團體，仍以我方較有優勢。

〔本爻〕上六陰爻沒有主見，欠缺實力。位在不任實事之位，居位適當。

〔現況〕上六與九五同在天位，陰乘陽乘剛。「濡其首」，如果所疑之事已在具體進行中，當前我方內部環境有所牽制，停

滯不前。

〔將來〕上六與九五同在天位，陰乘陽乘剛。「厲」，處境艱難，以靜待變，不要盲從躁動。維持目前的情況控管損害，不至損失持續擴大。

〔警告〕「厲」，如果貿然投入資源想要獲取更大利益會慘遭挫敗。

〔建議〕既濟上六不得力於彼我雙方，進退不得。如果是投資事業或必須改變現況等風險高的事情，請暫且擱置，以避免難以預料的損失發生。可延至時序「立冬／小雪」再行占卜；或有再次觸動轉變的契機，意猶未決時進行占卜。

坎下，離上。（火水 未濟 64）

立場	卦別	三才	六爻	符號	實力	位置	形勢
我方內部環境相對於（下卦）彼方外在環境	上卦	天1	上九	―	○	✕	▽
		天3	六五	--	✕	○	○
		人5	九四	―	○	✕	↓
我方內部環境相對於（上卦）彼方外在環境	下卦	人6	六三	--	✕	✕	↓
		地4	九二	―	○	○	△
		地2	初六	--	✕	✕	○

【原文】初六，濡其尾，吝。〈象〉曰：「濡其尾」，亦不知極也。

【譯文】初六（與九二同在地位，陰承陽近而相得），小狐渡河被水沾濕尾巴，有所憾惜。〈爻象〉傳說：「濡其尾」，也太不知謹慎持中。

【三才六爻演卦】

〔形勢〕未濟初六位在相對劣勢的我方（下卦），相對優勢

在彼方（上卦）。初六在劣勢中的作為必須承擔變動風險相對提高，有利條件相對降低。如果有競逐對象團體，仍以彼方較有優勢。

〔**本爻**〕初六陰爻沒有主見，欠缺實力。位在基礎之位，居位不當。

〔**現況**〕初六與九二同在地位，陰承陽近而相得。「濡其尾」，如果所疑之事已在具體進行中，當前我方內部環境有實質助益。

〔**將來**〕初六與九二同在地位，陰承陽近而相得。「吝」，維持目前的情況比較有利，至少不會造成損失。

〔**警告**〕「濡其尾，吝」，如果貿然投入資源想要獲取更大利益會慘遭挫敗。

〔**建議**〕未濟初六如果所疑之事已在具體進行中，處於劣勢，得力於我方，以不改變現況為原則可以獲益。雖然可以獲益，不可過度樂觀，仍以保守評估為要。不宜投資事業或必須改變現況等風險高的事情。如果所疑之事尚未具體進行中，請暫且擱置，以避免難以預料的損失發生。可延至時序「大雪／冬至」再行占卜；或有再次觸動轉變的契機，意猶未決時進行占卜。

【**原文**】九二，曳其輪，貞吉。〈象〉曰：九二貞吉，中以行正也。

【**譯文**】九二（與初六同在地位，陽乘陰近而相得），向後拖曳車輛不使前行，守持正固可獲吉祥。〈爻象〉傳說：九二守持正固可獲吉祥，持中行事端正不偏。

【**三才六爻演卦**】

〔**形勢**〕☲ 未濟九二位在相對劣勢的我方（下卦），相對優勢在彼方（上卦）。九二在劣勢中的作為必須承擔變動風險相對提高，有利條件相對降低。如果有競逐對象團體，仍以彼方較

有優勢。

〔本爻〕九二陽爻有主見，有實力。位在守成之位，居位不當。守勢較優之位。

〔現況〕九二與初六同在地位，陽乘陰近而相得。「曳其輪」，如果所謀之事已在具體進行中，當前我方內部環境助益不如預期。如果基於情感道義而付出仍要考量能力所及為宜。

〔將來〕九二與六三地位比人位，陽承陰近而相得。「貞吉」，我方內部環境助益不如預期。如果基於情感道義而付出仍要考量能力所及為宜。維持目前的情況比較有利，至少不會造成損失。

〔建議〕未濟九二處於劣勢，不得力於彼我雙方，進退不得。如果是投資事業或必須改變現況等風險高的事情，請暫且擱置，以避免難以預料的損失發生。可延至時序「大雪／冬至」再行占卜；或有再次觸動轉變的契機，意猶未決時進行占卜。

未
濟
64

【原文】六三，未濟，征凶，利涉大川。〈象〉曰：「未濟征凶」，位不當也。

【譯文】六三（與九四同在人位，介於兩卦之間不相得），事未成，急於前往會有凶險，（六三順著九二與初六比附之勢退來）但利於涉越大河。〈爻象〉傳說：「未濟征凶」，居位不妥當。

【三才六爻演卦】

〔形勢〕☲☵ 未濟六三位在相對劣勢的我方（下卦），相對優勢在彼方（上卦）。六三在劣勢中的作為必須承擔變動風險相對提高，有利條件相對降低。如果有競逐對象團體，仍以彼方較有優勢。

〔本爻〕六三陰爻沒有主見，欠缺實力。位在以守待攻之位，居位不當。

〔現況〕六三與九四同在人位，介於兩卦之間不相得。「未

濟，征凶」，如果所疑之事已在具體進行中，當前彼方外在環境看似有利，實而無益。如果基於情感道義而付出仍要考量能力所及為宜。

〔**將來**〕六三與九二人位比地位，陰乘陽乘剛。六三順著九二與初六比附之勢退來。「利涉大川」，保守評估，量力而為，爭取有能力、有條件的人事物支持，投入既有資源重新出發。可以考慮另起爐灶。

〔**警告**〕「征凶」，如果貿然投入資源想要獲取更大利益會慘遭挫敗。

〔**建議**〕未濟六三處於劣勢，得力於我方，得人之助，得地之宜。保守評估，量力而為，以退為進，可從事投資事業或必須改變現況等風險高的事情。

未濟 64

【**原文**】九四，貞吉，悔亡；震用伐鬼方，三年有賞于大國。〈象〉曰：「貞吉悔亡」，志行也。

【**譯文**】九四（與六三同在人位，介於兩卦之間不相得），守持貞固可獲吉祥，悔恨消亡；（九四順著六三變動退來）以雷霆之勢討伐鬼方，連續三年封賞大國君侯。〈爻象〉傳說：「貞吉悔亡」，志向行為端正。

【**三才六爻演卦**】

〔**形勢**〕☷ 未濟九四位在相對優勢的我方（上卦），相對劣勢在彼方（下卦）。九四在優勢中的作為必須承擔變動風險相對降低，有利條件相對提高。如果有競逐對象團體，仍以我方較有優勢。

〔**本爻**〕九四陽爻有主見，有實力。位在守成整合之位，居位不當。

〔**現況**〕九四與六三同在人位，介於兩卦之間不相得。「貞吉，悔亡」，如果所謀之事已在具體進行中，當前彼方外在環境看似有利，實而無益。如果基於情感道義而付出仍要考量能

力所及為宜。

〔將來〕九四與六五人位比天位，陽承陰近而相得。九四順著六三變動退來。「震用伐鬼方，三年有賞于大國」，保守評估，量力而為，化解阻力歧見，建立共識，爭取有能力、有條件的人事物支持，投入既有資源重新出發。可以考慮另起爐灶。

〔建議〕未濟九四處於優勢，得力於彼我雙方，得人之助，得地之宜。保守評估，量力而為，以退為進，可從事投資事業或必須改變現況等風險高的事情。

未濟 64

【原文】六五，貞吉，无悔；君子之光，有孚吉。〈象〉曰：「君子之光」，其暉吉也。

【譯文】六五（與九四天位比人位，陰乘陽近乘剛），守持正固可獲吉祥，沒有悔恨；（六五與上九同在天位，陰承陽近而相得）這是君子的光輝，心懷誠信可獲吉祥。〈爻象〉傳說：「君子之光」，光耀煥發呈現吉祥。

【三才六爻演卦】

〔形勢〕☲☵ 未濟六五位在相對優勢的我方（上卦），相對劣勢在彼方（下卦）。六五在優勢中的作為必須承擔變動風險相對降低，有利條件相對提高。如果有競逐對象團體，仍以我方較有優勢。

〔本爻〕六五陰爻沒有主見，欠缺實力。位在決策實權之位，居位不當。攻勢較優之位。

〔現況〕六五與上九同在天位，陰承陽近而相得。「君子之光，有孚吉」，如果所疑之事已在具體進行中，當前我方內部環境有實質助益。

〔將來〕六五與九四天位比人位，陰乘陽乘剛。「貞吉，无悔」，我方內部環境有所牽制，停滯不前。維持目前的情況比較有利，至少不會造成損失。

〔建議〕未濟六五如果所疑之事已在具體進行中，處於優勢，得力於我方，以不改變現況為原則可以獲益。雖然可以獲益，不可過度樂觀，仍以保守評估為要。不宜投資事業或必須改變現況等風險高的事情。如果所疑之事尚未具體進行中，請暫且擱置，以避免難以預料的損失發生。可延至時序「大雪／冬至」再行占卜；或有再次觸動轉變的契機，意猶未決時進行占卜。

【原文】上九，有孚于飲酒，无咎；濡其首，有孚失是。
〈象〉曰：「飲酒濡首」，亦不知節也。

【譯文】上九（與六五同在天位，陽乘陰近而相得），信任他人而自己也安閒飲酒，沒有過失；就像小狐渡河被水浸沒了頭部，過度委信於人而損害正道。〈爻象〉傳說：「飲酒濡首」，上九也太不知節制了。

【三才六爻演卦】

〔形勢〕䷿ 未濟上九位在相對優勢的我方（上卦），相對劣勢在彼方（下卦）。上九在優勢中的作為必須承擔變動風險相對降低，有利條件相對提高。如果有競逐對象團體，仍以我方較有優勢。

〔本爻〕上九陽爻有主見，有實力。位在不任實事之位，居位不當。

〔現況〕上九與六五同在天位，陽乘陰近而相得。「有孚于飲酒」，如果所謀之事已在具體進行中，當前我方內部環境助益不如預期。如果基於情感道義而付出仍要考量能力所及為宜。

〔將來〕上九與六五同在天位，陽乘陰近而相得。「无咎」，維持目前的情況比較有利，至少不會造成損失。

〔警告〕「濡其首，有孚失是」，如果貿然投入資源想要獲取更大利益會慘遭挫敗。

〔建議〕未濟上九處於優勢，不得力於彼我雙方，進退不得。

如果是投資事業或必須改變現況等風險高的事情，請暫且擱置，以避免難以預料的損失發生。可延至時序「大雪／冬至」再行占卜；或有再次觸動轉變的契機，意猶未決時進行占卜。

未
濟
64

附錄一

尚秉和先生的《易》學特色

　　《易》之為書，以象為本。故「說卦」專言象以揭其綱。九家逸象孟氏逸象一再引其緒。而象學宏深博大之義，唯繫辭能發揮之。繫辭云「《易》者象也」，「八卦成列，象在其中矣」，是故夫象，「聖人有以見天下之賾，而擬諸其形容。象其物宜，故謂之象」。「象也者，像此者也」，按像此者，不惟萬物像之，即萬物亦无不像之。「說卦」所言，乾健坤順諸事是也，故又曰象事知器，又曰立象以盡意。蓋天下萬物萬事之意，无不包涵於《易》象之中，故能盡意，此言立象之本也。所本為何？本於仰觀俯察也。又曰「聖人設卦觀象，繫辭焉而明吉凶」，夫曰「觀象繫辭」。則今之《易》辭，固皆古聖人瞠目注視卦象而為者也。

　　《易》之卦爻辭，既由象而生，後之人釋卦爻辭，而欲離象，其不能識卦爻辭為何物，不待智者而決矣。朱子曰：「先見象數，方說得理，不然事无實證，虛理易差。」惜哉！此種定識，在其晚年，於其本義无補也。繫辭又云「八卦以象告」，辭而吉，非繫辭者命其吉也。辭而凶，亦非繫辭者命其凶也。皆象所告，不得不然也。又有上句吉，下句忽凶；上句方說甲，下句忽說乙，此尤非繫辭者語无倫次如是也。亦《易》象所告，不得不然也。

　　蓋《易》之為學，至王弼為一轉關。王弼以前注《易》者，无不言象，而《焦氏易林》則无一字不從象生，且於用正象，用覆象、伏象之法，无不依樣揭出。雖不明《易》注，愚以為能注《易》者，莫詳於焦氏也。再溯之春秋人言《易》者，亦无一字不根於象，且於《易》用正用互用覆之法，亦无不依樣揭出。而以謙為讒、為有言，於是《周易》正覆象並用

之妙。為二千年人所誤解者，遂劃然冰釋，開《易林》神妙之門，處處取法。

自王弼掃象，避難就易，學者喜之，其道大行，漸不識《易》為何物。至有宋演為空談，而《易》遂亡矣。故夫自王弼以來，无論其談老莊，言王道，說聖功，不以象解《易》者，皆以繫辭背馳者也。其唐之李鼎祚，宋之朱漢上、吳草廬，明之來矣鮮。及清之講《易》者，无論其詳略深淺，皆能認識《易》象，語不離宗，與繫辭所言之大本大源相合者也，此其大略也。《周易尚氏學·附錄p339～340》

尚氏用象有正象、覆象、伏（對）象、互象、正覆（反）象並用、大象、半象、內外卦象。

附 錄 二

駁斥漢《易》爻變卦變（抽爻換象）之謬

　　下繫云：「其為道也屢遷，變動不居，周流六虛，上下无常，剛柔相易，不可為典要，唯變所適。」正謂此。☳☴恆與☱☳歸妹，上卦同也，下卦同為二陽一陰也，乃巽則如彼，巽覆則如此，唯變所適。謂甲卦與乙卦，一爻變動，則吉凶相反，非謂卦无是象，強命某爻變，以成其象也。自漢以來，因誤解「變動不居，唯變所適」二語，援為護符，浪用爻變，以濟其窮。前有虞翻，後有焦循，其尤也。《周易尚氏學·歸妹解》

······ NOTE ······

國家圖書館出版品預行編目資料

周易三才學 / 朱恩仁作. －－初版. －－ 新北市：
華志文化, 2016.02
面； 公分. －－（命理館；03）

ISBN 978-986-5636-45-6（平裝）
1.易經 2.研究考訂

121.17 104028282

日 華志文化事業有限公司

書名／周易三才學
系列／命理館 F003

作者／朱恩仁
編輯／林雅婷
執行編輯／黃郁庭
美術設計／黃雲華
封面設計／陳麗鳳
文字校對／康敏才
企劃執行／黃志中
社長／楊凱翔
總編輯／
出版者／華志文化事業有限公司
電子信箱／huachihbook@yahoo.com.tw
地址／116台北市文山區興隆路四段九十六巷三弄六號四樓
電話／02-22341779
印製排版／辰皓國際出版製作有限公司

總經銷／旭昇圖書有限公司
地址／235新北市中和區中山路二段三五二號二樓
電話／02-22451480
傳真／02-22451479
郵政劃撥／戶名：旭昇圖書有限公司（帳號：12935041）

出版日期／西元二〇一六年二月初版第一刷
售價／四〇〇元